rays on the fields.

And when I sit down to

n so abstracted by recolle

at I have seen that I

ter.   For instance a

casion I was writing to y

ing to say something abo

it is _ and as it was

d days of Boccaccio. _

ll instead of continuin

began to draw on the ve

head of a dirty little gi

his afternoon whilst I was

view of the river with a

his dirty 'mud lark'

梵高的黄房子

Vincent

[英]马丁·盖福德 —— 著

归一博 —— 译

Martin Gayford

The Yellow House

Van Gogh, Gauguin
and Nine Turbulent Weeks in Arles

浙江人民美术出版社

图书在版编目（ＣＩＰ）数据

梵高的黄房子 / (英) 马丁·盖福德著；白一博译
. -- 杭州：浙江人民美术出版社，2023.12
书名原文：The Yellow House: Van Gogh, Gauguin,
and Nine Turbulent Weeks in Arles
ISBN 978-7-5340-6144-8

Ⅰ. ①梵… Ⅱ. ①马… ②白… Ⅲ. ①梵高, V.(
1853-1890)—传记②高更(Gauguin, Paul 1848-1903)—传
记 Ⅳ. ①K835.635.72②K835.655.72

中国国家版本馆CIP数据核字(2023)第207670号

著作权合同登记 图字：11-2020-107号

策划编辑 张怡婷　　责任编辑 张怡婷　华清清
装帧设计 刘　金　　责任校对 董　玥
责任印制 陈柏荣

FANGAO DE HUANG FANGZI

梵高的黄房子

[英] 马丁·盖福德 著　白一博 译

出 版 人　管慧勇
出版发行　浙江人民美术出版社
　　　　　（杭州市体育场路347号）
经　　销　全国各地新华书店
制　　版　杭州舒卷文化创意有限公司
印　　刷　浙江海虹彩色印务有限公司
版　　次　2023年12月第1版
印　　次　2023年12月第1次印刷
开　　本　889mm×1194mm　1/32
印　　张　12
字　　数　300千字
书　　号　ISBN 978-7-5340-6144-8
定　　价　88.00元

如发现印刷装订质量问题，影响阅读，请与出版社营销部联系调换。

目 录 | CONTENTS

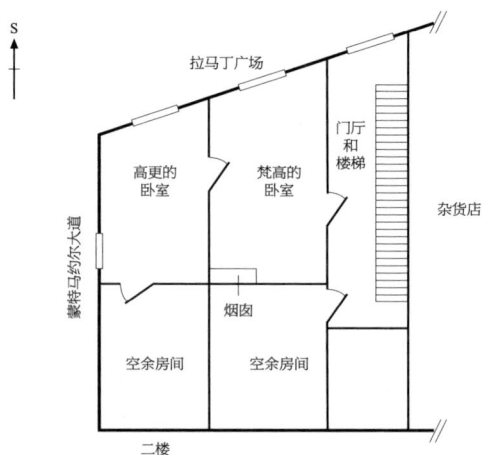

S

拉马丁广场

门厅和楼梯

高更的卧室

梵高的卧室

杂货店

蒙特马约尔大道

烟囱

空余房间

空余房间

二楼

惊鸿一面

1888年10月23日

刚过早上五点，天色依旧黯淡，一辆火车吭当吭当地驶入了阿尔勒站，一位孤独的乘客从车上走了下来。他已经在旅途中颠簸了将近两天的时间备感疲惫。上周日，他从大西洋沿岸布列塔尼附近的阿旺桥（Pont-Aven）出发，开启了近700英里（约1100千米）的旅程。窗外的风景从湿润翠绿的大西洋沿岸景观逐渐变为了平坦辽阔的大平原，在不远处，罗纳河缓缓注入地中海。

这是一趟纵贯法国之旅，一路上他途经了南特、图尔、克莱蒙费朗和里昂。此刻，虽然身处阳光明媚的南部，但只有5度的凌晨仍然寒彻肌骨。他走出车站，左转，从铁路桥下面穿过，沿着街道一路前行，最终在一座巨大的露天广场前停下了脚步。他的右边流淌着宽广的罗纳河，左边的房子则是他此行的目的地，但天色尚早，百叶窗仍然紧闭。在这万般萧瑟中，却有一缕活气，那是街道和广场交汇处的一家通宵营业咖啡厅。他走上前去，推门而入。

咖啡厅顶上吊着几盏灯具，屋内十分明亮，墙壁通体朱红，地面是用原木铺设的。室内四周摆放着大理石面的桌子，中间是一张台球桌，里面是一个小吧台，上面放着各式各样的瓶瓶罐罐。在通往里屋过道的正上方墙壁上，挂着一块气派的时钟，指针刚过五点。店长抬眼看了看这位新客人，惊呼道："你是那位朋友！我认识你！"

说话的人名叫约瑟夫·基诺（Joseph Ginoux），是这家咖啡厅的老板，这家咖啡厅是他的新店，年初才刚刚开业。和他聊天的人是一位40岁的艺术家，在激进派里小有名气。基诺认出他的方式即使在19世纪80年代都略显老派——早些时候有人给他看了一幅画像，并告诉他画中人很快就会到来。

保罗·高更（Paul Gauguin）就这样在车站咖啡厅坐定，等待黎明。当太阳终于升起时，他走出咖啡厅，穿过马路，来到拉马丁广场2号。此时，他可以清楚地看到这幢房子黄色的外墙和刷着绿漆的木制装饰牌。他敲了敲门，给他开门的是文森特·梵高（Vincent van Gogh）。

这次相逢可以称得上是文森特一生中最激动且最紧张的时刻之一。六个月前，文森特刚刚租下了这桩黄房子，就立刻着手制定会友计划，因为他不想形单影只地生活，他渴望知音的陪伴。而高更是第一个浮现在他脑海中的理想人选。当天，他就给弟弟提奥写信，详细描绘了黄房子的情况，并提出设想："有没有可能请高更来到南方呢？"

这一设想很快演变为执念。从五月底开始，文森特花了五个月时间给高更写信，极尽策划、哄骗、力劝、恳求之能事，软磨硬泡地邀请高更来阿尔勒和他见面。他还说服了一直接济自己的提奥（Theo），和囊中羞涩的高更达成了一项协议，只要他同意来拉马丁广场2号黄房子小住并留下几幅画作，提奥就会为他提供免费食宿。提奥在巴黎做艺术品经济人，他也是当时少数支持实验性绘画的人之一，因此他能让高更受益良多。

在回信中，高更接受了邀请，但却一次又一次地推迟自己的行程。两位画家之间形成了一种通信关系，这种气氛远比去年冬天在巴黎的点头之交来得更为热烈，他们互相交换理念、介绍新作。文森特在那段时间里一直喜忧参半，喜的是期望高更马上就会叩响房门，忧的是担心这种期望最终会化为泡影。

最近几日，就在高更正式宣布启程后，文森特便被焦虑折磨得惶惶不可终日，他担心高更不喜欢阿尔勒这座城市。他害怕高更觉得阿尔勒比不上布列塔尼，因为这里的景色可能不如北方绚丽多变。高更还有可能因为对环境不满，进而心怀愤懑，中止协议，转身而去，留下梵高一人独居。文森特就这样一直胡思乱想，饱受折磨，紧张到出现患病的幻觉，甚至感觉脑仁马上就要炸开。但此时此刻，高更已经站在门口，他走了进来。

甫一见面，二人都稍显局促。他们都根据对方的自画像在心中建立了些许预期。在高更到来之前，文森特曾提议交换自画像，于是二人的画像就这样跨越南北，到达对方手中。高更寄出的画像就是咖啡厅老板基诺看到的那幅。而文森特也向北边的布列塔尼寄出了自己的画像。然而，画像并不能完全反映实际长相，更不能体现画中人物的性格。他们二人一位来自法

高更《自画像：悲惨世界》（*Les Misérables*）

国，40岁，与家人不睦，曾涉足金融行业；一位来自荷兰，35
岁，从事过多种行当。二人的绘画生涯均起步较晚。他们的自
画像都展示了心目中自己的形象，他们的形象特点就像文学作
品中的人物一样鲜明。他们的一个共同点是都喜欢沉浸在自己
的想象世界里，因为在那里他们人生和自己的阅读经历可以充
分融为一体。

　　在自画像的角落里，高更的签名上方写了四个字——"悲
惨世界"（Les Misérables），指的是法国最著名的小说，即维
克多·雨果（Victor Hugo）的代表作。高更留下的这条线索并
不深奥，而高更未来的人生走向也印证了这一线索。高更将自

己比作小说中的主人公冉·阿让（Jean Valjean），在小说中因生活所迫走上犯罪道路，被判苦役，几经沉浮，最终身死却入圣。即使高更已经在画作上留下了书名线索，但他还是担心自己的艺术构思不能被完全理解。

所以，文森特在收到这幅自画像之前，还收到了一封从布列塔尼寄出的信。在信中，高更解释了画中的细节——"像冉·阿让一样长着土匪似的脸和魁梧的身躯，穿着邋遢，但内心却高贵与温柔。红光满面，激情四射，像发情的动物。双眼如熊熊燃烧的火炉一样，散发着红色的光，象征着我们画家灵魂中如岩浆一般源源不断的灵感。"

背景的黄色墙纸上绘着几束花朵，"就像年轻女孩的卧室一样"，高更继续写到，花朵象征着"我们艺术的纯洁性"。在他看来，被社会压迫的冉·阿让其实充满了爱与力量——如今的印象派画家亦是如此。

最后，高更总结说，他为冉·阿让注入了自己的特征，同时，他还在为一群小众且叛逆的现代画家绘制群像，他们大多一贫如洗，是社会的弃儿。但他们在艺术上仍旧保持着处子之心，像耶稣一样以德报怨，创造着属于未来的艺术。

在阅读高更对自画像的描述时，文森特就觉得这肯定是一幅杰作。在收到画像后，他发现高更画中蕴藏着忧郁悲伤之情。这恰恰与他自己紧张焦虑的内心完全契合。

文森特的自画像更加难以解读。他没有留下任何线索，画中的文森特头发和胡子短得出奇，用浅绿色的背景，衬托出了面部和肩部。在梵高所有的自画像中，这一幅是最奇怪的。

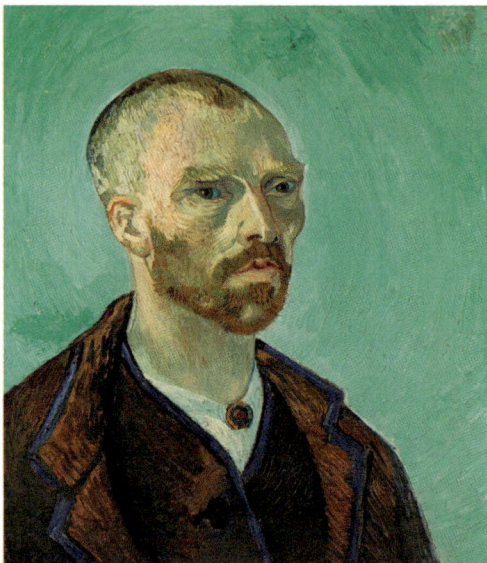

梵高《献给高更的自画像》（*Self-Portrait Dedicated to Paul Gauguin*）

　　三周前，他从色彩起笔，极具特色地向高更阐释这幅画的创作理念，"我有一幅自画像，通篇灰绿"。这是他在淡翠底色的基础上，将绿色和橙色颜料调和后产生的效果。他下了很大的功夫，才让灰绿色的背景与红棕色的衣服协调相衬。

　　在文森特的脖子和脸部，可以看到浅绿色和淡粉色的精细笔触，透着淡淡的姜黄色，这是他头发在皮肤上的些许倒影。从远处看，这些笔触和谐互容，充满活力。文森特脸部的线条与他的脸部轮廓一致，面容清瘦，颧骨外凸。

　　他的脑袋四周带有白绿色的光晕，仿佛一圈冰冷的圣光。与其他自画像中蓝绿色的双眸不同，这幅画中文森特的眼睛是黄棕色的，像猫眼一般的形状，眼睛周围的笔触呈磁力线般的放射状。他的神情让人捉摸不透。是紧张？胆怯？还是坚定？文森特对这幅画的阐释像谜一样让人捉摸不透，画中的他像一个在羁囚犯，又有几分像收容所里的难民。

他在画上签字——"文森特"，这只有在他对作品满意或准备将作品送之于人时才会这样做。但签名的姓氏部分却被擦去，一部分原因是法语不适合书写他的姓氏，另一部分原因是他觉得自己和远在荷兰的虔诚的资产家庭渐行渐远，所以他时常只签文森特。

有些观众可能已经猜出了画家在这幅画中所扮演的角色。在写给高更的信中，文森特说自己"想要描绘一个心地单纯的、诚心礼佛的佛陀"。也就是说，他画了一个日本僧人，但画像脸部的所有细节都与这位生活在法国南部的荷兰前卫画家文森特无异。文森特的灵感来源于一部刚上市的畅销作品——皮埃尔·洛蒂（Pierre Loti）所著的《菊子夫人》（*Madame Chrysanthème*）。

这本书假借一位法国海军军官的口吻，回忆了战舰暂靠东京时，他和一个日本情人的故事。他们之间的关系从最初的金钱交易逐渐变为了爱情，最后他甚至为爱痴狂。但归期将至，他只能选择离开。后来，普契尼（Puccini）以这个故事为灵感，创作了歌剧《蝴蝶夫人》（*Madame Butterfly*）。

僧侣并非《菊子夫人》中的主角，他们只是些龙套。他们先是出现在了一个做法事的队伍中，后来又在主角游历寺庙时出现。在书中，这些僧侣放浪形骸，喜爱法国烈酒和美女照片。但在这幅画像中，主人公是静坐沉思的形象，仿佛在恭敬且虔诚地聆听着长老的教诲。

这与梵高在阿尔勒的孤独生活不符，这幅画更像是表达了一种希望：他希望在黄房子中成立一个小型修道院，探索属于未来的艺术。这座修道院里必须有一位院长来"管理秩序"——正如文森特所写，高更是这个岗位的不二人选，文森特自己更愿意当一名谦卑的追随者。然而，现实中的文森特不像画中那样泰然自若，恰恰相反，他经常精神紧张，激动不安。

亲眼见到高更后，文森特讶异地发现，眼前人看上去远比他想象的健康。那幅题写着"悲惨世界"的自画像中的主人公神情绝望，高更在信中也常常抱怨自己身体日渐羸弱。这可能是他去年在马提尼克岛画画时患上痢疾所导致的。但目前来看，他应该已经痊愈。

在旁人眼里，高更是个充满力量的人，这种力量既来自身体，也来自精神。就身高而言，即使在19世纪的法国，高更与梵高都不算高。高更在法国海军服役的体检结果显示，他身高1.63米，但他却坚信自己有着一双大长腿。苏格兰人阿奇博尔德·斯坦迪什·哈特里克（Archibald Standish Hartrick）曾在布列塔尼见过高更，他说高更"身材相当不错"。

文森特给人的印象与高更相反。在荷兰老家，他被嘲笑为"het schildermanneke"，意为"矮子画家"。一位荷兰邻居说他虽然个子不高，但"身材强健"，然而，大多数认识文森特的人表示事实并非如此。哈特里克回忆称他是"一个面容清瘦，瘦的像麻秆一样的小个子"。阿尔勒医院的医生菲利克斯·雷（Félix Rey）表示，他"身世可怜、屡遭不幸……矮小且瘦削"，很难引人关注。

　　虽然高更给人留下的第一印象往往不错，但在与他关系熟络后，并非所有人都仍会喜欢他。不少巴黎先锋派画家对高更是厌恶甚至敌视的。例如卡米耶·毕沙罗（Camille Pissarro），他一度把高更当作自己人，但后来他认为高更只会剽窃他人的创意。无独有偶，年轻的画家保罗·塞吕西耶（Paul Sérusier）也不喜欢高更，他说高更虚伪做作，没有人情味。"看到他你就会同时联想到小丑、游吟诗人和海盗。"

　　高更的举止很有分寸，他的嗓音低沉有力。一位叫查尔斯·莫里斯（Charles Morice）的作家写道，高更"面容宽阔、骨感、坚实，但额头狭窄"。他嘴型扁平且嘴唇较薄，"蓝色的眼睛微微突出，上面耷拉着一双厚重的眼皮，看起来总是懒洋洋的，眼睛一直滴溜溜地转，一会看左边一会右边，但身体和脑袋却几乎不动。"

　　相反，文森特却是个急性子，行为举止十分古怪。哈特里克回忆说：

　　只要他一开口，就会用荷兰语、英语和法语夹杂在一起大说特说，然后时不时地转过头来看看你，从牙缝中发出嘶嘶的声音。说实话，他激动的时候近乎癫狂；但平静的时候却又十分孤僻，仿佛心里一直在算计着什么。

　　哈特里克和他的密友们觉得文森特虽然"癫狂"，但无伤大雅，这可能是因为文森特癫狂有余，幽默不足。

但深入了解文森特后，人们会发现他也有一些可贵的品质。文森特在阿尔勒生活时有一些朋友：一个士兵，一个邮政员工，还有三个画家。不过，有时他能好几天都不和任何人说话，还经常被当地青年霸凌，他从不承认这些经历，甚至也没有和弟弟提奥提起过。

阿尔勒图书馆受人尊敬的管理员朱利安先生（Jullian）在数年后多次深表自责，直言他和他的愣头青朋友们当年不该欺负文森特。当时，每次看到文森特"穿着长长的画家罩衫，戴着一顶随处可见的便宜草帽，安静地独行"时，他们会大声嘲讽辱骂他。文森特的草帽上绑着丝带，"有时是蓝色的，有时是黄色的"。这体现了一名画家对色彩的审美和执念，但这却总会让当地的年轻人们感到不爽。文森特走路时总会"时不时地停下来，盯着什么东西看到入迷"，许多画家都有这种习惯，但对这些年轻人来说，这确是嘲讽文森特的最佳时机：

当时我朝他扔卷心菜秆的画面仍然记忆犹新，为此我自责不已！但在当时那个情况下我们能做什么呢？我们年轻气盛，他却癫狂怪异。他在村子里画画时，总是驼着背、叼着烟斗，双眼放射出令人难以理解的疯狂。他似乎总是保持着警觉状态，不敢与他人对视。

文森特并不会主动挑事，朱利安先生回忆道："除非他喝醉了，虽然他其实经常醉醺醺的"。事后回忆起来，这位管理员觉得文森特"其实是个性格温和的人，渴望得到我们的接纳和喜爱，但我们却对他不理不睬。他只能形单影只地承受那种天才所必须经历的孤独"。

稀少的牙齿让文森特看起来更加古怪，活脱脱像一个流浪汉。18个月前，他在巴黎拔掉了10颗牙齿，并换上了假牙。半生凄苦飘零，让他看上去老态龙钟，人们绝对猜不到他只有35岁（他的生日是3月30日，到阿尔勒后的一个月正赶上他的生日）。

高更也有自己的悲惨经历。这几年里他一贫如洗，还饱受痢疾折磨，使他心力交瘁。但这些都没有把他身上那股冲劲磨掉。几乎没人会质疑高更的才华，但文森特的才华却很少得到认可。相信文森特会成为伟大画家的，全世界大概只有他的弟弟提奥一人了。

在离开巴黎来到阿尔勒之前，文森特和巴黎一些颇有前途的年轻艺术家交往密切，甚至成了他们的同事和朋友，这些年轻艺术家有保罗·西涅克（Paul Signac）、亨利·德·图卢兹-罗特列克（Henri de Toulouse-Lautrec）、埃米尔·伯纳德（Emile Bernard）等人。但他们似乎都不认为文森特日后会成为伟大的画家。

事实上，1888年10月23日的高更和文森特在艺术界里都还籍籍无名。他们都是实验艺术团体的成员，但该团体组织松散，成员大多为巴黎及其周边地区的年轻画家。他们是后来所谓的前卫派艺术（Avant Garde）的领军人物。几年后，一位艺术评论家指出，这些新兴的艺术家当时并没有自成一派，他们仿佛是万花筒里的图案，虽然有相似之处，但又各具特点，他们唯一的共同点是都在探索"新艺术的边界"。他们在努力超越印象派，但难度巨大，因为印象派是上一代人激进运动的结果，是当时的顶流。以莫奈（Monet）、雷诺阿（Renoir）、毕沙罗为代表的印象派画家都是四五十岁左右，创作力正处巅峰。

尚显青涩的新生代艺术家还不能在一年一度的沙龙（Salon）上展览作品，因为那里属于已经功成名就的学院派艺术家。他们只能在一些非正式的场合展览作品，咖啡馆就是他们理想的展览地点。即便在这样的小团体中，高更与文森特也无法鹤立鸡群。当时在巴黎最负盛名的是29岁的乔治·修拉（Georges Seurat），他独创了一种以纯色色点为基础的新画法。

相比之下，高更只是一个后起之秀。过去几年，只有一小群年轻人追随着他，探索一种新的尚未命名的艺术形式。他被这些年轻人们称为"大师"。

文森特现年35岁，尚未得到赏识。只有少数画家知道他，觉得他举止怪异但思路清奇，高更就是其中的一员。他的创作生涯还不到10年，且多为独自作画，仅在蒙马特尔的一座酒馆里亲自策划过两场作品展。

包括他本人在内的所有人都没意识到，文森特·梵高的创造力在1888年10月实现井喷，这是足以载入西方美术史的时间节点。他在阿尔勒一年多的时间里创作了近200幅作品——相当于高更整个艺术生涯所创作作品数量的三分之一，其中不乏大量的传世杰作。虽有部分寄给了远在巴黎的提奥，但大部分仍存放在黄房子中，满屋都是他的画，钉在墙上的、装裱陈列的、随处堆叠的……数不胜数。1888年10月23日太阳升起的时候，一切语言和动作都显得苍白无力，因为高更惊愕地看到了那些出神入化的画作。高更是当时最能理解文森特画作的艺术家，只有他有资格对着这些画作恣意欣赏，尽情享受，甚至评头论足。

那一天，虽是秋季，但天气明媚晴朗。周二清晨的阳光从黄房子朝南的窗户倾泻进来，直射到厅堂，好不漂亮。这里是文森特的画室，摆放着他的画架、调色板和所有绘画工具。烟味、松油味、颜料味以及文森特自己的气味在房间里相交融。当时还没有除臭剂，在炎热的时节，这些气味更加明显。

画室窗户直面街道，路人可以清楚地看到屋内景象。不过，文森特并不介意别人旁观他创作的过程，尤其是他创作热情激昂的时候更是如此，他想让别人意识到他在做的事情有多么伟大。

房间并不封闭，能清楚地听到街上的声音，还能闻到外面的气味。文森特创作时，能够听到人们在街上用普罗旺斯语聊天，时不时还有农场的货车和四轮马车从街上穿过。每当有火车开过蒙马儒大道（Avenue de Montmajour）下的铁路桥时，轰鸣声清晰可闻，晚上还能听到火车的汽笛声。

在高更的记忆中，文森特的画室脏乱不堪。"让我惊奇的是，他的颜料盒满满当当，甚至装不下所有颜料管，而且用过的颜料管也从来不封好。"不止高更，提奥也曾抱怨过，自从哥哥搬到他在巴黎的公寓后，那里就一片狼藉，因为文森特"不修边幅且不懂整理"。

虽然文森特在9月16日才住进黄房子，但早在五月份，他就在黄房子的画室中创作了。这使得他有足够的时间去制造垃圾。高更将他比喻为不停喷发垃圾的活火山，从某种角度来说，确实如此。

而这只是文森特生活紊乱的一个缩影，他日常的一言一行以及表达观点时的偏执都令人难以理解。然而，抛开杂乱不谈，这座房子的原本结构倒是简洁美观，洁白的墙壁、蓝色的大门和本地产的红色瓷砖铺成的地面相映成趣。

画室呈不规则形状，黄房子里其他临街的房间也是如此。因为黄房子是顺着外面的街角修建的，而街角并非直角，所以它虽然看起来四四方方、小巧玲珑的，但实际上却极不规则。

楼上两个狭长的卧室面对着广场。文森特的卧室陈设简单，像清教徒一样追求朴素，仅有一张松木床，几把椅子，一个简朴的上面摆放着发刷、剃须刀的盥洗台，一条挂在墙上的毛巾和一面镜子。6天前，文森特画了一幅室内空间的布局图。

高更的卧室就在隔壁——想要走进高更的卧室必须经过文森特的卧室。这个卧室更是狭小，虽然没有壁炉，但陈设却并不寒酸，有一张胡桃木床，一个梳妆台和几幅画作。两个卧室都可以看到外面的小公园，公园中间有一个椭圆形水池。天气晴朗的时候，打开绿色的百叶窗，阳光便能一下子涌进来。但这并不是重点。

令人印象最深的是卧室里的那些画作，高更后来写道，那些画作与周围环境"格格不入"，它们一幅挨着一幅，紧密地排列着。宽2.25米长3.4米的卧室比储藏室大不了多少，里面却陈列着6张大尺寸的画作。其中有四幅风景画，画的是拉马丁广

梵高《向日葵》（*Vase with Fifteen Sunflowers*）

场里的花园，但不是秋天清晨黄叶飘落的样子，而是一个月以前的样子，那时树叶才刚披上金黄的新衣。

　　这些画均挂在卧室的侧墙上。而令高更最为痴迷的、脑海中最挥之不去的画作，却是挂在房间两端的油画，一幅挂在窗户旁边，一幅挂在床头上。

　　"在我的黄房子里"，六年后，高更用略带诗意的口吻写道：

　　紫色的花蕊仿佛向日葵的眼睛，与明黄的背景反差明显；它们的茎浸在黄色桌子上的一个黄色花瓶里。画的角落书写着画家的签名：文森特。黄色阳光透过黄色窗帘，射入房间，发出着金子般的光泽；每天早上从床上醒来，仿佛都能闻到向日葵的芬芳。

　　高更的描述并不准确。卧室里其实有两幅向日葵，只有一幅的背景是黄色的；另一幅的背景是蓝绿色。与其他花卉作品不同，这两幅画都能让人有一种触电般前所未有的感觉。

　　文森特花了很长时间考虑如何在黄房子里配置家具。二月末他刚来阿尔勒的时候，就在卡瓦莱街的卡雷尔酒店开了一间房间，位于拉马丁广场前的中世纪城门里面。房费是每周五法郎，后来降为四法郎，但文森特仍觉得太贵了。他也不喜欢酒店里又贵又难吃的饭菜（文森特觉得这里的饭菜不合他的口味，吃得他胃痛）。

　　天气晴朗的时候，文森特经常步行去蒙马儒，每次都会路过广场旁边的黄房子。终于，在5月1日，他签下了五个月的租约，正式搬进黄房子右侧的几个空房间。

　　他想着，哪怕不能立即搬进还是空荡荡的黄房子，将其作为画室也是极好的。六天后，他和卡雷尔酒店员工因为收费过高的问题起了纠纷，一怒之下他搬到了沿街的车站咖啡厅，成了拉马丁广场社区的一员。

　　以每月15法郎的价格租下黄房子后，文森特就立刻着手考虑如何装修它。这座房子已经很长时间没有人住了，年久失修。文森特虽然自己邋里邋遢，但却决定要好好布置一下黄房子。文森特当年在巴黎的时候，暂住在弟弟提奥家里，屋子里

梵高《有咖啡壶的静物》（*Still-Life with Coffee Pot*）

摆满了精心挑选的物件。后来，他的弟妹搬进来后，都对他的审美赞不绝口。

　　但是文森特觉得美丽的东西——比如他自己的油画，在大多数人看来都是有些朴素的。他觉得"巴黎人不喜欢天然质朴的东西，真可惜"。他喜爱"其貌不扬的陶器"，例如他经常将鲜花插在陶瓶里，然后对着它作画。五月初，他用自己少得可怜的零用钱买了两把椅子，一张桌子，和"一些可以在家做点咖啡和汤的炊具"，当然，这些零用钱全是弟弟提奥提供的。

　　我们可以从下面的画中一窥屋内的陈设：

　　这是一张静物画，画着一个上了蓝色釉料的铁质咖啡壶，一个品蓝色的杯子和浅碟，一个绘着浅钴蓝色和白色格子图案的牛奶罐，一个白色底子上画着橙色和蓝色图案的杯子，一个装饰着绿色、棕色和粉红色花卉、带有叶子图案的锡釉彩陶。

虽然这个屋子空空如也，连家具和床都没有，但文森特却已经先买回了结实耐磨的桌布。

5月27日，文森特决定自己出一部分钱把他租住的房间里里外外都粉刷一遍。6月10日，他付了一半的工钱，也就是10法郎，另一半房东同意支付。粉刷后的黄房子一改原先的残破景象，和左半边破旧的杂货铺比起来，文森特一侧的屋子更加明亮耀眼。

房子外墙通体明黄，像诱人的黄油一样。百叶窗是鲜艳的绿色，内部的门是令人舒心的蓝色。整个房子无论内外，都是色彩斑斓的——黄色、绿色、蓝色和画室地板那浓郁的红色相互交织。此后，文森特把一楼前面的房间作为画室。画室和里面的陈设成了他作画的主题。房子缤纷的色彩与他那个夏天的情绪十分相衬。

文森特赶在高更到达前，花了25法郎在画室和厨房装上了燃气，这样就算夜幕降临，也可以在室内画肖像画。就像他最近几天晚上在中心广场和罗纳河旁画画一样，由于路灯昏暗，他不得不把点燃的蜡烛固定在帽檐上才能看清东西。

直到9月，文森特才终于凑够装修卧室的钱。9月8日，周六，他在朋友约瑟夫·鲁兰（Joseph Roulin）和他妻子的劝说下买了两张床，鲁兰是车站邮局的负责人。文森特把较为简朴

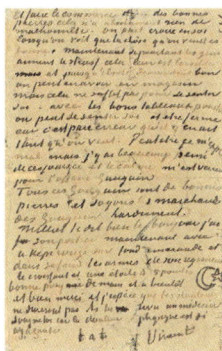

梵高《黄房子》（*The Yellow House*）

的白松木床放在自己的卧室，把名贵一点的胡桃木床放在了客卧，也就是即将迎来高更的卧室。它们都是当地市场的普通大双人床，床架也非铁制。文森特觉得躺在这些床上有一种"长久的踏实平静之感"。

他还斥150法郎的巨资购买了两张床垫，由于经费不足，所以他仅买了一套床单和毯子。当天，为了画自画像他还买了一面镜子、一些小物件和12把椅子。"12"是文森特脑中一直浮现的数字；他坚信自己画了12幅向日葵，但事实并非如此——他对重要的细节一直不上心。给提奥写信时，错把提奥居住的"勒比克街"写成了"拉瓦尔街"，这可能是因为当时他脑子里想的是高更的一个画家朋友查尔斯·拉瓦尔（Charles Laval）。当描写他屋子上空明晃晃的太阳时，他有时会把"soufre"（法语，"硫黄色"）写成"souffre"（法语，"我经受"），这些笔误对文森特来说是家常便饭。对于在黄房子里发生的故事来说，"12"是个带有些许神秘色彩的数字。

梵高《夜间咖啡馆》（*Night Cafe*）

　　在那个周六，文森特收到了提奥随信寄来的300法郎。然而周日就只剩下50法郎了，但好在黄房子已经收拾妥当。几天前，他还为整理房子而头疼；但现在，他已经恢复元气，重拾对生活的信心。

　　他曾连续三晚在车站咖啡厅为基诺和其他常客作画，后者包括在当地拉客的妓女和嫖客。文森特在这里度过了很多个夜晚，尽管身边不是花枝招展的妓女就是烂醉如泥的醉汉，但他仍能保持定力，彻夜读书、写信、思考、交谈和饮酒。他认为，他的画是为了"展现人类激情的可怕之处"。

　　"我想要表达的是，在小小的咖啡馆里，人可以轻贱自己、走火入魔，甚至犯罪。"文森特回忆说，一些看过《夜间咖啡馆》（*Night Café*）的观众觉得作者是在醉酒的状态下创作的这幅画，事实确实是这样，文森特喝到兴起时经常会忘乎所以。

文森特有阅读报纸、杂志和小说的习惯。他在这一年还画了一幅画，主题是他读过的书，画面中，书杂乱无章地堆在桌上，一些是打开的，一些是合上的。他的书大多是黄色封面的平装本。文森特很喜欢现代作家，比如居斯塔夫·福楼拜（Gustave Flaubert）、龚古尔兄弟（the brothers Goncourts）、阿尔丰斯·都德（Alphonse Daudet）、居伊·德·莫泊桑（Guy de Maupassant），其中他最喜欢的作家是埃米尔·左拉（Émile Zola）。文森特在阿尔勒闲逛时，周围景物总能让他想起某些作品。车站咖啡厅就激发了他对左拉的小说《小酒店》（*L'assommoir*）的回忆，让他联想到酗酒引发的堕落、精神错乱和死亡。

文森特购置完卧室家具后，他还是觉得黄房子只是拉马丁广场上的一座残破的、租来的、歪斜的、仅有四个房间的房子。9月9日晚上，他坐在车站咖啡厅，满怀对完成整理房子大业的自豪之情，他写道："一切都在计划之中，我打算把黄房子打造成一座'艺术家之屋'，虽然它看似一座陋室，但无所谓，完全无所谓，因为房子里的椅子、画作……一切的一切，都充满艺术气息。"

艺术家之屋的想法仿佛是空中楼阁，难以落实。埃德蒙·德·龚古尔（Edmond de Goncourt）是两兄弟中仍在人世的作家，出版了一册两卷本的书，书中描述了他在巴黎居住的房子。黄房子与龚古尔奢华的故居形成了鲜明对比，因为黄房子中的所有陈设都很简朴。文森特布置黄房子的思路完全是以生活便利为出发点的，比如，黄房子里的灯芯草垫椅子，与文森特在维尼萨餐厅吃晚饭时坐的椅子一模一样，这个餐厅就在车站咖啡厅隔壁。这种椅子在阿尔勒十分常见，不仅便宜，还十分符合文森特的审美。这种椅子能让他联想到僧侣生活和简洁的日式和屋（《菊子夫人》中，和尚们住的房子通体为黄色，而且室内陈设的画作都是不加装裱的）。

文森特认为，想要让他的新家成为名副其实的艺术家之屋，最直接的方式就是用自己的画作填满黄房子。他要用画作铺满墙面，这些画作不仅仅是装饰品，还能通过鲜明的色差和创作主题营造出浓厚的艺术氛围，这种意境和感受构成了文森特的整个世界。许多画作画的都是他的身边之物，比如黄房子对面的公园、罗纳河畔、车站咖啡厅。墙上的其他作品还包括与左拉小说有关的画作、艺术家奥诺雷·杜米埃（Honoré Daumier）的石版画以及日本版画，文森特把它们和自己的画一起挂在墙上。还有一些是文森特朋友们的肖像。这些装饰完美地实现了文森特的愿望，他打算在黄房子里会尽艺术界英豪。高更一直都是文森特最理想的室友，他还希望以后请来埃米尔·伯纳德还有高更的朋友查尔斯·拉瓦尔。查尔斯和高更一起去过马提尼克岛，他们在那里一边赏景一边作画，十分惬意。

文森特认为黄房子其实很大，二楼还有两个带橱柜的小房间。文森特想邀请的舍友都能住得下吗？他的弟弟提奥可能也会经常从巴黎南下来拜访他，顺便疗养——因为他在巴黎的艺术生意太费神了，这里是他理想的静养之处。

黄房子将会成为艺术家们坐而论道的新据点。这种据点还有很多，在欧洲北部，尤其是物价便宜的沿海地区，生活着许多过着波希米亚式生活的画家。但在阳光炽热、色彩缤纷的法国南部打造一个这样的据点，却是文森特的首创。他眼中的黄房子是一个南方画室，来往的都是以兄弟相称的艺术家，大家虽然还没有大红大紫，但在这里可以畅所欲言，交流新颖的艺术构思。文森特把这个群体叫作"小林荫道画家"（Painters of the Petit Boulevard），因为这些画家长期生活在巴黎的克利希林荫道（Boulevard de Clichy），而不是在艺术家云集的蒙马特尔。这里的一些画家会模仿日本版画的着色方式，绘制一些简化的图样，这些日本版画曾风靡一时，许多画家都喜欢收集此类版画，文森特就是其中一员。

他认为小林荫道画家们应该在南方明亮、晴朗的艳阳下画画。在他看来，南方的阳光恰似日本的阳光。他和其他画家可以在这里在一起生活、画画，他们的作品虽然各具特色，但背后的艺术理念却相似相通。他们可以交流想法，互相批评指正，就像文森特、伯纳德和高更在信中畅所欲言一样。然而，把他的朋友们全部哄骗到阿尔勒却难如登天。有时文森特会反思，如果他住在阿旺桥的话，他的愿望可能更容易实现。

巴黎–里昂–地中海（Paris–Lyon–Mediterranée）铁路，即PLM铁路，是文森特与外界保持联系的大动脉。火车载着他的信件，在铁轨上一路向北奔驰，将信带给弟弟和其他艺术家朋友后，再将他们的回信带回南方（如果事出紧急，他们也会互相发电报）。早晨五点到晚上十点，邮递员隔一段时间就会来取件，并且一天还有四次送信时间，所以文森特与朋友们交流还算通畅。然而，色彩似乎是为数不多的难以用信件交流的艺术元素，但色彩对于文森特和他的画家朋友们来说又是不可或缺的，所以他们在信件中经常会用长篇大论来描述自己的画作。他们详细形容画面的明暗和色调，并且还会在速写上仔细标记相应部分的颜色，如"蓝色""橙色""紫色"或"绿色"。

在文森特刚搬进黄房子的那个月，他不分昼夜地疯狂创作。在九月中旬的温暖日子里，他经常整天都在拉马丁广场的公园里画画。在他创作时，思绪活跃，经常有一系列的联想。他之前在杂志里读到过一篇关于意大利中世纪作家薄伽丘（Boccaccio）的文章。很快，他就联想到自己就像薄伽丘，高更则是薄伽丘的诗人朋友彼特拉克（Petrarch），因为高更有诗人般睿智的头脑和高尚的情操；而作画的公园是普罗旺斯临近红灯区的爱之花园，在这里作画总能让他想入非非。高更会成为南方的新派诗人！他们将共同掀起一场新的文艺复兴。

仅仅是在10月的第2周，文森特就完成了五幅大型作品。然后，他的身体就陷入了难以名状的疲惫，甚至没有力气睁开眼睛。10月13日周六晚，他躺在新床上睡了16个小时。屋外寒风呼啸，法国南部冬季的寒冷阴风在大地上肆虐着，激起漫天的尘土，由于天气恶劣，文森特不得不待在家里。他也坦言，自己有时"行为怪异"，某种程度上是由这种极度疲惫导致的。

这种极度疲惫甚至给了他画一幅新画的灵感。他写道，

"这幅画"很简单,画的对象就是卧室,文森特使用的色彩使卧室看上去简单而宏伟。虽然卧室"总能让人联想到休息或睡眠",但实际上,这幅画并不能呈现宁静之感。

这种反差并非全是文森特导致的,因为他只是如实地画了眼前之物,设计黄房子的建筑师也有一定责任。这间卧室尽头的墙面并没有与两侧的墙面形成直角,而是带有一定角度的。但不可否认的是,观察并绘画卧室的角度是文森特自己选择的。与其说这间卧室暗示了休息和睡眠,不如说这幅画在极力显示一种冲击力极强的家具布置理念和室内陈设样式。

文森特觉得自己就要走火入魔了,这不是他第一次有这种感觉。他认为自己需要健康饮食,注意休息,降低工作负荷;否则他可能会一病不起。他对提奥说,如果自己真的疯了,也不是因为被害妄想症。这一点恰恰印证了文森特曾经怀疑过自己有被害妄想症。就在文森特于17日周三完成《卧室》(Bedroom)的那一天,高更宣布他即将离开布列塔尼,履行屡遭推迟的约定。

高更这次能够顺利启程是因为提奥卖掉了一些陶器,替高更还清了饮食、住宿和医疗等方面的债务(提奥在日常起居方面十分细心)。高更基本已经痊愈,这病不仅让他胃里翻江倒海,还经常便血。出发前,他寄走了自己的大件行李,包括击剑装备和其他的琐碎物件。他也紧随其后。

在写给他的朋友埃米尔·舒芬尼克尔(Emil Schuffenecker)的信中,高更表示对事情的进展感到满意。"无论梵高多么喜欢我,他都不会与我同行一起去南方,也不会因为我漂亮的蓝色眼晴而答应承担我一切的食宿费用。"高更总是称呼提奥为"梵高",而对文森特就直呼其名。他认为前者是一位"杰出的荷兰人",对艺术市场颇有见地并且认可高更他日必成大器。而事情的发展也正如高更所言。

"你明白我在艺术上的判断总是正确的。请注意,如今的艺术圈里有一股新风潮,毫无疑问,我正是傲立潮头的弄潮儿。"高更也十分期待此次南方之行。在最近写给文森特的一封信中,他作诗一首,歌颂法国南方的太阳。开篇便是"啊!铬黄的太阳!",后面几句都有许多删除修改的痕迹,可见高更并不擅长吟诗作赋。

所以,这天清晨在黄房子相见的二人精神状态截然不同。一个大病初愈,信心满满;而另一个则精神萎靡,几近崩溃。他们一见面就打开了话匣子,聊了好一会儿。之后,他们就一起出门了。高更想好好看看阿尔勒城,因为他来到这里的时候还是一片漆黑。

创作之始

10月24日—10月28日

　　10月24日周三，秋高气爽，冬天的冷风尚未侵袭到法国南部，正是画画的好天气。两位画家便开始着手工作了。通常情况下，他们起得很早——高更认为七点开始工作都有些迟了。

　　在布列塔尼，高更习惯七点左右吃早餐，然后开始工作，十一点半吃午餐，下午一点半或两点继续工作直到五点。文森特有时一整天都会泡在田野里画画，休息时就着牛奶吃一点面包——他嫌回镇上吃饭太麻烦了。

　　文森特绝不是舍不得在吃喝上花钱，他一向舍得在咖啡上花钱——实际上，他咖啡成瘾。他刚租下黄房子的时候，由于花掉了不少生活费而手头拮据，但为了购买煮咖啡必要的设备，他每餐只啃几口面包。在阿尔勒居住期间，他早餐有时吃几个鸡蛋，他认为这对他的胃有好处。而高更在早晨喜欢喝欧蕾咖啡，吃黄油面包。

　　在高更来到阿尔勒的第一天，文森特就跑到田野里画画去了，高更可能没有去。文森特首先把户外画画所需的器材都收拾停当，包括一个便携画架、一个装满颜料管的盒子、笔刷、松节油、手杖和其他的随身用品。他使用的画架十分轻便，比他在室内用的画架要小巧得多。背上所有装备后，他觉得自己看起来像是立起背刺的豪猪。他的穿着与工人无异，穿着蓝色或白色的工装夹克和长裤，但由于画布上的颜料有时还没干，这些衣服总被各种鲜艳的色块点缀。文森特头上还戴着一顶当地牧羊人经常佩戴的草帽。如果他出门左拐，然后再向左拐入蒙马儒大道，只需几分钟，文森特就可以到达克劳平原。

他对这个地方有着强烈的复杂情感，很难解释他究竟为什么选择阿尔勒。他喜欢法国南部的原因倒是较为明确的，但对于稍显肤浅的旁人来说，他的理由似乎太过主观，难以引发共鸣。

他对提奥说："亲爱的弟弟，你知道我有一千个理由来到南方作画"。他想要"寻找与众不同的光线"，因为他"相信在阳光明媚的天气观察自然，能让人更直观地了解日本人感受的自然和描绘它们的方式"。由于日本版画具有独特的平面着色技艺，同时大胆使用绚烂鲜明的色彩，所以在当时俘获了一众欧洲艺术家，文森特就是其中之一。当他乘火车于去年二月到达法国南部时，文森特还没下车就兴奋地将脑袋探出窗外，渴望见到日本版画中的风景。

他希望这里的"太阳更加明亮"，因为他曾长期在北方作画，他觉得"绚丽得如同透过棱镜折射的色彩"被遮蔽在"北方的薄雾中"。来到南方不仅可以更好地理解日本艺术，还能进一步理解德拉克洛瓦（Delacroix）独特的色彩观——德拉克洛瓦是另一位深刻影响文森特艺术追求的画家。同时，就他个人而言，他也需要南方的阳光。如同许多北方人一样，他也渴望生活在温暖明亮的南方。去年他在巴黎过冬，被严寒折磨得苦不堪言，甚至到了"神经衰弱"、内心空虚的地步，整日"郁郁寡欢"。文森特认为乡村比城镇好，因为乡村生活更健康，尤其是南部乡村，生活在这里每天都心情舒畅，而北部乡村只会让人忧郁（他在阅读阿尔勒封斯·都德的《塔拉斯孔城的达达兰》的过程中形成了诸多这样的想法）。

但是，这些理由都无法解释他为何在阿尔勒落脚，这个地方绝对不是他的最佳选择。阿尔勒并不靠海，风景也并不出名。人们普遍认为这里是穷乡僻壤，虽说阿尔勒有一些历史名胜，但它在曾经短暂地成为西罗马帝国的首都后就一直在下坡路，以至于几近消失在现代世界的版图中。高更认为阿尔勒是"南方最肮脏的小镇"，文森特甚至也承认，"这里几乎没什么优点"。街道曲折难行，上面铺着尖锐的、会伤到脚的石头，当地旅馆的卫生条件也很不堪。

没人知道文森特选择在这里下火车的确切原因。可能是法国南部出身的图卢兹·洛特雷克曾和文森特提到过这里，也可能是德加（Degas）曾向文森特表示，他想来这里给那些著名的女人作画，但他却一直没有实现这一梦想。或许，文森特就是一时兴起，临时决定在这里定居，他可能一眼就看上了这里的某种东西，于是便留了下来。他和朋友聊天时曾说，阿尔勒原本只是他旅程中的一站，但他却被这里充满多样性的风景迷住了。

这里确实对荷兰人极富吸引力。阿尔勒周围的平原就像荷兰的大平原一样，到处都是被开垦出来的良田。这里的排水渠在16世纪建成，阿尔勒成了当地的最高点，就像大海中的岛屿一样，矗立在沼泽中。罗马人曾管这里叫"Arlate"，意思是"沼泽中的城镇"。

这片平原也吸引着文森特。它让他想起了17世纪那些伟大的风景画家们——勒伊斯达尔（Ruysdael）、霍贝玛（Hobbema）、菲利浦·科宁克（Philips Koninck），任何通晓荷兰艺术文化的人都会联想到这些。他最喜欢站在蒙马儒俯瞰整个平原。在夏天，他几乎每天都要去那里远眺，欣赏"平原上平淡无奇却象征着……无限与永恒的风景"，直到入迷。然而，高更在低地地区的记忆并不美好。

两位画家自然而然地聊到了布列塔尼和普罗旺斯之间的地形差异。高更暂时说服了文森特，布列塔尼更广阔、更纯粹、四季更"分明"，而南方的风景却是"枯槁的、无力的、琐碎的"。

文森特并不是很服气，但好在高更并没有否认新环境所蕴含的创作灵感，他对这里的女人十分满意，文森特也深有同感。他在给提奥的信中写道，"最重要的是，他对阿尔勒的女人们很着迷"。在文森特看来，高更应该是要在这里长住了，这是他唯一在乎的事。

文森特当时在画一幅巨幅画作，他想在这幅画里充分展示自己的艺术追求。这是一幅30号大小的画，巴黎的画材商根据尺寸将预制好的画布进行编号。编号标准是基于纺织机所织布匹的宽度而制定的，画布生产商可以根据这种编号标准生产出大小一致的画布。这些编号对画家们来说并没什么太大意义，但久而久之，画家们也适应了这一体系。30号画布很大，通常用在<u>重量级</u>的展览里，文森特装饰黄房子的作品大多是这一尺寸的。

接下来的几天里，文森特完成了两幅新作，"一幅画的是田间的播种者，画面中风景秀丽，地形平坦，而人物却又小又模糊"，另一幅"主题是犁过的田野，田里杵着一截老紫杉树桩"。我们不知道他先画了哪一幅，但从天气和心理两方面推断，他很可能在高更到来的第一天早晨先画了《播种者》（*Sower*）。

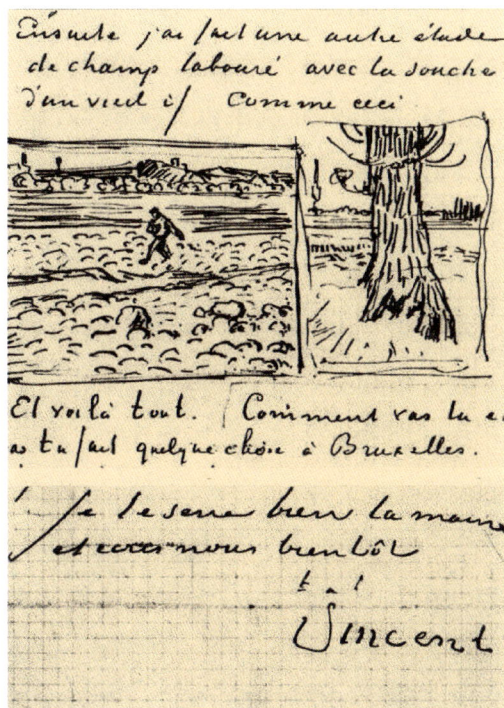

梵高《播种者》（*Sower*）和《老紫杉树》（*Old Yew Tree*）的速写

24日的天气以晴朗为主，温度也十分舒适，空中浮着几朵云彩，这也是《播种者》中所画的天气。从心理学方面来说，该画的主题也恰恰象征了新阶段的开始。

这是通往塔拉斯康的公路旁的一片乡村，也是文森特一年到头反复画过的黄房子的那条路的延续。从各方面看，这都是文森特熟悉的地方：几乎就是在这个地方，文森特创作了自己最好的以丰收为主题的油画以及那幅《犁过的地》，它的远方是紫罗兰色的阿尔勒皮耶山和中世纪的蒙马儒废墟。这里是他这一整年创作时最喜欢的取景地。

值得一提的是，播种者的形象贯穿了他的整个绘画生涯。这也许是画家或使徒的化身，播撒蕴含着美丽与真理的种子。怀着兴奋的心情，文森特在这年夏天还画了一幅相同主题的画，但他却认为这幅画是失败的作品，并始终想画出一幅令他满意的《播种者》。

这个主题具有深刻意义，它象征着文森特追求最佳艺术的初心，后来，在追求艺术的道路上文森特受到了高更的影响，而找到像高更这样的知己正是文森特所期待的。《播种者》是他在阿尔勒创作时期的代表作，它恰逢其时，正好是在播种的时节里完成的。

但文森特在这件《播种者》中并没有倾注太多心血。画中的人物行色匆匆，不像先前作品中站在太阳下的那个紫色形象那样充满破茧重生的信心——那幅画才是文森特精心设计的结果。这件《播种者》中人物的右腿部分画工粗糙，笔触凌乱，可能是文森特内心过于焦虑导致的。

周三，邮局送来一封提奥写的信，提奥在信中表达了对文森特心理状态的担忧。提奥正要赶去布鲁塞尔谈一笔生意，他认为文森特神经衰弱"可能是因为工作太劳累了，而且向来不好好照顾身体。"就像往常一样，提奥在信封里也装了50法郎，这笔钱暂时解了文森特的燃眉之急，让他不至于太过焦虑。

不幸的是，随信而来的还有三条坏消息，这让文森特有些心烦意乱。其中一条说一位名叫迈耶·德·哈恩（Meyer de Haan）的荷兰画家要搬进提奥的公寓。也就是说，这位荷兰画家即将成为他弟弟的新室友，而文森特就有被边缘化的风险。提奥还对这位画家大加赞赏，认为他"将会成为新世代画家里的中心人物"。而这个评价正是文森特也想获得的，他想成为年轻画家圈子中的领头羊。文森特感觉自己正在被取代。

果不其然，文森特看到提奥在信中提到了密友德·哈恩和他的画家朋友艾萨克森（Isaacson），就燃起了一阵无名之火。他断言，他们不过是荷兰那些对艺术小有研究就自吹自擂的人，他们肯定不懂当代法国绘画。他虽然暂时接受了提奥给他们二人说的好话，但还是觉得提奥犯了大错，他被二人的表象蒙蔽了。文森特写道，提奥只是想找个人做伴，"因为即将来临的冬天加重了他的凄凉之感"。

文森特和他的弟弟都患了同一种"忧郁症"。与他人被动地患病不同，文森特为了成为一位画家，选择了这种"主动的忧郁"。他特别害怕寒冷、肃杀的冬月，对他来说，冬天是最难熬的季节。幸运的是，他现在终于找到了和他一同过冬的人。提奥如果能有人做伴那也挺好的。

提奥·梵高

第二条让文森特惴惴不安的消息是：一个叫老托马斯（père Thomas）的画商对文森特的作品不感兴趣（这是提奥近期的第二次向他人推荐梵高的作品了）。另一方面，提奥向一位叫杜皮乌（Dupius）的收藏家出售了高更的一幅大画——《围成一圈的布列塔尼女孩》（*Breton Girls in a Ring*）。高更能从这笔交易中分到500法郎，他给在布列塔尼的高更寄去了一封信，不过因为高更已经身在阿尔勒，这封信也会南下转寄到这里。

文森特对于艺术品交易的消息极度敏感。纵观文森特的整个艺术生涯，他在世时几乎没有卖出过任何一幅像样的画，他只向他的画商朋友唐吉（Tanguy）出售或交换了几件作品，得到过一点儿少得可怜的报酬。他对于自己画作的估值很大程度上受到他心情的影响。几个星期以前，他觉得自己的画作将会千金难求；但现在，他又觉得这些画作是一堆废纸。

当文森特心情舒畅、意气风发时，他觉得黄房子里的15幅装饰画总价能达到1万法郎，但此刻，他觉得一幅画能卖100法郎就谢天谢地了。这种对自己画作的悲观情绪加深了他的凄凉感。如果他只活50年，每年只花两千法郎，那么文森特一生会花掉10万法郎，这意味着如果每幅画价值100法郎，他必须卖掉1000幅画才能勉强度日。这是个遥不可及的数字，尤其当时他还没有太多成交额。此刻，他期待已久的买卖终于来了，但出售作品的是高更，并不是他。

焦虑一直侵扰着他，他面临的不仅仅是经济上的重担。高更的到来并没有如预期般让文森特高兴起来。他告知提奥高更到来的消息时使用的语气相当敷衍："高更来了，他气色不错，看起来比我的气色都好。"总之，文森特虽然之前对高更望眼欲穿，但此刻他却完全高兴不起来。

"就他本人来说，高更非常非常有趣，"文森特写道。高更应该会在阿尔勒留下许多巨作，文森特还戏谑地补充道，"我希望我也能这样。"然后，文森特就开始大吐苦水，诉说自己经济窘迫、身体空乏、精神萎靡，感觉一切工作都是徒劳的，进而对人生失去了希望：

我觉得让我坚强生活不止是一种道德绑架，还是一种肉体折磨，因为我甚至没有自食其力的能力，整日入不敷出，我即使拼尽全力也卖不出一幅画。

　　他的债务让他苦恼不已，即使他最终还清了所有外债——这在当时看起来是完全不可能的。"日复一日的画画毁了我的整个人生，我好像没有品尝过任何生活的滋味，除了痛苦。"

　　不过在看到高更行李箱中的一幅画后，他还是兴奋了起来，那是埃米尔·伯纳德在当年夏天所作的无上精品——《草地上的布列塔尼女人们》（*Breton Women in a Meadow*）。这幅画让文森特眼前一亮，他称赞这幅画是"宏伟的"。他兴高采烈地补充道，"终究，我们必须振作起来。"他很欣赏画中描绘的画面，"那些行走在草地上的布列塔尼女人们是如此美丽动人，构图是如此别出心裁，色彩是如此稚拙明快。"

　　这幅画在当时的欧洲相当激进——它的作者是那个夏天聚集于阿旺桥的一群极具艺术潜力的画家之一。文森特在阿尔勒创作日后轰动世界的《向日葵》（*Sunflowers*）时，在几百英里以北的地方，高更和伯纳德同样也在天马行空地创作着。他们仿佛在上演一场三重奏，只不过文森特是通过书信来弹奏乐章的。

　　埃米尔·伯纳德可能是接受了文森特的提议，与高更、拉瓦尔在8月会面了。伯纳德十分早熟，在20岁时就已经能与高更谈天说地了。他对文森特也相当了解，他们在巴黎的艺术学校就读时就是好朋友，离开了学校之后仍然保持着联系。文森特用极具个人特色的方式力劝伯纳德主动联系高更，他是个热心肠，总想给朋友的事业带来帮助。但不凑巧的是，他的建议让他的另一个计划险些搁浅，这个计划就是邀请高更尽快来到阿尔勒。

　　几年以来，高更对自己想创作的绘画已经有了初步的构思：不是像印象主义一样，用绘画唤起人们对事物自然外表的感知或者营造闪烁的视觉观感，而是能够唤起观众的内心感觉和梦幻般的思绪。这种艺术如同音乐，是一种"抽象"的形式——高更从布列塔尼出发的数周前在写给文森特的信中阐明了自己的创作理念。

高更所追求的绘画还仅仅停留在脑海里，实际上他还画不出来他想展现的东西。年轻的伯纳德为高更提供了让想法变为现实的思路。作为一个虔诚的天主教徒，伯纳德迷醉于中世纪艺术以及日本浮世绘。彩色玻璃简明且个性的轮廓线、温和又明亮的色彩，以及其他的中世纪艺术元素为他提供了一种神秘的、非自然主义的创作方法。

在高更和其他富有创新意识的艺术家们的鼓励下，伯纳德创作出了《草地上的布列塔尼女人们》。这幅画描绘了当地身着传统服装的女子们，全画的背景是完全静态的草绿色，就像绘有人像的13世纪玻璃窗。画中没有什么透视效果，也没有太多光影变化：仅仅是在简单的绿色背景上画着带有浓厚黑色轮廓的人像。

一两周之后，高更完成了一幅更理想的作品——《布道后的幻象》（Vision of the Sermon）。高更的这幅画与伯纳德的那幅一样简约，没有太多的艺术技巧，但却具有强烈的视觉效果。高更没有用绿色作背景色，而是改用冲击力更强的红色。一棵树横亘在整个画面上，激活了整个深红背景，并且他还创造性地引入了其他元素：神秘与多义。

高更《布道后的幻象》（*Vision of the Sermon*）

　　伯纳德采用了大胆的构图形式，内容相对简单，如标题所示——一群在草地上的女子。但高更的画至少包含两个层面的现实。画面的左边，也就是前景位置，是一群布列塔尼女性（还有一个牧师，有人认为这个牧师可能是画家的化身，但也有人并不这样认为）。在画面中部深红色的位置，是雅各布与天使摔跤的场景，一方面隐喻着画家精神上的挣扎，另一方面也代表艺术家与生活的抗争，作品给观众留下了充分的自我思考空间。

　　这幅画的意义并非是固定的。它究竟是表现了作者内心虔诚的信仰还是在讽刺教徒的迷信？似乎前者更符合高更的本意，因为他把这幅画接连推荐给两家当地的教堂，两家教堂的牧师都不出意外地拒绝了这幅画。文森特从信中得知高更完成这幅画的壮举后，甚至想立刻启程去布列塔尼亲眼欣赏一番。但这个计划并没有成行，因为他也受到了染色玻璃的启发，全身心地投入到了《向日葵》的创作之中。他选择了纯净的黄色作为背景，其大胆程度不亚于高更执意选择了亮眼的红色。

高更卖掉的并不是他引以为豪的《布道后的幻象》，这幅画当时还没有寄到提奥的画廊，而是他生涯早期创作的不甚激进的作品，但这并不影响他对这笔交易感到自豪——他自从夏天就开始极力促成这笔交易。1888年，实验艺术在艺术市场中还是新兴事物。提奥所供职的艺术市场规模庞大，影响力强，甚至在国际上都有相当的话语权，文森特曾经也在这里谋生。圈内德高望重的大师们的作品和前程似锦的沙龙新星们的作品在这里往往能卖到天价。1876年，让-路易·欧内斯特·梅索尼埃（Jean-Louis Ernest Meissonier）的一幅画以38万法郎的价格成交，他也就此成了当世身价最高的艺术家，文森特对梅索尼埃的作品评价很高，但高更却嗤之以鼻。

相比较而言，唯一受到市场青睐的印象主义画家是克劳德·莫奈，他更像一个精明的商人。1888年，大家普遍看好印象主义作品在艺术市场中的价格会强势上涨。所有商业活动背后的策略都是低价买入，然后坐等升值，高价卖出，艺术行当也不例外。对于艺术家来说，如果没有生活压力，那么他们一般会给自己的作品标一个较高的价码，并静心等待有缘人。文森特和高更都很熟悉这套游戏规则。

　　文森特觉得寻找或绘制一幅好画就像寻找钻石一样困难。"这需要艰苦卓绝的努力，画商和艺术家甚至要赌上他们的一生。"然而，人们一旦找到了传世真品，那么接下来他就只需标定高价，安心等待。高更的妻子梅特（Mette）始终对他的事业不放心，高更在给她的信中说道，"艺术，就是我的资本。"问题是，在艺术家的作品被世人接受并成功变现之前，他们该如何熬过这段漫长的等待。

　　文森特实际上完全是靠提奥的补贴和施舍度日。但这年年初，文森特和一众前卫派的艺术家们在蒙马特尔的一家酒吧里讨论良久，最后决定成立一个自救性的社团。已经成名的艺术家，比如莫奈和德加，会给仍在黑暗中挣扎的画友们免费提供画布等作画工具。大家的收入将成为共同资金，专门接济尚无名气的艺术家们。这种想法虽然有些不切实际，但可以看出文森特仍然把艺术看作一门生意。

　　高更得知文森特的倡议后，马上提出了自己的想法：新兴艺术品可以像股票一样上市发行，投资者可以向新兴艺术家投资，当艺术家名声大噪之后，投机者就可以获得相当可观的分红。这个想法源于高更自己的经历，他在巴黎有十年的证券交易经历。他对这个主意非常满意，甚至让舒芬尼克尔发誓为此保密。我们可以从这些不切实际的想法中得出两点结论：首先，文森特和高更的思维虽然稍有分歧，但大体一致；其次，高更有时会无意识地借鉴他人想法，这是他的特长。

　　梵高兄弟出身于画商世家。他们的两位叔叔——海因（Hein）和森特（Cent）都是知名画商。森特叔叔更是国际艺术品大亨，文森特的名字就是以森特叔叔的名字为基础得来的。

另一个文森特·梵高（译者注：本书主角梵高的叔叔森特也叫文森特）与巴黎的阿道夫·古比尔（Adolphe Goupil）的艺术交易公司合作密切。他于1872年退休，但他兄弟的长子文森特（译者注：即本书主角）继承了他的衣钵。因此，虽然在外人看来，1888年黄房子的租客行为像波西米亚人一样古怪，但文森特初入社会的身份却是一位前途无量的艺术品商人。1869年，16岁的他开始从事艺术品买卖，然而1876年他就被解雇了。

这个结果并不令人意外，喜怒无常的文森特确实不适合向别人出售艺术品，并且他对生意也缺乏兴趣，但是他被解雇的事情却让他的父母蒙羞。相比而言，提奥更加勤勉、务实且性格平稳，所以他在这个行业里取得了一定的成绩。他也是16岁入行，但他发展稳定，后来于1875年移居巴黎。现在，提奥虽然年仅33岁，却是巴黎支持实验性艺术的杰出画商之一。

文森特没有忘记他失败的艺术商人生涯带给他的教训。他的想法虽然看起来疯狂，但至少表明他时刻关注着市场动态。两年前，在1886年的早春时节，文森特出乎意料地离开了先前居住的安特卫普，来到巴黎投靠弟弟提奥。文森特的突然造访打了提奥一个措手不及，更让他感到慌乱的是，文森特决定在家里住一段时间。

当时，文森特对印象派和它的后继者们还一无所知，但很快他身边就云集了一批想法激进的年轻艺术家。他们很多都是曾经和文森特一起在科尔蒙画室画人体速写的同学，其中就有亨利·德·图卢兹-洛特雷克和埃米尔·伯纳德，当时这群人都还没出名。

自那时起，梵高兄弟开始共同收集作品，谈生意的时候文森特总是说"我们"，其中一部分绘画是文森特用他自己的作品和朋友们换来的，另一部分是提奥花钱买来的。他们试着囤了一批阿道夫·蒙蒂切利（Adolphe Monticelli）的作品，这是一位来自马赛的、一直被大众忽视的画家，文森特很喜欢他的画。他们也在高更身上下了注——后面的故事证明他们在高更身上的投注更有价值。

对于高更来说，成功卖出一幅画，就说明他的前景明朗起来了。高更在给他的朋友舒芬尼克尔的第一封信中谈到了画作成交的价格，他还担心舒芬尼克尔没法把自己的画卖个好价钱。因为舒芬尼克尔手头有很多他的画作，如果他开的价格太低，那么就会破坏高更一幅画500法郎的市场定价。"文森特也建议你不要贱卖我任何一幅画。"

高更决定用这500法郎偿还他在阿旺桥旅店的欠款，这家旅店的老板娘是格洛阿内克（Gloanec）寡妇。舟车劳顿的高更刚下火车就写了一封短信，他在结尾写道，"我太累了，脑袋昏昏沉沉，就只能写封短信了。"他仅在信末的附言中提到了黄房子。他问舒芬尼克尔，能否从提奥的画廊打包两个陶器然后寄到阿尔勒？一个是绘着克里奥佩特拉（Cleopatra）和几只猪的陶器，另一个上面带着几只"犄角"。"我们住的小房子还不错，要是能在眼前摆几件陶器就更好了。"舒芬尼克尔经常帮高更些小忙，他很快就寄出了这两件陶器。

　　高更虽然很少提黄房子，但总的来说，他对这里相当满意。黄房子里面到处都是文森特的作品、艺术气息、梦想、品味和凌乱无章，参观了整个住所之后，高更评价道，这是个"令人愉悦的"小寓所。不过，他认为也有必要在黄房子里留下自己的印记。

　　同文森特一样，高更对装饰房间也是热情满满。他过去和妻子梅特以及孩子们共同生活的时候，他亲自设计并打造了一套大方且雅致的家具。和舒芬尼克尔住在布列塔尼时，他在餐具柜上画了亚当和夏娃在伊甸园生活的图景。黄房子里到处都是文森特的作品，而他的画作只有一件——自画像《悲惨世界》。高更觉得如果要在这里安家，那么必须摆几件他亲自做的陶器。

　　这些陶器是高更制作的艺术品中最具创意性的两件——至少在他的《布道后的幻象》问世之前是这样。这些陶器和他的其他作品一样，内涵复杂，很难用只言片语讲清楚。它们虽然粗糙且生硬，仿佛原始人的手工制品，但文森特就喜欢这种朴素的物件。粗糙的外观并不能掩盖这些陶器丰富的寓意，它们蕴含多种构造：球根形状、曲线形状甚至还有裸体人像，这些东西被后世称为"新艺术"（L'art Nouveau）。

　　高更的朋友埃米尔的妻子，也就是舒芬尼克尔夫人，也被高更经过艺术加工绘在了这几件的陶器上。她被塑造成了一个被蛇缠绕的女人，一位中产阶级的家庭主妇被塑造成了异教女神，这种构思不免让人想入非非。许多人在看到这样性感且令人呼吸急促的画面后都怀疑，高更和这位美丽且贵气的夫人之间是否有过风流韵事，要知道舒芬尼克尔夫人的丈夫可是高更最善良、最坚韧的朋友啊！

　　他点名选中的两件陶器都是他打造的奇特器皿。它们不仅仅是装饰品，更有着颠覆性的概念，虽然它们色调黯淡、制作粗糙，但其蕴含的艺术思想足以冲击当时的艺术体系。绘有克里奥佩特拉的瓶子呈方形，一半是花瓶，一半是雕塑，瓶子的一个侧面上斜躺着一个裸女。带犄角的瓶子更加奇异。它的一个侧面上伸出了两只老鼠的脸，顶部的所谓"犄角"实际上是这些啮齿动物舞动的尾巴。

　　除了关心家居陈设，高更也积极在日常起居的财务方面帮文森特出谋划策（虽然高更生性傲慢、玩世不恭，但他也有居家的一面）。他后来回忆说，他搬进黄房子不久就开始操心日常开支了。这里的账单就如同黄房子一样杂乱，其原因也简单，那就是买单的人是不拘小节的文森特。

　　高更问自己，他接下来要怎么做？显然，他当时的处境相当微妙，稍不留神就可能冒犯"极度敏感的文森特"。因此，高更不得不收敛他的个性，用谨小慎微的语气给文森特提了一套控制开销的建议，还得时不时说好话哄文森特开心。文森特出人意料地接受了他的建议，而且十分爽快。高更的建议让文森特印象深刻——他认为高更控制开销的方式非常"神奇"。

　　高更的建议如下：

　　我们把钱存起来，放在一个匣子里——一部分用来晚上去找乐子，一部分用来买烟草，一部分用来应急，一部分用来缴纳租金。在匣子上放上纸笔，需要用钱的时候就如实写下要花多少钱，然后从里面拿相应面额的钱。剩下的钱存在另一个匣子里，分成四部分，用来支付每周的伙食费。

这些计划井井有条，看到它就能想起高更不仅倒腾过股票，还当过海军。

像水手一样，高更想到的第一件必要开销是：晚上去"找乐子"，也就是说逛窑子。当时的理论认为，性生活，或者说适量的性生活，是有利于健康的，这种理论在现在也相当有市场。西格蒙德·弗洛伊德（Sigmund Freud）就是和文森特同时代的人——比文森特小三年零两个月。然而现实却是，乡下的妓院卫生条件堪忧。那里梅毒盛行，而且梅毒在当时还是不治之症。

这些妓院被称为"宽容之屋"，因为当局仅对它们持宽容态度，并非鼓励嫖妓。巴黎人觉得去妓院是过时的活动，但士兵们很喜欢，由于阿尔勒有许多兵营，所以那里有六个妓院。它们就集中在拉马丁广场旧城墙里面拥挤的街道上，离黄房子很近，十分便利。

其中一些妓院规模很大，有服务员、厨师和多达6个"顺从的女孩子"，即常驻妓女。1886年的一项统计显示，这些妓女大多是20到30多岁，以法国人为主，还有少数西班牙人和一个德国人，但她们都有法语名字，所以她们可能来自被占领的阿尔勒萨斯-洛林地区。她们就是住在阿尔勒的两位画家入夜后经常寻找的女性伴侣们。

　　高更和梵高都有抽烟斗的习惯，这是波西米亚人和无产者买不起雪茄的替代品，所以烟草也是一项日常消费。烟草商玛丽亚·奥尔图尔（Maria Ourtoul）女士当时40岁，常年在拉马丁广场上做买卖。抽烟能抚平文森特内心的伤痛。他经常劝别人抽烟，认为这是快乐之源，是抵抗抑郁的良方。抽烟在他心中和写生具有同等地位。就像他写给提奥的信中所说，吸烟的快乐是难以名状的。"那种快感强烈到可以让人忘记一切地投入工作。"

　　高更也对烟草上瘾。在布列塔尼时，他有一个罐子专门用来装烟草，一次可以盛一磅之多。每当罐子见底，高更就会沉默忧郁，他希望喜欢自己的年轻画家们能帮他把罐子填满。在阿尔勒，他再也不用担心没烟抽了，因为他把烟草列为每月预算的一部分。

　　两位画家打算以后自己做饭吃。但是时下，高更和文森特暂时还得继续在隔壁的维尼萨餐馆吃饭。文森特从这个夏天开始就几乎天天在那里用餐，逐渐形成了习惯。这个餐馆开在一座粉色的建筑里，装着绿色的百叶窗，就位于拉马丁广场旁边路上靠后一点的地方。每次看到它，文森特都会想有绘画的冲动。

　　有一天他坐在餐馆给提奥写信，他在信中说：

　　（这个餐馆）很奇怪，它整个都是灰色的，地板像外面的街道一样，铺着灰色的沥青，四壁是灰色的墙纸，绿色的百叶窗几乎不开，常年打开的大门门口挂着一个巨大的绿色帘子，用来阻挡灰尘。而且，它的灰色有委拉斯凯兹（Velásquez）的风范——就像《纺织女工》（Spinners）中的那样，屋内的光线甚至都有油画的味道——经过百叶窗射进来的那道窄而强烈的阳光就和委拉斯凯兹画中斜射进室内的光一样。对了，小桌子上都铺着白色的桌布。

穿过这间委拉斯凯兹风格的灰色屋子，你就能看见后面有些年头的厨房了，厨房收拾得干净，地上铺着亮红色瓷砖，橡木色的橱柜旁边堆着绿色的蔬菜，亮闪闪的黄铜器皿摆放整齐，墙壁是用蓝白相间的瓷砖铺成的，灶台还不时吐出橙色的火舌。这里的两位女服务员也身着灰色的工作服。在厨房里打杂的是一个上了年纪的厨娘和一个矮矮胖胖的小工，他们的服装也是以灰色为主、夹杂着黑色和白色的点缀。我不知道自己的描述是否清晰，但我要说的就是这个餐馆是纯粹的委拉斯凯兹式的。

餐馆前面是一个花园，面积不大，但里面却有着红砖小路，挂满"野生的葡萄藤、牵牛花和其他藤蔓"的院墙。文森特喜欢这里的南方气息，也爱吃这里的食物，他认为这里的饮食更加健康（他觉得高更需要这些有营养的饭菜）。在别的地方吃饭如果人均花费达到一法郎或一法郎五十分，文森特都会心疼得要命，但他觉得维尼萨餐馆值这个价。

黄房子的房租是月付的，房东名叫伯纳德·苏尔（Bernard Soulé），他还在蒙马儒大街上经营着一家四层楼的大酒店，就在黄房子的后面。每月付清房租后，黄房子还有两样大的日用开支——食物和画材。

在车站咖啡厅点杯咖啡或在阿尔勒姑娘开的酒吧里喝杯酒也是一笔开销。高更酒量一般，他在布列塔尼的一个熟人说，高更"顶多喝几小杯白兰地，他从不多喝，而且他也不是冲着喝酒来酒会的，他是为了来露个脸"。实际上，酒对文森特来说是快慰之物，但也给他带来了不少麻烦。在他来阿尔勒之前暂住巴黎的那两年里，他"活脱脱是个酒鬼"。所以在刚搬到阿尔勒的那段日子里，文森特戒了酒。他来南方就是为了让自己沉浸在乡村的宁静里，不需要酒精来麻痹自己。他觉得在普罗旺斯气候的加持下，一杯白兰地就能让他微醺了。

久而久之，随着他工作强度的上升，他在喝酒上的支出也变多了。喝酒是他应对工作压力和缓解焦虑的方式，而且只要喝得酩酊大醉他就可以沉沉睡去，不必胡思乱想了。每当他开始杞人忧天时，就会拼命地画画来转移注意力。沉迷工作是他阻断"精神痛苦"的方式。并且，他还写到，"如果精神世界的风暴太过强烈，我就会狂饮烈酒来麻痹自己。"

阴晴不定的情绪似乎是他各种问题的根源。在巴黎时，他情绪波动剧烈，他对未来充满惶恐，甚至用"劣质酒"来让情绪彻底宕机。过量饮酒还损害了文森特的健康，他总是抱怨自己的血液循环不好，但他并非真的是个病秧子，只是在用比喻的方式描述自己抑郁的精神状态。酒精不仅能让他萎靡的精神兴奋起来，还能让他激动的内心安静下来，但总的来说，沉迷酒精总是弊大于利的。

在高更刚来的几天里，文森特殷勤地把高更介绍给保罗·尤金·米勒（Paul-Eugène Milliet）。在第三轻步兵团服役的米勒少尉是文森特在当地为数不多称得上朋友的人，但他即将于11月1日离开这里。米勒的部队驻地离黄房子很远，准确地来说他们分别住在阿尔勒城的两端。虽然高更和米勒的性格天差地别，但文森特总希望他的朋友们能互相见一见。

米勒启程前不久，他和高更互相认识了一下，仅此而已。他们可能是在黄房子门口的车站咖啡厅或是妓院里结识对方的——妓院不光是风月场所，还是当地的社交中心。

高更和米勒有一项重要的共同点：他们都去过热带。高更出生于秘鲁，最近刚去过马提尼克岛；米勒曾过去越南东京地区——这是文森特向高更介绍他时说的第一件事。东京地区是法兰西帝国新的殖民地，后来被称为中南半岛、越南。在法国征服那里之前，那里是中国的领地。

米勒和他的部队在那里驻扎了一年，于次年春天回到了法国。他的两位战友在文森特刚来阿尔勒的那个三月里，在阿尔勒布特街的妓院外面和别人起了口角，在打斗中被失手打死了。米勒在部队大考核的前夜还在妓院里寻欢作乐，这让文森特印象深刻。他最近正在向每一位镇上的妓女道别，因为在一个月后他将被派往北非。

米勒身上自信阳刚的气质深深吸引着文森特（这位年轻军官让他想起了布朗热将军，他是一位绯闻不断的军事强人，并且有成为法国话事人的可能性）。米勒也把文森特当成朋友，陪他一起远足去往阿尔勒皮耶山写生。

他们之间的友谊有些奇怪，可能是因为米勒比文森特年轻得多，因此不去反驳文森特的想法。文森特与地位相仿或地位略高的人总是相处不好。在米勒偶尔质疑文森特的绘画构思时，这位画家总会立刻暴躁起来。

文森特觉得在咖啡店和妓院跟朋友们见面还不够，他想有朋友能住在黄房子里，天天陪着他。他在房子里装了新汽灯后，晚上都是亮堂堂的。他在给提奥的信中写道："我喜欢我的画室，尤其是晚上，它在汽灯的映衬下格外好看。"为了给接待朋友做准备，他打算在室内放一些装饰画——所以他拜托提奥帮忙留意一下杜米埃（Daumier）创作的版画，他想在墙上挂一些接地气的艺术品。

文森特打算和高更在黄房子画几幅"汽灯下的人物肖像"，他想画的对象是他少得可怜的朋友——咖啡店的基诺一家、邮政主管鲁林一家，几个一起喝酒的人，还有经常一起逛妓院的人。

阿尔勒的社交圈子本就不大，和阿旺桥根本没法比，那里有来自各地的画家群体（高更同他们中的很多人都关系不好，这是公认的事实）。文森特的熟人圈子更小，而米勒一走，能和他说说话的人就更少了。

语言不通是文森特和高更与当地人交流的壁垒。大多数阿尔勒人的母语是普罗旺斯语，也就是欧西坦语。实际上，这种语言和标准的法语差异巨大，反而与加泰罗尼亚语有更多相似之处。阿尔勒是欧西坦文化的复兴中心，推动欧西坦文化复兴的是一位名叫弗里德里克·米斯特拉尔（Frédéric Mistral）的诗人和他的追随者，他们被称为菲列布里什派（Félibriges）。他们经常在当地出版社发表诗歌和文章。那个周日，《共和党论坛》（*Forum Républicain*）就刊载了一篇他们的文章，盛赞阿尔勒是一个见识过恺撒和康斯坦丁的地方。阿尔勒只有两份周报，《共和党论坛》就是其中之一。文森特梦想着有一天，菲列布里什派能来黄房子做客，因为文森特和他们目标一致：推动南方文化走向复兴。

随着时间推移，语言鸿沟给生活带来的不便越发明显：当他们的邻居用本地方言聊天时，高更和文森特完全是两眼一抹黑。文森特虽然听不懂他们在说什么，但每次都听得津津有味，他总结到，"阿尔勒女子口中的方言有一种独特的音乐感。"

可是高更听到本地人不讲标准的北方法语就恼怒不已。他曾讲述过自己早先在法国南部游玩时的一桩趣事。那时，他在靠近西班牙边界的海滩上画画。"一位来自法国南方奥尔良的警察怀疑我是间谍，问我'你是法国人吗？'，我回答说'当然啊'，他又说'奇了怪了，您没有法国扣（口）音啊。'"高更感觉自己因为口音受到了侮辱，他断然不会承认自己其实是"来自秘鲁的野蛮人"。他觉得文森特虽然在语法方面不够灵活，但法语整体而言讲得不错。的确，文森特笔下的法语比高更写的更加优美。文森特的日常用语就是法语，他甚至在荷兰和弟弟妹妹交流时也用法语。

阿尔勒的娱乐活动不多，有时会有演出。最近从附近城市尼姆来了一个剧团，将在接下来的一周演出，但即使文森特和高更去看了演出，他们也没和他人提起过。高更是个狂热的击剑迷——在布列塔尼时，他在一个很小的击剑学校里帮忙——这次他把带来的面罩、手套和衬垫放在了黄房子的小橱柜里。

一聊到击剑，高更就能滔滔不绝地说半天，而且他的技术很可能也不错。他对于击剑的观点和对于绘画的观点大体一致，他认为这两项活动拼的都是脑力——只有聪明的人才能获胜，而只靠蛮力的人很难突破瓶颈。文森特对锋利的剑刃其实挺害怕的，他真挚地希望高更永远不要在他面前摆弄这些"幼稚的武器"。高更还喜欢另一项对抗性运动——拳击。

高更在布列塔尼的时候，喜欢在晚上和伙伴们玩棋类游戏，比如国际跳棋，高更会自己在报纸上画棋盘。他还会弹奏乐器，他自学了钢琴和曼陀林，他对钢琴并不是很有悟性，但他能听出一些曲子，比如舒曼（Schumann）的《摇篮曲》（*Berceuse*）。

文森特却没什么音乐细胞，他学过一点钢琴，但最终放弃了，他对运动和游戏也没有兴趣。闲暇之余，他喜欢散步、读书、写作、聊天。他喜欢和别人就某个问题展开争论，他曾用荷兰语"摩擦"（'wrijving'）来形容这项爱好，但他其实更渴望有一个和他观点完全一致的灵魂伴侣。他的理想状态是他们能默契地齐声说出："没错。"

高更在第一天就开始工作了，但他没有立刻开始画画，而是开始静下心来寻找灵感。每到一个新环境里，他都需要一段"孵化期"，来观察新环境并分析其特质。高更不想把整整一个月时间都花在笔头上，他需要灵感，没有灵感的画在他眼里都只是试验。而且，他事后回忆，这次的"孵化期"长达数个星期，最后他甚至可以"确切地嗅到阿尔勒空气中弥漫的独有且强烈的气息"。但即使在"孵化期"里，高更也并没有完全放下画笔（虽然他确实不如文森特勤奋）。

他一开始构思了两幅画，据文森特说其中一幅是关于一位"黑人女子"的——她显然不是阿尔勒本地姑娘。这个题材具有极强的个人色彩，因为高更是一位来自马提尼克岛的艺术家，他之前就画过一些热带题材的作品。提奥和文森特一眼就看中了其中一幅画，买了下来，高更又送了他们一幅。正是这些绘画让文森特和高更走到了一起。

文森特和提奥是在高更身无分文、病魔缠身的情况下，于前一年11月中旬回到法国后不久认识他的（如果他们之前没有在巴黎熙熙攘攘的人群中偶遇的话）。高更从加勒比海带回来的作品给文森特留下了深刻的印象，尤其是一幅四个黑人妇女在采摘芒果的画，背景是深蓝色的大海。这幅被他们称为"黑人妇女"的画就是梵高兄弟买下的。高更还用另一幅马提尼克岛的风景画换了文森特早年在巴黎画的一幅太阳花（显然，他一直很喜欢文森特笔下的太阳花）。

文森特一看见高更在马提尼克岛作的画，就确信他未来会成为大艺术家——一位用色大胆、善于描绘热带和天堂般岛屿的大师。文森特在写给伯纳德的信中说道，"（高更）他的双手就是品质的保障，他所做的每一件事物都有着温和的、慈悲的、惊人的力量。人们还不理解他，这让他非常痛苦。他还没卖出过一张画，就像没有找到知己的诗人。"所以，为了讨文森特开心，或者是为了确立自己的艺术风格，或者两者均有考虑，高更决定开始创作一幅以黑人女性为主题的画，但这幅画有点差强人意。后来，高更可能为了不浪费这块画布，又在原画上绘制了鲁林妻子的肖像，把黑人女子彻底覆盖掉了。

他的另一件作品是一幅风景画，当然，这还只是一件习作，画中看不到他在《布道后的幻象》一作中展现的"抽象"和大胆。这件风景习作画的是一座被称为"庄园"（mas）的当地农舍，农舍前面是一大堆干草，后面是一棵又高又扭曲的柏树，背景是多云的天空——那个周四和周五的天气状况就是如此。

这是文森特在夏天里尝试过的题材。他曾把其中一张速写寄给了伯纳德，画中钢笔绘出的漩涡和螺旋线蕴含着强烈的律动，伯纳德还将速写展示给了阿旺桥其他的艺术家。不过，高更的画和文森特的那张速写完全不像。高更的画面平静而有序，干草堆就是一个精心构建的圆锥体。他喜欢在画作里加入重叠的笔触，这与文森特的作画习惯相去甚远，他更像另一位来自南方的画家——保罗·塞尚（Paul Cézanne）。

塞尚的绘画风格在高更心中有着极高的地位，以前手头宽裕时，高更买过不少塞尚的画，后来哪怕他生活拮据，仍不愿意典卖塞尚的作品。这位老人的绘画风格深刻地影响了高更早期的艺术生涯。事实上，他曾一度半开玩笑地建议毕沙罗给塞尚注射安眠药，这样他们就可以在他沉睡时打探他的艺术秘密。高更对其他艺术家的创新思路非常好奇。在这种情况下，塞尚对高更的好奇心产生了猜疑，以至于他突然动身前往了普罗旺斯地区的艾克斯。

在高更看来，塞尚毫无疑问是法国南方最伟大的风景画家，而与他同住的这位古怪的、新来的荷兰画家都不能和塞尚相提并论。他欣赏塞尚一板一眼的理性画风，这是头脑聪明的体现（正如前文所说，他认为艺术和击剑都是脑力活动）。

然而文森特却并不看好塞尚。他认为塞尚的笔触都呈现毫无变化的平行状态，这是"极度胆怯"和"小心谨慎"的体现。据埃米尔·伯纳德所言，塞尚和梵高并不投缘。有一天，他们午后在唐吉老爹的画具店里偶遇，文森特大方地向这位老人展示了自己的画作。"在细细端详了文森特所有的作品之后，腼腆却又直性子的塞尚告诉文森特，'说实话，你的画像是疯子才能画出来的。'"

在高更刚到阿尔勒的那几天里，文森特也画了一幅风景画，画的是阿尔勒郊外田野的另一片风景。画中的天空呈柠黄色，这说明作画的时间是在清晨或傍晚时分，空中还布着一道道乌云。前景是一颗充满古意的紫杉树：它的灰色树干粗壮且厚实，上面还夹杂着几颗树瘤，虬干向上延伸，就像人的四肢一样舒展，它奠定了整个画面的基调，后景则是犁过的土地。（见原第31页上他的速写）

通常来说，紫杉有两种寓意——一是它们生长在墓地周围，二是即便树龄很大，它们也能长出新芽。所以，它们既暗示着死亡，也暗示着新生。文森特在这幅画中想表达哪一种寓意呢？

文森特非常清楚花卉和树木蕴含的感情和寓意。他能从灌木丛中品味出奔放的性感，还能读懂柳树所经受的悲剧。这颗紫杉就像一个人：一个被疾病折磨的英雄。树枝像手臂一样伸展开来，前方突出的树根像想要前进的腿——实际上，这非常像文森特的腿，这幅画仿佛也是在描绘那个夏天文森特走在通往塔拉斯孔的大路上。

我们并不知道这棵老树还能不能枯木逢春，但它的确是长着几片褐色的叶子。在远处的地平线上，立着一棵象征坟墓的柏树，画中冬天死气沉沉的冷淡光线与《播种者》中夏天的光景反差很大，后者的画面中满是令人心情愉悦的光芒，太阳的金光照耀着整个世界。事实上，文森特的紫色本可以层次更丰富一点，但可惜他用的红色颜料质量不好，后来褪色了。即便如此，和那幅新的《播种者》一样，文森特的这幅风景画描绘的也是秋季，希望与能量正在消退。不过，在这一周快结束的时候，文森特又恢复了振作的状态。

27号，周六，提奥结束了出差行程，从比利时回到了巴黎。在家里等待他的，是文森特在高更来到之后所写的信，文森特在信里向他大吐苦水，哭诉生活的困苦和焦虑的心情。提奥读到高更终于到达阿尔勒后，心中不禁涌起"一阵狂喜"。

提奥得知文森特为钱苦恼后，决定尽快帮他渡过难关。他立刻给文森特回信一封，用严厉的语气告诫他要振作起来。提奥担心哥哥会像秋天早些时候一样，由于过分担心生活费而颓废，每天就着面包屑喝咖啡，当时文森特甚至在信件里前言不搭后语，提奥看得一头雾水。此刻，提奥感到肩上的担子很重，他现在必须养活两位在阿尔勒作画的穷画家，让他们不至于饿死。提奥不可能一直守在那里，他只能保证一收到文森特请求支援的来信就往阿尔勒寄钱。为了挑起生活的重担，他不得不经常出差联系业务，因为文森特花钱的速度快到离谱。

提奥劝他哪怕手头没钱也不能挨饿，可以去赊购食物，等收到钱后再去还账。奇怪的是，如果不是提奥点拨，文森特宁可自虐般地挨饿，都想不到这个法子。

提奥在信中尽其所能地宽慰文森特：

从你的来信惊悉，你压力很大，此刻也许你还在担心吃了上顿没下顿。我想告诉你，就目前而言，一切关于钱和销售画作的问题你都不需要担心，目前我们的经济状况良好……

一想到钱就"痛苦"，对于文森特来说，最好的办法就是不去想这个问题，他的生活应该保持"节制"，不规律的生活只会招致"疾病"。提奥用这种方式力劝文森特不要酗酒。提奥信中的意思很明确，希望文森特不要操心钱或销售的事宜，只要专心画画就可以了。

"你谈到了你欠我的钱，你说想尽快还清。我不想再和你讨论有关钱的问题了，因为我不想你有任何顾虑。我一定会好好工作努力赚钱。"提奥最后加了几句语气强硬的警告，他觉得文森特每天都在为别人的事操心，浪费了太多的时间、精力和金钱：

你不知道每次你和我说在拼命地工作的时候，我有多么痛苦，我感觉你从来没有自己的生活。首先，我不相信这是真的，因为你热爱生活，并且每天过着大人物和王公贵族一样的生活。但是，我求你多跟我分享一点生活的所见所想，这样你就不至于感到自己的生活只有不如意，也不会因为缺少一块糊口的面包而伤了身体。我希望在高更的陪伴下你可以开心起来，争取尽快恢复元气。

　　这封信的语域很高，尤其是最后一部分：希望文森特能过上属于艺术家的自由而充实的生活。文森特本来能过上田园牧歌的生活，但他内心的焦虑毁了这一切。

　　高更在周六给提奥写了一封信，最后在信封上写下收件人：梵高先生。高更告诉他自己刚刚收到了早先那封转寄而来的关于卖画的信，在信中高更还委婉地透露出了他哥哥最近的精神稍微有些奇怪。

　　"有时候你的哥哥会出现应激反应，我希望他能慢慢平静下来。"他写道，文森特已经收到了提奥之前给他的劝诫，而且他现在也在写信，因为他有许多事情想要告诉提奥。除了有关文森特的情况，高更在信中还谈了一些自己的事情，这是很自然的，因为从理论上说，提奥是他的雇主。高更担心提奥会对他画作有些看法，包括那幅他刚刚从布列塔尼寄出的《布道后的幻象》。他想表明那些画作上的粗糙感是他有意为之的，这是一种艺术策略。

　　文森特也给提奥写信，表示他在逐步走出阴霾。"虽然大脑仍有些困顿，但这周感觉比前两周好多了。"然后，他突然笔锋一转，开始对他的新室友大加赞赏：

　　我知道高更有航海经历，但出乎意料的是，他的航海经验竟然如此丰富。他克服了重重困难加入了海军，成为一名真正的水手。听了他的经历后，我的仰慕之情油然而生，并且我坚信他的人格也一定是高贵的。

高更给文森特讲了些什么故事呢？客观地说，高更年轻时没有什么高光时刻。执拗的、没有父亲的高更曾经很想当一名水手，但无奈成绩太差，没有考进海军军官的摇篮——法国海军学院。于是，1865年12月，他跳上了一艘商船开始远洋实习，他跟着船员们在大西洋上走了几个来回，还去南美洲看过风景。最后他终于如愿以偿地加入了海军，并且在整个普法战争期间都表现优异。

高更随后写了一点关于他航海生活的故事，他的叙述如他的画作一样扣人心弦：

我第一次作为船员学徒出海是在卢齐塔诺号（Luzitano）上，那次航行的目的地是里约热内卢。我的职责是和中尉一起在夜里站岗放哨。这位中尉跟我讲了不少他以前出海时发生的故事。

他曾在一艘船上做过小工，这艘船满载着物美价廉的商品在太平洋上航行。一个晴朗的早晨，他洗甲板的时候不慎掉到了海里，他叫天天不应叫地地不灵。只能紧紧地抱着扫帚，借助浮力在海上漂浮了48个小时。多亏了那把扫帚他才没被淹死，最后终于遇到了一艘路过的船，才被捞了起来。

后来，救他的这艘船停靠在了一座小岛上，他去岛上遛了一圈，但岛上的居民太过热情，他玩得兴起错过了船，只好在岛上住了一段时间。

小工在那里混的八面玲珑，岛上的每个人都喜欢他，他每天无所事事，还在当地人的勾引下失掉了童贞。他吃喝不愁，还能住在木屋里，每天都有人给他送好吃好喝的，高兴得不得了。他就这样在岛上过了两年神仙般的日子，后来，在另一个风平浪静的早晨，另一艘船碰巧驶过这座小岛，他就这样踏上了返回法国的归途。

"我的天呀，我当时真蠢，"他告诉我说。"现在我被生活所迫，不得不在船上和风浪为伍……当时的日子真好啊！"

在给提奥的信中，文森特觉得高更的故事很有文学色彩，他把中尉和高更比作粗犷的水手和实干的男子。他认为这个故事与一本名叫的《冰岛渔夫》（*Pêcheur d'Islande*，或*Icelandic Fisherman*）的书有"异曲同工之妙"，这本书是皮埃尔·洛蒂于前年，也就是1886年，出版的一本畅销小说。洛蒂最近出版的《菊子夫人》对文森特影响颇深，他从这本书中得到了装饰黄房子的灵感，并且将自己画成了一个日本和尚。现在，《冰岛渔夫》也成了文森特最喜欢的一本书。

出人意料的是，将高更和这本书联系在一起的并不是文森特，而是高更自己，或者至少是他提出的灵感。他自己的生活与那本书作者的生活极其相似，就像两条完全一样的平行线。

洛蒂其实是笔名，他的真名为朱利安·维奥（Julien Viaud）。他比高更年轻两岁，也从在海军服役并且还是一名军官。他甚至在高更服役的舰队中工作过一段时间。洛蒂/维奥著作颇多，其中第二本书让他名声大噪，此书描述了一段入乡随俗的"婚姻"，即一位英国海军军官迎娶了一位14岁的塔希提岛女孩。

保罗·高更

　　洛蒂同很多的作者一样，在世时为同时代的人呈现多彩的梦幻之境，但在死后却渐渐被遗忘。洛蒂的影响力在文森特和高更生活的那个年代达到巅峰，他所写的光怪陆离的故事是当时人们躲避荒谬人间的世外桃源：读洛蒂的小说就可以逃离欧洲中产阶级编造的金钱神话和两性羁绊，从而到达天堂般的彼岸。这是文森特和高更理想的生活，其实高更在马提尼克岛的时候就想过这种生活，但梦想终究没有成为现实。

　　洛蒂不仅写远在天边的故事，还写近在眼前的故事。1883年他发表的小说《我的兄弟伊夫》（*Mon Frère Yves*），描写了一位略通诗书但沉迷酒精的布列塔尼海军。整本书给人最深的印象就是布列塔尼木底鞋"重重踩在坚硬的花岗岩路面上"发出的声音。书中的布列塔尼活脱脱是一个"原始"且"野蛮"的地方。

高更在阿旺桥给舒芬尼克尔写的一封信中摘抄了如下的句子：

你是一个真正的巴黎人。让我去乡村吧，我喜欢布列塔尼。我发现这里满眼尽是野蛮和原始。当我的木底鞋踏在这些花岗岩石上时，我听见了低沉、有力的声音，这种声音直入人心、富有力量，我在绘画中也想实现这种效果。

句句都透露着"忧伤"，而忧伤正是艺术家必不可少的品质。

高更想要把洛蒂书中描写的生活变成现实，他厌倦了生意场上的尔虞我诈，想换一个新身份。他甚至模仿布列塔尼渔夫，穿上了毛线衫、贝雷帽和木底鞋。高更屡次强调他骨子里是一个野蛮的原始人。虽然他穿着布列塔尼岛民的传统装扮，但他毫不在乎自己到底是哪里的野蛮人，无论是法国的还是秘鲁的。巧合的是，文森特也认为他自己的生活就像是划着一艘小船航行在波涛汹涌的海面上。

高更所讲的每一件事都很符合文森特的胃口。高更口中的热带童话让文森特觉得"不可思议"。文森特写到，"那里必定是未来绘画艺术伟大的复兴之地。"他认为迈耶·德·哈恩和艾萨克森很适合去热带发展，不过他们是提奥的朋友，文森特既不认识他们，也没有看见过他俩的画，甚至几天前，他还对这两个人不太感冒，但现在却把他俩当成自己的替身。

文森特认为未来的绘画应该带有民族主义色彩：如果法国艺术家，比如高更，曾在法国的殖民地，比如马提尼克岛画过画，那么荷兰画家就应该去属于荷兰的东印度爪哇岛开办一所绘画学校。"在那里的广阔天地大有可为！"文森特大呼道。他如果能年轻十岁或者二十岁，一定会这么干。

和平常一样，他数学不好的毛病又犯了，因为20年前，他才15岁。显然，15岁的文森特还没有出远门的能力。现在，他只想一直留在阿尔勒，当其他人即将从马赛扬帆远航时可以来顺路拜访他："此刻，我绝对不可能乘船离开这里，阿尔勒的这所小小的黄房子会成为美术版图上的一座驿站，将来自法国北部、非洲和热带的艺术家们联系起来。"

墓园授道

10月28日—11月4日

　　文森特和高更已经在黄房子里一起度过了六天的时光。高更慢慢适应了这里，并且他们二人的生活也逐渐步入了正轨。现在是时候共同解决一个新的、重要的问题了。此刻，文森特一直梦寐以求的事终于要实现了：相隔几码远，并肩创作平行的主题。这才是高更心目中南方画室真正的样子。

　　两位画家可以互相学习，尤其是文森特可以从高更的画作中得到很多灵感。但两人的关系中也存在着相互竞争的暗流——两个人都天赋异禀，但他们的观念和秉性都相去甚远。实际上，高更大部分时候更像一个老师，即便他自己丝毫没有意识到这一点。文森特无疑是一位伟大的画家，但他却缺乏信心，而高更就是那个能给予他信心的良师。

　　文森特的计划是他们一起去画阿尔勒秋天的植物，这些植物非常壮观，适合作画。他觉得展示阿尔勒四季变化的作品是黄房子里必不可缺装饰品。不过到目前为止，除了在高更到来之前几天，他强打精神画过的几张画以外，他只画过春天和夏天的阿尔勒。而且，他俩还挑选了一个新的作画地点，那里有一片文森特从没画过的风景。

他们从黄房子出发了，文森特穿着那件满是颜料的工作服，戴着草帽，绑紧了全套绘画设备，高更的穿着则像一个布列塔尼水手。他们带着可拆卸的画架、颜料盒、画笔和上好的画布，穿过小镇来到阿尔勒的另一边，这是一片古罗马时期的墓地，称为阿利斯康。除了古代的竞技场和剧场，这里大概算是阿尔勒最著名的景点了。

阿利斯康是由普罗旺斯语"Elisii Campi"演变而来的，地名本意为"天堂乐土"——在古代，只有贤德的逝者才能被埋在这片福地。这个墓地具有浓厚的古罗马色彩，它位于城墙外围通往罗马奥古斯塔古道的两侧。后来，阿尔勒的第一批基督徒很喜欢在这里举行秘密聚会。

曾有传言耶稣本人来这里参加过聚会，并且在一具石棺的盖子上留下了膝盖的印记。在圣迹的加持下，阿利斯康成了欧洲中世纪早期极负盛名的墓地。甚至有人带着棺材跋山涉水慕名而来，只为把死者埋在这里。据说，英雄罗兰（Roland）和查理大帝时期许多骑士都长眠于此。不过，高更和文森特在那个温暖的十月来到这里时发现，墓地早已没有了往昔的光辉。

多年来，每遇贵客到访，阿尔勒当局的领导人总带他们参观那些雕刻精美的石棺，许多博物馆里都展有原本埋在此地的精品石棺。在16世纪，为了开凿克拉波纳运河，该墓地不仅被横切为二，还损失了许多精美的墓穴。这条运河的名字来源于设计它的工程师——亚当·德·克拉波纳（Adam de

Craponne）。1848年所修建的阿尔勒大环线铁路再一次穿过了阿利斯康，也给墓地造成了严重破坏。

最后，为了修建巴黎–里昂–地中海铁路，人们又决定在这里建一座中心工厂，为南方线路生产火车头和车厢。结果，这里现在变成了一座巨大的工业园区，墓地被不断压缩，现在墓地的面积甚至还不如工业区大。墓园里现在只有一条白杨树荫笼罩的大道和拱形入口，深处还坐落着一座罗马式教堂。穿园而过的克拉波纳运河被一座几米高的大堤牢牢锁住。高更爬上大堤，回头就能看见挂满秋叶的白杨和远处的圣奥诺拉教堂，正所谓站得高看得远，高更决定在这里支起画架，尽情创作。他在堤坝上所作的画展示的并非是他的视野全貌，而且也存在失真现象。不过对于像高更一样的艺术家来说，为了艺术效果编辑、删除看到的画面是一门必修课。

高更就故意忽视了自己左手边的一座大工厂，当天是工作日，里面还有几千名工人在上班，机器嘈杂的轰鸣声和锤击声响彻墓园。他在画中还删除了大堤底下一排的古代墓群，但对来阿利斯康游览的游客来说，这排墓群是必看的景点。

高更画了一片开阔的树林来填补画面中的空白，圣奥诺拉教堂的尖塔比周围的树林高出一大截，仿佛散发着神性的韵味。观众乍一看这幅画，甚至都不敢相信这是一座教堂。教堂顶部结构的笔触稍显模糊，既带有浓浓古意，又有几分异国情调。画的右侧是路边耸立的白杨，仿佛一幢由黄叶筑成的高墙。右下角的几笔红色最为出彩，比十月的阿尔勒的任何美景都要夺目。

这种激进的色彩运用方式是高更向年轻艺术家传授的秘诀之一。文森特认为这是高更和伯纳德在布列塔尼所开创的"抽象艺术"的精髓：

他们不会问群山到底是什么颜色，但是他们会说："主啊，你说山是蓝色的，对吗？那么就为它涂上一抹蓝色，不要告诉我那是一种怎样的蓝色，蓝色就是蓝色，难道不是吗？好的——让它们变成蓝色，这就够了！"

显然，这正是文森特的新室友告诉他的，文森特在"课后"回忆说：

高更像一个天才那样阐释着他的艺术思想，但语言难掩其羞涩的天性。他给年轻人传授的知识非常实用，这种不厌其烦的态度令我十分感动。

先不论高更是否真的羞涩，但他的确乐于提携后辈，他从布列塔尼启程前往阿尔勒之前，对一个叫保罗·塞吕西耶的年轻人提了同样的建议，后者回到巴黎后，向朋友们展示了一幅画在雪茄烟盒上的风景小样，朋友们都对这幅草稿赞叹不已，而这幅画正是塞吕西耶在高更的指导下完成的。一眼看去，整幅画面都是明亮的纯色，有紫色、朱红色和韦罗内塞绿。这幅画被塞吕西耶和他的朋友们奉为神迹，象征着一种全新的绘画流派。

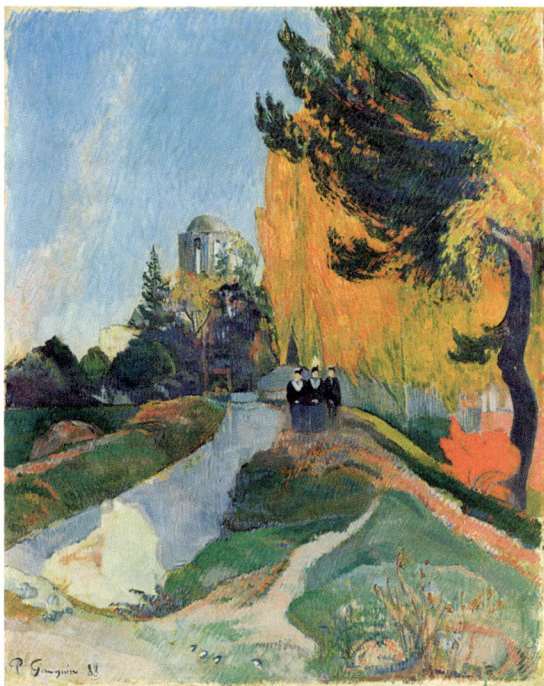

高更《阿利斯康》（*Les Alyscamps*）

　　文森特十分认同高更的看法，一个画家不能只是复制看到的颜色，需要用更改、省略或其他艺术手段提升画面表现力。高更在《布道后的幻象》中就用连续涂抹的朱红色将这种对现实的漠视表现到了极致。

　　文森特兴致盎然地欣赏着高更作画的全过程。文森特认为，高更的是一种实践的艺术，"好的画作就像做善事，不能只靠嘴上说说，而是必须在善念的驱使下，在实践中履行内心深处的道德义务"。此外，虽然高更有时总是闪烁其词、避重就轻，但他确有英雄主义的一面，为了追寻新的艺术形式，他情愿奉献一切，文森特也是如此。

　　在高更所绘的阿利斯康画作的中间部分，有三个穿着黑白相间衣服的阿尔勒姑娘（Arlésiennes），她们和这里的古迹一样，都声名在外。所以我们不难理解，为什么高更到达阿尔勒之后想画的第一处景物就是这里的姑娘——他早就准备好去说服姑娘们摆出婀娜的姿势了。

　　高更的简笔画完美地呈现了当地传统服装的样式。姑娘们的日常服装由一件黑色的连衣裙、披肩和全白的棉制三角胸衣，以及头发后面非常小巧的蕾丝帽子组成。蕾丝帽子将头发包裹成圆形，束以一条宽阔的黑丝绒或者缎带，再用黄金或珠宝镶嵌的发簪扎紧。在婚礼等特殊场合中，她们会穿上更加华丽的衣服。据说这套穿搭历史悠久，但实际上，就像许多"传统"服饰一样，这只不过是巴黎18世纪女装的乡村改良版本，根本算不上是"传统"服饰。

　　就像她们的传统服饰有着"悠久"的历史一样，阿尔勒的姑娘也认为自己天生带有古典风情。阿尔勒本身就是一座古城，在古希腊时期叫作泽兰（Theline），后来在古罗马时期改称为阿拉特（Arlate）。阿尔勒不仅保留着建筑遗迹，还出土过著名的雕塑——《阿尔勒的维纳斯》（Venus of Arles）——该雕塑于17世纪出土于古罗马剧场废墟。这件雕塑甚至可以和《米洛的维纳斯》（Venus de Milo）齐名，代表着阿尔勒与爱神之间难以名状的关系。久而久之，人们普遍相信阿尔勒的姑娘们是维纳斯的妹妹，独具希腊韵味，庄重而不失诱惑，这种若有似无的诱惑对男人杀伤力极强。

　　有一本小说讲的就是阿尔勒姑娘的故事。阿尔丰斯·都德是文森特最喜欢的作家之一，他在《磨坊信札》（*Letters from My Windmill*）中写了一篇短篇小说，讲的是一个来自克劳的年轻农民爱上了一个阿尔勒的姑娘，但求之不得，最终在绝望中自杀的故事。都德后来又将这个故事改编成了戏剧——《阿尔勒姑娘》（*L'Arlésienne*）（译者注：又名《阿莱城的姑娘》），比才（*Bizet*）为其谱写了配乐。这个戏剧当时在巴黎刚刚上映就引起轰动。人们把《阿尔勒姑娘》和《卡门》（*Carmen*）称为"比才双璧"，迷人且危险。

　　高更觉得她们像是从古籍中走出来的人物，他在那周给伯纳德写的信中说到：

　　这里的女人们发型优雅，仿佛古希腊时期的美人。她们的披肩自然下垂，形成极具古意的褶皱，走在阿尔勒的街道上就像走在古希腊城邦一样，路过的女孩们就像天后朱诺（Juno）一样圣洁。

　　他还摸索出了一种将她们画出"现代风格"的方法。

　　就是在命名这幅画的时候加入古典的情色元素：《维纳斯神殿中的美惠三女神》（*Three Graces at the Temple of Venus*）。这听起来像个玩笑吗？可能确实有些玩笑的意味，不过高更非常喜欢维纳斯和美惠三女神这个主题。高更喜爱的古代画家波提切利（Botticelli）也曾经画过这个题材。

　　高更像平常一样按部就班地创作着。他先用普鲁士蓝画出了草图，再逐步上色，由于画布的吸水性很强，所以他在初次上色后又覆上了一层颜色，第二次上色手法十分规律，笔锋呈现出或竖直或斜对角线的走向。据一位熟人回忆，高更的笔触"像猫咪一样柔软，他用一种天鹅绒般柔软的、灵活的姿势"使用画笔。他拿着画笔作画的样子看上去就像一只猫在把玩一只老鼠。高更通常需要几天的时间才能完成一幅作品。

同时，在旁边不远的地方，文森特在以一种非常不同的节奏创作着。他的心情好多了。他当天给提奥写了封信——也有可能是第二天写的——让他放心。他在信的开头写道，"关于我的病情"，并不像提奥想的那样，文森特会因为担心生计而一病不起。

文森特这两天遇到的人和事都让他激动不已。他知道有些人觉得他画得太快了，但这是他的习惯。他心中燃着一缕激昂的情绪，下笔飞快，就像他脑中构思明确的时候，会滔滔不绝地大谈特谈一样。当灵感来临时，人们必须学会抓住它，因为灵感和兴致一样，总是时有时无。每个艺术家都会遇到"创作的瓶颈，脑中空洞无物，毫无灵感"的时候。

他正是以这种极快的画法完成了他在阿利斯康的第一张画。他在墓园大道中间偏右的地方支起了画架，然后，就像高更一样，看向圣奥诺拉教堂，但文森特画中突出的景象恰恰是他的这位朋友所忽略掉的。

高更选择性删除了生产火车的厂房和古罗马时期的坟墓；文森特则以透视视角画出了两排古代石棺，还有隐藏在白杨树林后方的大工厂。工厂在画中十分显眼，仿佛它才是整幅画的

梵高《阿利斯康罗马墓园》（*Les Alyscamps: Allée des Tombeaux*）

主题。烟囱高耸入云，青烟盘旋而上，房顶是清亮的红色，这些都比远处教堂三角形的屋檐和低矮的尖塔更夺人眼球。

　　文森特的画看上去似乎没有修改任何一点眼前所见之景。但实际上，他和高更一样，对现实场景也进行了一定加工。为了让构图更加美观，文森特转移了教堂尖塔的位置，以此削弱教堂过于浓重的宗教色彩，突出了其在画中的美学功能。从文森特所站立的地方看，根本看不到被白杨树完全遮挡的教堂尖塔。高更描绘了茂密的植被，而文森特则聚焦于白杨树林背后的工厂。他强调的部分恰恰是高更所删掉的，铁路时代的丑陋证据。

一对情侣在墓园大道上悠然地散着步，他们是附近兵营中的轻步兵和本地姑娘。他们的身影与景点十分和谐，因为这里正是阿尔勒恋人们常来散步的地方。但是，这幅画还暗藏着一个象征意义，如果不考虑阿利斯康的地理因素，仅就画面逻辑而言，观众会发现恋人们的身后是信仰虔诚的过去，而面前是繁忙的现在。

大约在这个时候，高更在给伯纳德的信中描述了自己和新室友不同的绘画方式："奇怪的是，文森特从这里的风景中看见了杜米埃遗风，而我看见的却是色彩艳丽的皮维（Puvis）和一抹日式情调。"

人们一般称皮维·德·夏瓦纳（Puvis de Chavannes）为皮维，他是一位老龄画家，对许多希望摆脱印象派风格的画家来说，他的作品开创了一种先河，画面构图细致入微，线条清晰古朴。虽然皮维的绘画风格很像学院派画家，不过他的画面带着特有的简约风格，在当时极具颠覆性。

高更在构思画作的时候，计划把日本版画中明亮的平涂色彩和皮维的简约画风结合起来。而文森特认为阿尔勒的风景更适合以奥诺雷·杜米埃的画风来创作。杜米埃从绘图员做起，一路成为画家，他的画中充满了丰富且强烈的感情——愤怒、顺从、悲惨、忧郁……杜米埃的笔触和文森特风格类似，富有情感，蕴含着强烈的能量和激情。

杜米埃是黄房子中的精神支柱，他的作品就挂在文森特的画室里，一直激励着文森特，并给他带来源源不断的灵感。文森特最近还请求提奥再收集一些杜米埃的作品。同杜米埃一样，文森特对他周围人的生活有着强烈的兴趣，高更却并不喜欢听别人的家长里短。

高更在信中谈到他和文森特的不同绘画方式其实差异甚微。他也很欣赏杜米埃，而文森特崇拜皮维·德·夏瓦纳的程度则仅次于杜米埃。高更乐于将眼前之景做抽象化处理；文森特则更加相信自己的眼睛——"在户外忍受着风吹日晒和旁人充满好奇的目光，画家才能发挥出自己最好的水平，不顾一切地填满画布。画家在这种作画条件下才能体会世界真实的本质——这是创作中最艰难的部分。"但是，文森特也并不排斥后期在画室中对作品进行润色，在反思的基础上做出创造性的修改，让画面看上去"更加和谐美观"。他能遵从自己的感受，为画作注入"宁静与幸福的元素"。

高更相信，正如他后来向伯纳德解释的那样，画家完全没有必要在画布上一五一十地呈现所见之物。伯纳德曾问过高更，应不应该在画上加阴影。高更的答案是，如果自己不想这么做，那就没有必要如此。艺术家决定着画面上的所有元素，只要他认为这是最适合的即可。高更认为新艺术应该"尽力"避免"像照相机和其他工业品一样死板且机械"。"因此，我会尽量避免任何能引起人们错觉的事物，因为阴影让人产生了阳光的错觉，所以我更倾向于删除它。"在高更看来，绘画的决定因素是智力，他建议"不要执迷于模仿自然，艺术是抽象的，在自然中注入自己的想象才能提炼出艺术。"

很明显，高更一直在安抚文森特。文森特最大的恐惧就是高更会径直离开，要么是因为他不喜欢阿尔勒这座城市，要么是因为他成功卖掉一幅布列塔尼的作品，不再需要享受黄房子里的免费食宿。高更成功地让文森特打消了顾虑。文森特告诉提奥："不要担心我，也不要担心你自己。"

现在，高更正式宣布他将继续留在这里，他想利用在阿尔勒不用负担食宿的优势攒一笔钱，以便日后重返马提尼克岛。"他会在这里蛰伏起来，努力工作，等待时机，最后一举成名。他像我一样需要好好休养。"高更的人生规划和默默努力的作风让文森特"惊讶"。

黄房子中诸事顺利，高更没有给文森特带来任何困惑。黄房子"不仅变得舒适了，而且也更有艺术氛围了"。文森特唯一不太确定的事是高更对他挑选的装饰画有什么看法。他曾让高更试着谈谈他的看法，但高更只说他喜欢哪些画：他喜欢《播种者》（他没有说具体是哪一幅）、《向日葵》和《卧室》。

在与高更共处了几天之后，文森特开始畅想未来："我敢说，六个月后，高更、你和我都将发现我们共同经营的画室将成为画坛永久的标志。"同时，和文森特一个人生活的时候相比，两个人的生活费甚至没有怎么上涨："我们每个月一起的花销不超过250法郎。"文森特紧接着在下一段中，建议提奥按照每人每月150法郎的标准来提供生活费，也就是每月寄来300法郎，不过财务问题绝不是文森特擅长处理的事物。

高更显然更有商业头脑，他向伯纳德寄了一大笔钱，用来偿还自己的欠款：还格洛阿内克旅馆280法郎，还债主35法郎，并且预留了5法郎作为寄画的费用，还给伯纳德和拉瓦尔5法郎，让他们时常喝酒维系感情。除了他每月从提奥那里得来的生活费，他手头还有些余钱。他用自己的积蓄买了20米长的粗黄麻布，因为他觉得黄麻布是他和文森特作画的好材料。

在接下来的几周里，两位画家从这捆布上裁下了一块又一块的画布，他们在阿尔勒期间的大多数新作都是画在黄麻布上的。黄麻布物美价廉，每米才0.5法郎，相比之下商店里的画布要贵得多，每米要2.5法郎。

文森特与高更有一个共同点，他们都没有接受过太多的正规艺术教育，都是从其他画家那里学习的绘画。对于文森特来说，他在上人体写生课时，总是心怀怒气，想和老师理论一二。所以从本质上来说，他们都是自学成才的，这种成长背景让他们对创新的态度更加开放：无论是风格上的、精神上的还是绘画技艺上的。

颜料的黏稠度、画布的重量和质地、涂在画布上胶质的材质、作画时的光线和画画的速度——所有这些变量都影响着绘画的效果。对于高更和梵高来说，这些因素无论在经济还是艺术上都是至关重要的，毕竟绘画是一门实体艺术。

实际上，此前没有画家尝试过在黄麻布上作画。高更早年间生活困苦，但却因祸得福地了解了黄麻布这种织物的特性。1884年12月，高更走上了独立艺术家之路，他发现自己在哥本哈根和妻子的关系变得微妙起来，因为岳父岳母觉得高更既没有前途也没有"钱途"，对他非常失望。为了维持生计，他不得不违背自己不爱交际的天性，在里尔（Lille）附近一家名为"迪里和鲁贝兄弟"（Dillies et Frères of Roubaix）的法国工厂里，找了一份销售代表的差事。这家工厂的主要产品是防水油布和重纺布。

由于他不会讲丹麦语，丹麦人办事拖拉，再加上老板经营不善，高更几乎没赚到一分钱。但是他却因祸得福地了解了黄麻布的特性，因为黄麻布正是制作防水油布和粗布衣服的原料。

在高更来到黄房子之前的几个世纪里，人们就在逐步改良油画的绘画方式。人们通常在绷紧的帆布上涂抹颜料（有时也会在木头、金属或其他材料上画画）。帆布（由棉或亚麻制成的十分结实的布）有着多种色度、质地、尺寸，因此选择的帆布不同，最终作画的效果也不尽相同。

巴黎汇集着一批颜料商人和画材商，能买到各种不同的画布、颜料、画笔和其他的必需品，比如用于绷紧画布的木框。但是搬到遥远的阿尔勒意味着文森特远离了便利的购买渠道。他一到这里，就开始发愁怎样获得画材。虽然这座小城不像阿旺桥那般吸引了众多艺术家，可是周围也生活着几位画家，当地的一家书店和杂货铺也经营着颜料生意。让文森特犯难的是阿尔勒哪里能买到画布。

他最终在"寡妇雅克·卡尔芒与儿子的新奇百货店"（Grand Magasin de Nouveautés Veuve Jacques Calment et Fils）找到了理想的画布，这是当地最好的布艺家具店。一个名叫让娜·卡尔芒（Jeanne Calment）的十三岁女孩在她堂兄介绍下，认识了一位看不出任何优点的荷兰画家。她的这位堂兄是家店的少东家，后来还和她结为了夫妻。一百年后，她依然记得那位经常来买画布的画家。在她的印象里，他非常丑陋、缺乏教养、没礼貌、有些疯狂，身上还臭气熏天，这就是贫穷的文森特留给人们的典型印象，在异性眼里这些气味更会被无限放大。

　　文森特第二幅以阿利斯康为主题的作品就是画在黄麻布上的。画的主题和第一幅基本一致，但取景的位置不同，画第一幅时他面对着大道两旁的白杨树和远端的圣奥诺拉教堂，与第二幅画的取景角度正好相反。并且这次他也没有画情侣，而是画了几个零星的路人。

　　这幅画没有上一幅出彩。虽然文森特仍然下笔飞快，但是黄麻布的粗糙显然对他的笔触产生了不小的影响——就像沙地或烂泥地会阻碍步行者的脚步一样。画面的色调整体偏暗，这在文森特的画里是极其罕见的。文森特后来学会了如何在黄麻布上画画，对于他来说，最大的挑战是克服它粗糙的质地，而这质地粗糙的画布却让高更获得了他想要的效果——像湿壁画和织毯一样的哑光表面。

　　虽然《美惠三女神》还没有画完，但高更决定尝试一下这次新买的黄麻布（这是他此后余生时常用到的画布）。他在圣奥诺拉教堂的入口处，也就是罗马式圆拱前支起了画架（文森特就在他的后面作画）。他尝试了一种自己很少涉及的主题：捕捉转瞬即逝的光色效果，这是以莫奈为代表的印象派艺术家的专长。

　　他们画画时正值落叶缤纷的时节，就像文森特所写的"像下雪了一样"。太阳依旧明亮，天空万里无云。就在高更的右手边，一棵树的叶子变成了鲜亮的橘红色；下方的小径铺满了落叶，秋风还不时卷起几片，空中打着旋儿。他的作品捕捉到了一小片深红色和颤动的金色落向地面的瞬间。这幅画没有什么"抽象"的元素，反而颇具印象主义气质。

　　这幅画中闪烁的色块令人眼花缭乱，虽然画的是萧瑟的早秋之景，但洋溢的却是勃勃生机和高更喜悦的心情。画面的后景和下方画的是蓝灰色的树干和墙体。在左边，还若隐若现地立着一座12世纪的拱门。和文森特不同，高更为中世纪的艺术和建筑着迷。

少尉米勒在这个周四准备启程远赴阿尔及利亚戍边。在他准备离开之际，文森特给年轻的军官分配了一项任务。埃米尔·伯纳德马上就要服兵役了，文森特希望米勒把他安排到自己的第三轻步兵团里，一方面他喜欢让自己的朋友们也互相成为朋友，另一方面他觉得有熟人关照伯纳德的军旅生活会更加顺利。

文森特和高更都力劝伯纳德给米勒写信，高更给伯纳德的地址非常模糊，上面只写着："米勒先生，轻步兵军团少尉，盖勒马（Guelma），非洲。"高更还另外给伯纳德去信一封，说他和那个轻步兵打过招呼了，并且相信"在非洲，你将会过得很轻松，非洲之行对你的艺术创作也十分有利。"文森特送了米勒一幅画，感谢他在八月将几幅文森特完成的画作带到了巴黎，高更则用一幅速写与他交换了一本插图版的《菊子夫人》。《菊子夫人》深刻地影响了文森特的创作理念，更奠定了黄房子的艺术基调，可是高更却认为洛蒂的小说中充斥着对日本的误解，事实也确实如此。

黄房子通着自来水（1888年的阿尔勒并没有普及自来水），这在当时是非常不容易的。但黄房子没有浴室，因此要用热水的时候必须现烧。高更和文森特清晨都在他们各自卧室的盥洗台洗漱后才出门。

文森特认为洗澡有益健康，许多年前住在布鲁塞尔的时候，他每周最少洗一次澡，通常都要洗两三次澡，每次洗完都有心旷神怡的感觉。虽然文森特自己也并不能坚持勤洗澡，但他还是建议提奥也经常洗澡：

　　现在对于我俩这样的脑力劳动者来说，洗澡是降低生活压力的良方，它能把我们从崩溃的边缘拯救出来。所以只要手头还有些闲钱，我们就必须勤洗澡。虽然我没有什么恒心，但洗澡带来的满足感是无与伦比的。

　　阿尔勒的公共浴场是爱洗澡人士经常光顾的场所（文森特曾画过一个浴场的漂亮花园）。

　　高更更喜欢海水浴。有人曾在布列塔尼的沙滩上遇到过穿着泳裤和贝雷帽的高更，说他"有着40岁男子的肚子"。哈特里克说高更在水中的姿态像一只海豚，但是阿尔勒却没有海水浴的条件。

　　高更和文森特需要方便的时候，必须出门绕到黄房子的另一侧，穿过遍布杂草的人行道，然后走进后面的旅馆去方便。黄房子像是这座旅馆的附属建筑，因为在黄房子里居住的艺术家们离不开旅馆的各项配套设施。

　　文森特对这种生活条件并没有太大不满，因为在阿尔勒，各家各户似乎都是如此。"南方的城镇的厕所虽然又少又脏，是细菌滋生的理想温床，但这种情况在南方是非常普遍的。"

　　秋天爽朗的天气随着米勒少尉一起离开了。在周四凌晨的03:25，一阵狂风袭来，之后倾盆大雨接踵而至。正如当地的两份报纸之一《青铜人》（*L'homme de Bronze*）报道的那样，这如注的暴雨打乱了田间地头的播种工作（文森特上周刚刚画过的播种者劳动的景象）。突如其来的暴雨让去阿利斯康画画的计划泡汤了。马车根本没法在如此泥泞的街道上前行，因为车轴以下的半个车轮会完全陷没。雨下了整整一天，直到11月2日周五才渐渐放晴。纵观阿尔勒的气象史，都找不出几天的天气能糟糕得过这周四。当然，所幸他们还能在室内工作，因为文森特特意在画室装了汽灯。

在接下来的几天里，文森特在画室中又完成了两幅关于阿利斯康的画，画的都是从堤坝上俯视白杨树林和墓园小径的风景。在色彩上，它们都带有浓郁的秋季气息——黄色和橘色的树叶以及小径，与蓝紫色的树干形成了对比。这两幅画是高更到来之后，文森特创作的最好的作品，并且与他先前的作品截然不同（其实与他后来的风格也不一样）。从某种程度上说，这两幅画才是黄房子南方画室的第一批真正作品，因为它们是两位画家合作的结晶。

他对埃米尔·伯纳德说，"合作"并不一定意味着几位画家共同创作一幅画。他的意思是，合作可以是想法和技法方面的融合，这样一来，艺术家们就能够创作"风格不尽相同但却又互相协调、互相补足的画作"。"或许可以让秉持共同理念的艺术家们成立一个团体，共同合作创造出"更多的画作。文森特两幅关于阿利斯康的《落叶》（*Falling Leaves*），就是三位艺术家——他自己、高更，和尚在北方的伯纳德——在思想层面"合作"的产物。

梵高《落叶》（*Falling Leaves*）

　　他们的三人组合在文森特的心目中有着重要地位。这两幅画像一段乐章一样韵律翩翩：规整的大树笔直耸立，如同一小节音乐中的节奏。《落叶》注重塑造色彩之间强烈的反差感：综合运用了绿色与红色，紫色和杏黄色。白杨树干的蓝色调平衡了小径的淡黄色在视觉上形成的扩张感。他曾给他的妹妹解释过这种色彩搭配，"它们互相映衬，通过反差提升两种色彩的鲜艳程度，就像一对情侣，虽然男女性格不同，但相得益彰"。

　　黄麻布的独特纹理加上文森特的笔触让画面看起来像一块立体的刺绣针织毯。这幅画的取景视角充分体现了高更式审美，就像高更的作品一样视角极度倾斜。文森特在画《落叶》的时候，双眼俯瞰，斜斜地望向阿利斯康黄色和橘色的大道，构图与《布道后的幻象》中雅各布和天使在红色背景下摔跤的部分有异曲同工之妙。

　　埃米尔·伯纳德也曾画过透过树干缝隙欣赏风景的作品。

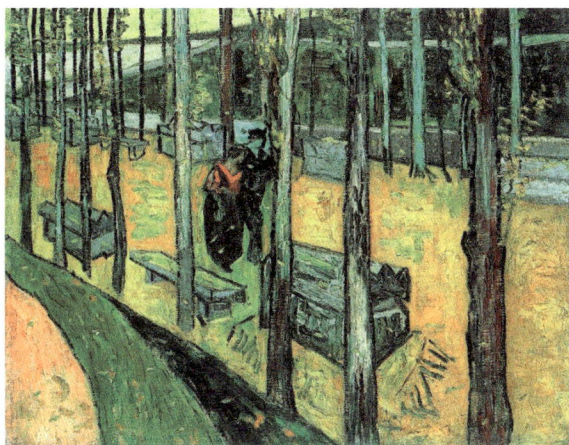

梵高《落叶》

高更向文森特描述过伯纳德最近完成的一幅画：画家17岁的妹妹躺在爱之树林里，后方是一片类似波提切利名作《春》（*Primavera*）中的小树林。高更的描述深深打动了文森特，几个月后文森特凭借记忆创作了一幅同样风骨的画，向伯纳德致敬。

　　文森特回忆了高更是如何从颜色和构图两方面介绍那幅画的：

　　前景是一片草地，上面躺着一个身着蓝色或白色连衣裙的年轻女孩，她双腿修长，身姿舒展；中景边缘处是一棵山毛榉，地面铺满红色的落叶，灰绿色的树干与红色的地面对比强烈。如果我没记错的话，她的头发应该是与裙子互补的颜色：如果衣服是白色，那么头发就是黑色，如果衣服是蓝色，那么头发就是橘色。

文森特听后感叹道："很好，主题简约明确，他像变戏法一样凭空创造出了温婉！"高更在数周前还向文森特描述了伯纳德的另一幅作品："就是三棵树，橘色的叶子在蓝色天空下随风摆动，各种色块之间界限清晰，形成了色彩之间鲜明互补的画面，大气且恢宏！"文森特的《落叶》就是在复刻这种风格。

《落叶》中的第三种元素属于文森特自己，他在画中加入了自己读过的小说情节，所以观众可以从这两幅画中闻到浓厚的生活气息。在第一幅画中，一位瘦削的老先生（文森特认为自己是个瘦骨嶙峋的老人）手持长柄伞，与一位"像母鸡一样臃肿"的女士搭讪——这幅画就像文森特感伤的自我写照，他偶尔也会想着和这种类型的女人安顿下来好好生活。远处的大道上一个身穿红衣的女人走了过来。在另一幅画中，一对恋人在墓间散步，背景是被落日染成柠黄色的天空。

这些巧思都来自于文森特所欣赏的杜米埃的石版画以及各类的小说。例如，在文森特最喜爱的埃德蒙·德·龚古尔所写的《艾丽莎女郎》（*La Fille Eliza*）中，故事高潮就发生在一座古老的墓地中，故事中的女主角——一个娼妓，刺死了她的爱人。

人们普遍认为《落叶》的艺术技巧和创作观念都是成功的，它们是文森特继《卧室》之后最为满意的作品。他那时思路开阔、斗志昂扬，在信中他自豪地向提奥介绍了这两幅新作。他觉得高更也很喜欢这两幅画，同时高更还认为伯纳德也会对它们赞不绝口。文森特把它们挂在了显眼的地方——高更卧室的墙上，为了给这两幅画腾出空间，他不得不把《向日葵》和

《诗人的花园》（*Poet's Garden*）从墙上取了下来。

　　那段时间每天入夜后，文森特都会阅读著名小说家埃米尔·左拉的新作——《梦》（*The Dream*），他画室的汽灯也正好派上了用场，当然也有可能他是躺在床上借着床头的烛光秉烛夜读。文森特一直很喜欢左拉的作品。这一次，他不再是一个人，刚刚出版的《梦》在全国范围内都掀起了阅读狂潮。

　　在先前的几个礼拜，报纸上刊登了许多关于这部小说的文章。但《梦》是左拉最怪异的、最短的小说之一，文森特觉得这部小说有失水准。故事发生在一个古老的小镇上，镇上的中世纪教堂里遍布着殉难圣徒的雕塑，文森特觉得这个设定十分压抑。他喜爱左拉对金发女主角做刺绣的描写，不过她的爱人并没有给文森特留下多深的印象。文森特认为该书最大的特点是充斥着强烈的颜色对比，特别是阴郁的蓝色与金色太阳的光芒交相辉映。

　　文森特虽然一直生活窘迫，但他在读书上从不吝啬，黄房子仿佛就是一片书的海洋。

　　实际上，高更也经常在文森特的书海中遨游，但他们的阅读品味不同。例如，高更后来曾批评过左拉，说他的风格有些虚伪。每一个和文森特私交甚密的人都经受过他在耳边疯狂推荐文学作品的狂轰滥炸。

　　文森特对妹妹维尔（Wil）说他已经形成了每晚阅读几个小时的习惯（虽然他觉得这是作为一名艺术家必须做的事，他需要保持观察和思考的热情）："对知识的贪婪驱使我去阅读一切文学作品，甚至包括言辞澎湃的新闻。"的确是这样，黄房子里到处都散落着旧报纸，文森特会用看过的报纸来包裹画作，防止掉色。

黄房子里有当地的《青铜人》和《共和党论坛》两种报纸，每周日出版，每份5生丁（法国辅币，100生丁为1法郎）。还有巴黎面向全国发售的报纸，这些报纸在车站就能买到。不管报纸的政治倾向如何，文森特都很爱读，比如立场中立的《费加罗报》（Le Figaro）、被视为共和党喉舌的激进的《不妥协报》（L'intransigeant）以及支持激进政治家乔治·克里孟梭（Georges Clemenceau）的《正义报》（La Justice）。不过高更爱读的却是《事件报》（L'événement）。

两个人都对时局不满意。文森特欣赏号召共和党人进行改革运动的布朗热将军和《不妥协报》的创办人亨利·罗什福尔（Henri Rochefort）。他认为与其把他们称为务实的政治家，不如说他们是时代的先锋，终将会成为改革路上的"烈士"。

在伯纳德看来，文森特幻想的"未来充满善良与爱意，所有人都会为他人献上拥抱，人们那些痛苦的、血腥的挣扎终会结束"。但文森特并不是一个社会主义者——他在给妹妹维尔的一封信里确实是这么说的。在他看来，追求艺术是基督徒实现个人救赎的另一种方式。或者，如伯纳德所述，"他生来就在探索一条宗教与美学相结合的创作道路，并致力于实现全社会的和谐，这就是他的艺术天性。"

高更和文森特在对第三共和国的看法上也存在着分歧。他的父亲曾支持过1848年革命，但最终失败（这正是为何他携家逃离到秘鲁的原因）。法国在普法战争失败后成立的第三共和国政府才刚刚掌权17年，但高更就已经看穿了政府卑鄙的把戏，并把它比作一幅给观众带来错觉的廉价画作。"从哲学上来说，我认为共和国就是一幅错视画（trompe l'oeil），我讨厌错视画。"

在他四年后写给女儿的信件中，高更表达了对于当时法国陈规陋俗的蔑视，像他这样的艺术家在法国根本无处容身。"民主党人、银行家、高官和艺术批评家看似是人民的保护者，但他们实际上没有保护任何东西。他们像在菜市场里买鱼，只会讨价还价。"他解释说，"自己天生就认为"艺术家应该是高人一等的。"艺术只是少数人的爱好，因此它必须保持高贵的特质。"这种艺术观显然难以获得大多数人的支持，高更一直都沉浸在一个人的狂欢中。

各种报纸可以满足文森特强烈的好奇心，他尤其对艺术界新闻很感兴趣。他在那年9月15日周六《费加罗报》上的文学增刊（差不多恰好就是文森特搬进黄房子的时间）上读到了一座印象派风格的紫色玻璃建筑建筑，他对此大为惊奇：

很难想象阳光映照在这座建筑上时，会形成怎样的折射效果。这些玻璃建筑像紫色的蛋，为了支撑这些玻璃，他们设计了一种黑色和金色交织的铁制支架，上面还挂着五叶地锦藤蔓和其他攀爬植物。这个紫色的屋子正好在一个花园的中央，花园里所有的小径都铺着明黄色的细沙。

这条新闻给了他布置朴素的艺术家之屋的灵感。他还很关注天气的消息和与风云人物布朗热将军相关的政治事件。曾在"巴黎银行业"打拼的高更注意到，国家的财政状况正如萧瑟的秋天的一样，并不乐观。在巴拿马从事运河开凿生意的运河联合公司（Compagnie Universelle du Canal Interocéanique）经营状况堪忧。这家公司最终在当年的12月倒闭了。高更认为这恐怕会对艺术市场带来不良影响。

那个秋天，报纸上的另一个话题是谋杀。在法国，一个恶名远扬的杀人犯普拉多（Prado）残忍地杀害了一名妓女，即将接受审讯。同时，在英吉利海峡的另一边，发生了一系列更加耸人听闻的谋杀案：一个自称为"开膛手杰克"（'Jack the Ripper'）的男人杀害并肢解了多名妓女。这件事在国际上都引发了轰动，也很快在法国传开了。

文森特可能读到过此类报道，因为他喜欢关注社会底层的话题（居伊·德·莫泊桑也是他非常喜欢的作家之一，莫泊桑就受此谋杀案触动，写了一个关于开膛手的故事）。并且，文森特曾在伦敦附近短期传道，他恰好去过命案的案发现场——白教堂（Whitechapel）。

他可能注意到了一个可怕的细节，一位受害者名叫凯萨琳·艾道斯（Catherine Eddowes），死于9月30日。她的尸体被砍得惨不忍睹，一只耳朵还被割了下来。在10月3日的《费加罗报》上，有几篇关于这些可怕罪行的长篇报道，其中一篇完整地翻译并刊载了一封写给警察的信，署名为开膛手。这封通篇没有标点的信令人不寒而栗："我接下来要剪下女士们的耳朵并且寄给警官们这很有趣不是吗"。

　　阅读是黄房子中一项日常的娱乐活动，写信是另一项。伯纳德频繁地收到从阿尔勒寄来的信，因此他几乎可以说是拉马丁广场二号里的第三位住户。在第二个周五或者第三个周六，两位画家联名给伯纳德写了一封信，告诉他这里一切都好。文森特主笔，高更在末尾又添上了几句。

　　文森特仍在揣摩这位客人的性格。他大胆地向伯纳德坦白道：

　　高更非常吸引我——注意，是非常。我一直认为，绘画对生理和心理的要求极高，所以我们的双手需要像工人一样灵巧，胃肠要能忍受粗茶淡饭，品味要贴近自然，性格要博爱仁慈，绝不能像巴黎大道上那些花花公子一样颓废。此刻，我身边就住着一个这样的人，他如处子般纯洁，保留着原始的天性。高更身上的热血和激情比雄心更可贵。

　　实事求是地讲，文森特此处对高更性格的形容十分古怪。文森特就是这样，他可以在大脑中同时建立各种千奇百怪的联想，在兴奋的时候更是如此，他会将现实生活中的人与书籍、图像联系在一起。因此，他才会在信中说，中产阶级的高更有着无产阶级的双手和胃肠（不像文森特自己，他那虚弱的胃肠就是亚健康的信号）。

　　在文森特的眼中，高更——一个失败的生意人/防水布销售员，与左拉和洛蒂笔下的无产阶级渔夫一样健康。而且，虽然高更已经在巴黎生活了一段时间，但他看起来绝不像城市中的花花公子，他骨子里更像是一个出身村野的圣人，一个来自秘鲁的"原始人"（他的曾祖叔父以前做过秘鲁的总督）。

高尚和质朴在高更身上形成了和谐的统一，他有着比雄心更可贵的"热血和激情"，还有着"博爱仁慈"的性格，大都市里的公子哥们绝没有这些可贵的品质。并且，已为人夫且有五个孩子的高更还如"处子般纯洁"。毋庸置疑，文森特的本意是高更"没有被欧洲文化所污染"，只是他的用词太古怪了。

当然，高更的表达能力也没好到哪里去，比如他说自己是"原始的"如同布列塔尼渔夫般的形象，以及他在自画像《悲惨世界》的注解处写道，"如同一个小女孩的卧室"般的墙纸象征着"艺术的贞洁"。不过他在文森特主笔的那封信的附言中自谦道："文森特说得太天花乱坠了；你知道的，他经常会陷入欣羡之中，进而逸性遄飞。"但他其实也认同部分文森特对自己的描述。

两位画家间经常在一起讨论如何更好地建设一个成员之间互相协助的画家团体，这是两人聚在黄房子里的初心。有趣的是，二人都觉得自己才是这个想法的最早提出者。文森特认为，这个想法"相当宏大，能惠及一群艺术思想相近的画家们"。但在具体细节上二人有着不小的分歧，文森特倾向于将资源集中起来，已经取得一定成就的富有画家可以资助事业刚刚起步的贫困画家；高更想要吸引投资——"艺术团体里或多或少总得有几个负责招商引资的成员吧。"文森特总结这些讨论时说："我们还没达成共识。"

文森特梦想中的画家团体就像一个宁静的艺术修道院，

大家在此集思广益，创造崭新的艺术形式，他把这种憧憬与他一直魂牵梦萦的热带地区融合了起来：这种新生的艺术与终年温热的新土地堪称绝配。黄房子中的两位画家在选址方面倒是意见一致。当然，高更其实已经在热带的马提尼克岛上体验过了，而文森特的想法完全是主观的——普罗旺斯是他待过的最接近赤道的地方了。文森特还从宗教角度论证了这个想法的合理性，倘若在神圣的热带创建寻求新艺术的画室，狮子就能和羔羊相拥入眠：

　　就我对热带的认识而言，我坚信，热带新世界是艺术复兴的策源地。不论是谁，只要他喜爱这种新生的艺术，都可以在热带安家。我们是承上启下的一代，下一代艺术家们会在热带宁静宜人的环境中无忧无虑地探索艺术。

　　尽管高更对热带岛屿生活的回忆并不美好——高烧、孤独、穷困都是他内心挥之不去的痛，但他还是被文森特充满感染力的语言说服了。他告诉伯纳德："我完全认同他号召新生代画家在热带探索艺术的想法，日后有机会我打算再次回到那里。谁知道呢？运气好的话或许马上就可以启程。"听了文森特的话后，高更更加坚定了创建艺术家团体的决心。

　　文森特在信中说高更有"处子"的品质，这只是个比喻，因为除了阅读、写作和聊天，两位画家夜间的另一项消遣就是逛妓院。文森特和伯纳德说，他们已经玩了"好几趟了"。

　　阿尔勒有六家妓院，其中一家开在布特街一号，老鸨叫维尔日妮·沙博夫人（Virginie Chabaud，Virginie即维尔日妮在法语中是处女的意思）。这家店和其他妓院一样，有不同的分区。囊中羞涩的客人会被安排到装修简单的房间，这种简陋的接客室总能让文森特想起乡村学校里朴素的、蓝白色的墙壁。手头宽裕的中产阶级会被引到带有客厅的豪华房间里。嫖客在门口收银台付款后会拿到一个手牌，凭牌可以无限畅饮。文森特观察到，常客们的手牌颜色和其他嫖客是不同的，一般来说军人们会拿到红色手牌，而一般市民们是黑色的手牌。

高更还提到了同一条街上的另一家妓院，52岁的路易·法尔斯（Louis Farce）和他的妻子经营着这家妓院，店里还有一名厨师、数个仆人和六个妓女。

高更认为那里的装潢和音乐都是艳俗的——"华而不实的镀金镶板，下流的歌曲，完全没有条理，而且根本上不了台面"。楼上的卧室的配置倒是齐全，配有"洗面盆、坐浴盆、香氛醋乳液（古龙水的替代品）。"

虽然高更对这家店的评价不高，但"老路易"却很喜欢高更，他还自豪地向高更展示了一个"特别的"红色客房，里面的装饰炫目而浮夸。墙上的装饰画是唯美主义学院派画家布格罗（Bouguereau）的名画复制品（这些画的正品由提奥的公司和古比尔的公司所代理）。一幅描绘了圣母玛利亚，另一幅则是维纳斯。高贵的神像和颠鸾倒凤的浪荡妓女共处一室，这是何等的讽刺。

高更完全看不上布格罗的作品，他还借机嘲讽布格罗："我看出来了，老路易真是个艺术天才。别看他只是个拉皮条的，但他一眼就看出布格罗的画庸俗不堪，知道它们只适合挂在妓院里。"但是，事情的发展超出了所有人的想象，这家妓院里的圣母像后来给文森特带来了巨大的冲击。

尽管高更对这里的装饰嗤之以鼻，但他却玩得很欢。与妻子分开两年半的时间里，他显然没有过几次鱼水之欢。现在他口袋里有钱了，终于可以经常去布特街享受了。

几年之后在地球的另一端，他在弥留之际还不忘讲述自己是如何在妓院大展雄风的，这些故事当然不免有吹嘘的成分。他用动物作比："我时而精壮如牛，又时而慵懒似蛇。"这些比喻总能让人浮想联翩。

文森特刚到阿尔勒时，他本想戒色戒酒的。几周前，他没忍住诱惑朝妓院里瞄了一眼，从此就一发不可收拾了。他还经常在信里给朋友讲自己在妓院的所见所感，他说命运就像妓院的看门人一样，只能顺从不能反抗："每次他们把嫖客轰出来的理由都大同小异，嫖客们当然会和他们理论，但据我了解，看门人从来没有被辩倒过。"这不禁让人好奇，文森特是否也被赶出来过呢？

他想知道，生活浪荡的妓女是否仍有爱的能力："她寻找着，寻找着，寻找着……她知道自己在找什么吗？她会像小毛虫变成了蝴蝶一样蜕变吗？"（这是文森特最喜爱的一个比喻。）他也经常在想自己到底是什么生物的幼虫。

定期嫖妓原本就是文森特计划的一部分。他觉得像"苦行僧"一样追求艺术的画家们大多是单身，为了追求艺术，他们可以放弃许多爱好，每天粗茶淡饭也能苦中作乐。但是，他相信性欲是最根深蒂固的天性——这是他从生活中得出的结论。因此，他建议至少每两周去一次妓院。阿尔勒的一位当地居民回忆说，文森特"总在妓院附近游荡"，这可能有些夸张，但绝不是捕风捉影。

但是，画家们逛窑子并非只是为了"保健"，他们在找乐子的时候也不忘艺术创造。高更和文森特觉得妓院是非常适合画画的地方。这个想法并不是他们的专利，伯纳德早就想到这一点了。

文森特的模特缘一直很差，他几乎找不到愿意静静地坐在那里，摆好姿势让他画画的模特。在阿尔勒的八个月中，他只找到了六位模特：一位老年女性、米勒、另一名轻步兵（可能是米勒找来的）、邮局主管鲁林、一位被他想象成日本妓女的少女，还有一个漂亮的女人，但她拿了钱后就再也没有出现过。

文森特奇葩的性格并不是他找不到模特的主要原因。阿尔勒人十分迷信，他们告诉文森特，让别人画肖像是不吉利的，因为它可能会引来邪灵。在1888年，许多人都有同样的想法：萨默塞特郡的乡下人坚信被画家"看一眼"就会生病，甚至有可能不治身亡。阿尔勒人也持同样的想法。

那个周末是一个转折点，文森特实现了他的夙愿。在第三个周六或者11月4日的周日，一位模特穿着全套传统服饰在黄房子里摆好了姿势。文森特之前暗示过，说高更已经"几乎就要找到他的阿尔勒姑娘了"。但是文森特成功邀请到黄房子中的模特，不是都德和比才戏剧中典型的南方"蛇蝎美人"。她叫玛丽（Marie），全名是玛丽·基诺，正是车站咖啡厅老板约瑟夫·基诺的妻子。

40岁的玛丽·基诺看起来比她45岁的丈夫要年轻一点。她端庄成熟，但穿的衣服却有些过时。当时还尚处花季的让娜·卡尔芒喜欢时髦鲜艳的衣服。文森特也是如此——他一向讨厌旧事物喜欢新事物。他喜欢小镇上穿着紫色、柠黄色或者粉色衣服的姑娘，那些身着传统黑白服饰的女孩根本入不了他的眼。

为什么基诺夫人数月之后突然同意为黄房子中的画家当模特了呢？原因很简单，不是文森特而是高更邀请了她。他说想画一幅关于基诺咖啡厅的画，所以基诺夫人是最完美的模特人选。换作文森特去邀请的话，这个事儿肯定会黄，他只会说咖啡厅里的常客不是"狂嫖滥赌之人"，就是拉客的妓女，她们没有固定的上班地点，比如像布特街一号或是路易·法尔斯经营的妓院。咖啡厅虽然不是妓院，但却聚集着一众艰难谋生的社会底层人士。文森特的两幅《落叶》借鉴了高更的和伯纳德的思路，而高更的这幅画也是基于文森特和伯纳德的创意构思的。这就是文森特心中理想的合作形式。

基诺夫人面向高更那边坐着，说明她是应高更之约来当模特的。文森特画作的视角暴露了那天他只是个次要角色。他的画架在她的左边，所以他只能观察到基诺夫人的侧面。在他的画中，她若有所思地凝视着前方。实际上，她一直注视着高更的眼睛。文森特在自己的画室里看起来像是一个不速之客，因为他只能把画架放在尴尬的边缘位置。

高更条理清晰地画出了速写草图。首先，他用灰色的粉

高更《基诺夫人》手绘（*Madame Ginoux*）

笔勾画出了基诺夫人的头和躯干，又用深黑的粉笔和炭笔描摹了一遍，让轮廓线看起来更加清晰，之后，用白色粉笔为四周添上了高光，突出立体感。最后，他端详着整幅作品，记下了后续油画创作时需要做出的几处修改："眼睛到鼻翼的距离过窄，鼻子部分停笔要果断，这样看起来更立体。"这只是创作一幅作品的第一步。

　　文森特用高更画一幅速写的功夫就在一块尺寸巨大的画布上完成了一幅油画。这是一件他反复吹嘘的壮举，他一开始声称画这幅画只花了不到一小时，但几个月后他口中完成此画的时间就已经缩短到45分钟了。

　　不论精确的作画时间到底是多久，我们必须承认这幅画是以一种风驰电掣般的速度完成的；画布上有许多地方——尤其是在她胸口的白衬衣上，还能看出黄麻粗糙的纹理，这说明文森特作画速度极快，画中甚至还有直接用调色刀涂抹颜料的痕迹。所以他说自己画的时候像是在"砍凿""刀削""挥剑"，或许这并非是文森特使用的修辞手法，而是字面意思。

高更的座位离文森特只有几英尺远，但他对剑术和绘画的理解却和文森特大相径庭。他相信不论是他最喜爱的运动还是绘画都需要随时保持冷静的头脑，画画讲究的是慢工出细活。但是，文森特认为画画和剑术一样，都需要用飞快的速度把一瞬间的灵感本能地表现出来。文森特绘制《阿尔勒的女人》（L'Arlésienne）的方法，与高更所提倡的绘画方式完全不同。

从传统的美术标准来看，文森特的这幅画只是一件习作，是完成一幅大作之前的练笔之作。但是，在文森特看来，虽然他没有花很长时间创作，但整幅画构思完整、笔触精美，完全就是一幅可以展出的大尺寸肖像画。整幅画构思清晰：橘色的椅子和绿色的桌子对比强烈，新安装的汽灯为画室的墙壁涂上了一层亮黄色，这三种颜色的笔触互相交织，形成了强烈的视觉冲击。

画中身着当地传统服饰的玛丽·基诺高贵且忧郁，从她的微笑中仿佛可以读出一丝忧伤和痛苦。她戴着一顶阿尔勒传统帽子——在普罗旺斯语中称为卡佩罗（Capello），丝带飘于脑后，白色披肩围在身前。身后飘逸的丝带是整幅画的关键，失去它就等于失去了精髓。文森特将画笔沾满颜料，一挥而就，用决定性的几笔为全画注入了灵魂。

梵高《阿尔勒的女人》（*L'Arlésienne*）

　　文森特在基诺夫人面前的桌子上摆放了两件阿尔勒女人们的标志配饰———一柄亮红色的遮阳伞和一双绿色的手套。文森特还在她的胸前别上了一朵夹竹桃———他认为夹竹桃的花语是热烈的南方爱恋。虽已迈入中年，但基诺夫人仍然风韵犹存，众所周知文森特对于这类女性几乎没有抵抗力，因为他在巴黎时的情人就是蒙马特铃鼓咖啡厅40多岁的老板娘———阿戈斯蒂娜·塞加托丽（Agostina Segatori）。

　　文森特在构思时并不想只画一幅风俗画，而是想让基诺夫人的画像也能登上大雅之堂。她身份卑微，是一家档次不高的咖啡馆的老板娘，每天必须应付来来往往的社会渣滓、酒吧常客和乌合之众，这些整日游手好闲的人在左拉和龚古尔的小说中也占据着重要地位。

这正是文森特所想要描绘的主题：普通的现代人，透过他们遭遇的所有苦难和构造他们的个性，描绘他们的灵魂。画中的玛丽·基诺反复被困在了自己的思绪之中。文森特在次月想重新复刻一张这幅肖像，送给基诺夫人当礼物。他将画中的遮阳伞和手套改成了几本书，这或许是文森特将自己的画作与文学世界联系起来的方式。

文森特的脚力令人瞠目结舌，他是一位出色的步行者。年轻时，他曾经从拉姆斯盖特一路走到了伦敦，从埃尔沃斯走到了姐姐居住的城市韦林。他每天在阿尔勒走个不停——一会儿去郊外走走，一会儿到田间地头看看。黄房子就位于阿尔勒市郊，这种地理位置对文森特是极具吸引力的，这也有可能是他当时选择在这里定居的一个原因。

文森特讨厌大都市，他对巴黎的感情很复杂。他妹妹维尔说："巴黎给我的第一印象是一阵莫名的痛苦，就像在医院里一直会闻到的难闻气味，不论医院多么干净，那缕气味总是挥之不去。"后来，他意识到了巴黎的迷人之处，这里是孕育新思想的温床。"巴黎像海一般宽广，其他城市在巴黎的对比下都显得十分迷你。"他一直都没有习惯这里拥挤的人潮和生活中的压力。他认为那是导致他前一年精神崩溃的导火索："我清楚地知道，'那里没有什么是清新的'。"他渴望乡村生活中宽敞的空间感和舒适感。高更虽然在巴黎生活多年，但他还是对那里爱不起来，他喜欢的是布列塔尼那样的地方。他一直在向城市抗议，"把乡村还给我。"

截止这个仲夏，文森特已经步行去蒙马儒不下五十次了，一两英里（两三千米）的路程对他来说完全不是问题。他总想去看看那片废墟，有时只是为了看一眼广阔的克劳平原，这片平原如大海和星空一般，看着它总能让人觉得远在天涯的"无限"就近在眼前。米勒少尉和高更都陪文森特来过这里几趟。

那个周日傍晚，高更和文森特走在去往蒙马儒和阿尔勒皮耶山的路上。他们在日落时分恰好走到了山顶，回头看向低矮山坡上的葡萄园，文森特一个月前就是将画板放在这里，看着眼前葡萄成熟的景象，画了一幅喜悦的丰收之景。

画面非常震撼，秋日天空特有的金绿色与葡萄藤的紫色相映成趣。周四和周五的暴雨在地上留下了一个个的小水洼，阳光斜射在那些水洼上，反射出炫目的光柱。在文森特看来，"它们都是红色的，就像红酒一样。"在远处，葡萄藤在湿漉漉的黄土地上投下了一片紫色阴翳，"在夕阳余晖的映照下尽情闪耀"。文森特觉得南方日落时分的色彩比北方的更加多变绚丽。

两位画家面对这样的美景，灵感如泉水一般汩汩涌出——但两人的灵感不尽相同。下午五点半左右，太阳彻底被地平线淹没，他们披着夜色走回了阿尔勒。文森特和高更已经共同生活了13天。到目前为止，一切都好。

通力合作
11月5日—11月10日

就目前而言，黄房子紧迫的财务危机暂时告一段落。高更卖画所得的500法郎现在结余了将近200法郎，所以上一周他用手上的闲钱给黄房子添置了很多物件。

高更本就计划着把黄房子改造得更加宜居，为此他还买了匣子和纸币来控制各项生活花销。除外那20米黄麻布，高更还购置了一个带抽屉的柜子，"以及各样的家用器具"。

其实，文森特早就向提奥透露过改善生活环境的想法，"我们还需要很多东西"或者某样东西"至少会令我们的生活更加便利"。文森特打算挑个合适的时候——新年或者复活节，把高更为布置黄房子所花的开销报销一下。这样既可以买下高更置办的各种家具，又能缓解高更的财务状况，让他今早攒够钱进行第二趟马提尼克岛之旅。

高更眼下正在厨房里大展身手，因为按照高更的计划，从当天起他们就要在家开伙了。文森特在11月5日周一写给提奥的信中高兴地说道："高更和我今晚打算在家用餐，毫无疑问，我们自己做的饭一定是好吃不贵的。"

　　高更在前一天已经把同样的消息告诉了伯纳德。如果伯纳德不用去非洲服兵役的话，他可以来阿尔勒享受"神仙一般的生活"。他还提到了"财务状况"，说："从明天起我们将开展一项新计划，那就是自己在家做饭，这会给我们剩下一大笔开销。"显然，他对阿尔勒很满意，并且已然将文森特成立南方画室的计划视为己任。

　　自从文森特萌生在"黄房子"里组建一个艺术家社区的想法以来，在家吃饭就成了他计划的一部分。他觉得在餐馆吃饭太奢侈了。但是，他不无感慨地指出，在家里做饭很难满足一个人的需求。

　　文森特一直计划着让高更担任黄房子主厨这一职位，因为高更当过海军，尝过全世界的美味。从那天起，他们就不再去维尼萨餐馆吃饭了，高更开始在气炉上施展厨艺，这个汽炉是文森特在安装汽灯时一同安装的。

　　厨房和餐厅在画室的后面，地方不大，文森特还曾在这间小屋子里给米勒军营里的一位轻骑兵战士画了一幅肖像。画中的战士盘腿坐在一把小椅子上，背景是破旧的炉子和烟囱，屋子里有一张桌子和几把椅子，他们有时会坐在这里写写信。高更很快就发现文森特之前购置的厨具只能用来煮咖啡或者煲汤，想要做一顿像样的晚餐是远远不够的。但好在黄房子的两个卧室各有一个带抽屉的柜子，完全可以放下新买的餐具、器皿和高更所需其他的厨具。在客人到来之前，文森特就意识到需要买一口煎锅。

　　高更不仅有在海军服役的经历，他还在家中带过他6岁的儿子克罗维斯（Clovis）。1885年，高更带着孩子从哥本哈根回到巴黎后就当起了职业奶爸（后来，克罗维斯被寄养在亲戚家，并最终回到了丹麦）。那时许多男画家都能烧一手好菜，文森特的朋友图卢兹-洛特雷克就是一名小有名气的业余厨师，高更对烹饪也有着自己的理解。

　　高更说，他岳母的手艺堪称丹麦一绝，"她做的野味味道好极了"。他觉得北欧的鱼"堪称极品"，在他眼中，慷慨、欢乐、热情的心态是烹饪出美味的食物的秘诀。他坚信"小气的女人做不出好饭，而厨艺上佳的女人必定心灵手巧、落落大方。"然而，文森特却认为食物只是维持生命体征的药物，抑或是为他这台画画机器提供动力的燃料。

　　文森特的职责是购买食材。正如高更所说，"他不需要走太远。"他只要走到隔壁的邻居家，也就是黄房子另一边的建筑里。因为，弗朗索瓦·克雷沃林（François Crevoulin）和他妻子玛格丽特（Marguerite）在那里共同经营着一家杂货店，这家店铺的结构几乎是黄房子的镜像，虽然在细节方面并不完全相同。

　　文森特曾经向提奥提到过这位邻居，说他"像极了"比托（Buteaux）。这句话暗含深意，比托是左拉小说《土地》（*La Terre*）中的一个角色，这部描写农民生活的小说于前年出版。这个法国名字与法语中的"固执"（buté）发音接近，在那本小说中，比托是个恃强欺弱且满嘴谎言的好色之徒，唯一的优点是还算勤劳。他的下巴像大猩猩一样，娶了自己的表妹利斯

（Lise）为妻，两人一同卷入了一场凶杀案。这是文森特第一次来这买两个人的食材，回家后，他应该会在钱匣子旁边的纸上记下来自己花了多少钱，至少按计划来说他应该如此。

之后高更每晚都会站在炉子旁煎炸蒸煮，然后与文森特坐在餐桌两边享用晚餐。他们都没有在信件中提到他们吃了什么，但鱼应该是他们桌上的常客，因为文森特特别喜欢罗纳河口小城圣玛丽出产的鲜鱼，尽管罗纳河上游的鱼也不错。文森特应该还买过螃蟹，因为他的画里曾出现过螃蟹的身影。他也很爱吃地中海地区的特产——橄榄。

在文森特的一生中，吃饭始终是一件艰难的任务，原因很复杂——有可能是他严格奉行禁欲主义、受贫困折磨落下了病根、不擅长烹饪、纯粹是心理上抗拒进食等等。他早年间投身于宗教事业，不贪图享乐，更不追求吃喝上的讲究。后来，他回家与年迈的双亲和妹妹住在一起时，也从来不和他们一起吃饭，每顿只吃几片抹着芝士的干面包。不知是因为他经常性的半饥饿状态损坏了他的胃，还是他的身体确有其他毛病，文森特总抱怨自己消化不好。

文森特很快就兴高采烈地跟提奥描述了高更的厨艺："他知道怎样做出完美的菜肴，我想借着这个机会和他学几招。"可惜，文森特并没有做菜的天赋，高更说文森特只尝试做过一次饭。他打算做一道汤，"我不知道他是怎么搭配食材的；我敢说，他一定是把调颜料的思路用到做饭上了。我们鼓起勇气想尝一口，但最后还是放弃了。文森特还突然笑出了声，并且高喊道：'塔拉斯孔！都德老爹的帽子！'"

文森特指的是阿尔勒封斯·都德的喜剧小说《塔拉斯孔城的达达兰》，这本书是促成文森特南下普罗旺斯的重要原因之一。该书描述了一群塔拉斯孔的男人们将附近的猎物都打光了，觉得打猎没意思，就在村里发明了一种打帽子的游戏。"每一个人都扯下他们的帽子，竭尽全力向上'甩'起，然后朝着飞行中的帽子扣动扳机，用5号、6号或2号规格的子弹打中帽子。"文森特这里说"都德老爹的帽子"的意思是说他的烹饪和南方的疯狂有些类似。他把自己煲汤比作打枪，把自己比作达达兰，老实说，这种类比是极为牵强的。

文森特和高更之间还有一项显著区别，他们一个是在虔诚的新教环境中长大的，而另一个则出身于敬虔的天主教家庭，他们的信仰差异在两幅葡萄园落日图中有着明显的体现。

高更后来透露过他年轻时曾研究过"神学"，这无疑是门内容繁杂的学问。他从11岁到16岁都在奥尔良附近的圣梅尼教堂神学研讨学校学习。在所有课程中，他最痴迷于天主教礼拜仪式，这门课是由奥尔良主教费利克斯-安托万-菲利贝尔·迪庞卢（Félix-Antoine-Philibert Dupanloup）亲自授课的。

这位主教对法国的宗教教育做出了巨大贡献——他极具个人魅力，还设计出了一套新教学模式让年轻人爱上神学。他想让学生们拥有"超自然沉浸式"的想象力，专注于探寻宗教的真理。他将找到真理的感觉比喻为灵魂丰收的喜悦：真理是上帝在我们内心中安置的一盏明灯。

该教学法的核心是通过一系列提问让孩子们去思考：什么是恩典？什么是死亡？以及最核心的三个问题："人从哪

来？""人往哪去？""人性将如何演变？"迪庞卢相信，这种问答式教学传授的知识一旦埋入年轻人的思想之中，就永远不会被抹除。

迪庞卢的教学法至少对一名学生非常奏效，那就是高更。当他在地球另一端行将就木之际，还在黄麻布上画了一幅壁画一般巨大的画：《我们从何处来？我们是谁？我们向何处去？》（*Where Do We Come From? What Are We? Where Are We Going?*）

这些难题不止让高更一个人头疼，他所处的时代以及后世的人们都在思考这个问题。这个时代的思想家普遍认为宗教信仰正在以令人担忧的速度土崩瓦解。英国诗人马修·阿诺德（Matthew Arnold）正好死于1888年，他在诗中阐明了对这个问题的独到见解，"信仰的海洋/也曾一度满潮，环绕大地之岸/像一条卷曲的闪光的腰带"，"可如今我只听见/它那忧伤的长长的退潮的声音"。人类站在"一摊赤裸的卵石"上，再也没有"没有欢乐、光明和爱/也没有确信、安宁和对苦难的拯救"。（译者注：引号部分引自曹明伦译本的阿诺德诗歌《多佛尔海滩》，*Dover Beach*）

高更成年后摇身一变，成了反对教会权威的先锋。他在垂暮之际，在南太平洋上写了一篇长文《天主教和现代思想》（*Catholicism and the Modern Mind*），猛烈抨击了"精神压抑的、生活腐败的、愚弄百姓的教士阶级"，但他并不否认神谕中暗含着一些深刻的哲理。他在生命进入低谷的时候仍然能从宗教经典中汲取力量，哪怕在哥本哈根与妻子一刀两断，仍能坚持追求艺术的初心。他认为艺术的迷人之处在于，只需一瞥，就能"吞没观众的灵魂，让他们陷入无限的沉思"。

文森特也是如此，某天突然从宗教狂热中醒悟，意识到传统的基督教已经死掉了。他在给妹妹的信中写道，"用不了10年，最多15年，看似牢固的宗教殿堂就会倾圮。"他坚信艺术能将宗教取而代之，为人们带来心灵上的慰藉，文森特非常喜欢这个表述。

有很多艺术家、作家和诗人也持有这种观点。他们基本上有两种策略：一是创造一种独具特色的新艺术来将人们从旧有的教会体系中解救出来，许多法国作家都是这一策略的忠实信徒。例如，诗人让·莫雷亚斯（Jean Moréas）从斯特凡·马拉美（Stéphane Mallarmé）及其他一些巴黎诗人们的作品中得到了灵感，于两年前在《费加罗报》上发起了"象征主义"运动。

正如马拉美所说，"诗歌是我们活在世上的理由，是我们唯一的精神指引。"其特有的美学价值在于它的模糊性。"确定一样东西的意义会损害它3/4的诗性和趣味……给读者留下蛛丝马迹让他们去自由畅想，才是诗歌的理想状态。"

高更追求艺术的本性加上早年迪庞卢主教的引导，让他自然而然地投入了象征主义运动，象征主义是寓言性的、如梦似幻的、富有诗意的、朦胧模糊的，这些特性都在服务于象征主义的核心——"抽象"。一两年后，他融入到了象征主义者的圈子里，还经常被邀请参加马拉美每周二在公寓举办的聚会。但目前，他画作的象征主义色彩还不明显，因为他并未摆脱实景对创作的影响，只是把眼前之物重新排列组合了一下而已。

他的作品中，只有他不到两个月前画的《布道后的幻象》勉强算是一件象征主义作品，但他以葡萄园为主题的这幅画标志着他向象征主义又近了一大步。

文森特的宗教学习背景与高更不同。他的孩童时光是在布拉班特南部的津德尔特村里度过的，他的父亲是荷兰归正教会（Dutch Reformed Church）的一名乡村牧师，守护着津德尔特村这座新教"孤岛"（周围地区主要是天主教区）。西奥多勒斯·梵高（Theodorus van Gogh）牧师是格罗宁根派（Groningen School）革新神学运动的支持者，这一运动和英国本土的"强身派基督教"（Muscular Christianity）有不少类似之处。

因此，他推崇积极的信仰之路：但行好事，莫问灵魂。正如他最喜欢的那位诗人、受人敬重的彼得勒斯·A. 德·热内斯特牧师（Petrus A. de Genestet）曾劝诫大家要"敢于生活""保持虔诚且快乐的心态，早起追求新鲜的事物/与太阳一同醒来，在伟大的土地上，用双手扶犁，辛勤耕耘"！

世界之美展示了上帝的神迹：这种态度与约翰·拉斯金（John Ruskin）的相似（和这位伟大的批评家一样，文森特的妈妈也是狂热的水彩画爱好者）。西奥多勒斯·梵高牧师经常念诵受人敬重的伯纳德·特·哈尔牧师（Bernard ter Haar）的教诲："天空繁星点点，那是圣父的居所/圣子复活就像是粮食长出新芽/他的不死之躯就像每天东升的太阳。"

后来，在文森特失去信仰后，他转而沉迷于实际所见的之物。许多北方的新教徒都会在对超自然信仰失去信心时，选择到眼前真实的世界中去寻求答案。拉斯金像许多荷兰神学家一样，在大自然的精妙结构中发现了上帝的踪迹：一朵花的叶子、一块分层的岩石。文森特相信，人们在草叶上也能发现无限的真理。

苏格兰哲学家托马斯·卡莱尔（Thomas Carlyle）想得更远，他提出了一种所谓的"自然的超自然主义"（'Natural Supernaturalism'）。他说，无论是否会遭受宗教迫害，都要声明：世间的东西本身就是神迹。他在自己的书《旧衣新裁》（*Sartor Resartus*）中写道，所有的信仰和具有象征意义的符号就像衣服一样，坏了旧了就必须扔掉。新的信仰应该来自于真实的世界，而不是来自于早已过时的圣母玛利亚和殉难圣徒的圣像。文森特也读过卡莱尔的书，他的观点让文森特非常兴奋。

文森特的禀性和成长历程把他推向了卡莱尔自然的超自然主义。他宣称："只有一种情况能让我的精神得到欢喜，那就是找到了真理，或是发现了可能通向真理的路径。"文森特认为夜空象征着永恒，而日落时分也是适合思考哲理的时刻，因此夜空和傍晚是文森特作品中经常出现的背景。

但此刻，文森特对象征主义充满兴趣——比如《播种者》——他还开始尝试画一些圣经中的场景，比如《基督在客西马尼园》（*Christ in the Garden of Gethsemane*），他在阿尔勒曾两度尝试这一主题，但均以失败告终。所以他决定采用折中的办法，让他的下一幅画看起来写实，但又充满象征意义。

文森特告诉提奥，"我们创作顺利，生活顺心。"此刻，虽然雨已经停了，但画室的工作强度丝毫没有减弱的趋势，两位画家都在忙着手头的工作。高更原本以为他要花好长时间才能在阿尔勒安顿下来，但现在他不光适应了这里的生活，还完成了两幅大作：一幅是以基诺夫人为前景的《夜间咖啡馆》（*Night Café*），另一幅是一件受到了葡萄园中落日所启发的新作。

文森特认为高更这幅画"完全是凭着记忆"完成的，能充分展示他"精致且特别的思维"。当然，前提是高更不会画到一半觉得效果不好就将画布撕成碎片，不复动笔（他在阿尔勒给黑人女人画的第一幅画就落得了这样的下场）。文森特自己也在凭记忆画一幅关于葡萄园的画，在残阳下，"它们是紫色和黄色的"。两位画家以各自完全不同的风格记录了这仙境般的壮观景象。

文森特在后来的几天一门心思地扑在《红色葡萄园》（*Red Vineyard*）上，他在画中根据记忆和想象增添了几位人物（比如右边的那个女人就有点基诺夫人的影子，穿着稍显过时的阿尔勒传统服饰摘葡萄）。这次，他采用了高更所谓的用头脑画画的思路，用想象弥补现实的不足，还模仿起了即兴画家（Peintre de Chic），随心而起，随意而止。

文森特原本就计划着在高更到来之后分享各自的画画思路，就像他们共同分担开销、一起做饭一样。这是另一种分享观念的方式："合作"。但文森特显然还不适应完全根据记忆作画。一方面，他倾向于追求自然，即画他眼前所见的事物，并且总是趁着看到美景的喜悦心情快速地一挥而就。虽然这是他早已习惯的创作方式，但他清醒地认识到这种习惯必须改变。

一般来说，学院派绘画讲究精雕细琢：首先，应该画一幅草图（Esquisse），也叫草样（Ébauche），并在此基础上完成速写，确立画面整体结构。之后，要进行画面设计（Études），在脑海中详细构思画面的一切细节并记下需要注意的事项。只有在上述步骤都完成了之后，才能着手进行最后的工作——绘画，或者说完成油画（Tableau）。这是一个井井有条、高度程式化的过程。实际上，即便是画画如疾风骤雨一般的文森特心里也会有一个精心设计的绘画思路，只是他没有严格遵循"正确的"步骤罢了。

先锋派画家们总爱打破这些条条框框，他们非常反感印象派画家，因为他们哪怕严格遵守了一整套绘画流程，但最终呈现的作品和准备阶段的草图、速写以及所谓重要的"画面设计"并没有太大关系。不过，先锋派中也有喜欢采用上述步骤画画的画家，例如乔治·修拉。作为巴黎最成功的实验派年轻画家和高更的最强劲的竞争对手，他总是一板一眼地遵守上述方式，将自己的理智注入作品之中。

文森特在是否需要遵守流程的问题上也很困惑，他在给提奥的信中提到，总是将自己的画作分为习作和作品——例如，他认为自己的《卧室》是一幅绘画作品，《夜间咖啡馆》也是——但前者总比后者要多。他略带伤感地说，自己大部分的画都只是习作而已，是成功路上的垫脚石，是需要精心修改打磨的初级产物。如果健康状况允许的话，他应该会在未来几年进一步完善这些习作，跻身知名画家之列。但显然，他面临的最大问题是，阿尔勒的自然风光太迷人了，他只顾忙着将它们画到画布上，根本无暇修改之前的习作。

虽然他是"用头脑"画的这一幅《红色葡萄园》，但实际上他仍然忠于他和高更在那个周日晚间所看见的景象。文森特非常熟悉这里的景色，因为他在九月底的丰收时期就画过同一个地方，那幅画现在就挂在黄房子里。文森特给稍早前画的那幅画起名为《绿色葡萄园》（*Green Vineyard*），以区别于现在的《红色葡萄园》。这幅画还蕴含着文森特和其他画家的合作，埃米尔·伯纳德今年早秋时节画得最好的一幅作品就是收获荞麦的场景，画中的农夫们在深红色和金色的田野中辛勤地工作。虽然文森特没有亲眼见过这幅画，但高更肯定给他描述过这幅画的图景。

文森特运用想象的技巧，在原本空旷的田地上画了几名劳作的农民（葡萄早在几周前就成熟了），并且将落日绘成了金红色。他和高更走过的通往阿尔勒的崎岖小径上有着几摊雨水形成的水洼，闪烁着亮丽的光彩。一位行人正走在路上，凝视着远处阿尔勒的尖塔。

虽然《红色葡萄园》看起来像是对自然的写实性描绘，但它其实包含着想象的元素。这幅画还具有一丝后新教式的（Post-protestant）寓意。葡萄园中的农人们象征着勤劳的美德，所以文森特在他们周围的画上了几束光辉。路上行人在抬头望向雨后的天空，象征着对永恒的追求。

这幅画使文森特想起12年前的一次布道，彼时的他刚刚辞去了他的第一份工作——见习艺术品经销商，实际上他的雇主也有解雇他的打算，在这之后文森特陷入了该何去何从的思考。他暂时在拉姆斯盖特一所经营惨淡的男子学校中得到了一

梵高《红色葡萄园》（*Red Vineyard*）

份助理英文教师的工作，这份工作没有任何薪水，但他对他们的收容之情感激不尽（他曾在古比尔伦敦分公司工作过，能讲一口流利的英语）。一学期后，他在伦敦以西艾尔沃斯的一所学校得到了一份更好的差事。闲暇时间，他还经常帮助校长 T. 斯莱德·琼斯（T. Slade Jones）牧师完成布道工作。1876年10月29日，他在里士满的韦斯利教堂完成了首场布道。

　　文森特给信众们讲述了一位朝圣者的故事，这位朝圣者遇见了一位身着黑衣的女子。朝圣者问她，还要走多远才能到达那座山丘之上沐浴着金色阳光的城市。这位女子其实是一名天使，她回答说还有很远，只有披星戴月日夜兼程才能到达。朝圣者听后继续踏上征程。"这是一趟艰苦却充满喜悦和希望的朝圣之路"，文森特非常喜欢这句话，因为这仿佛是文森特一生的缩影——日渐落寞、饱经痛苦，但又拥有荣耀。

　　观众可能很难从《红色葡萄园》中看到这层深意，因为文森特几乎把它隐藏在了阿尔勒郊外真实的夕阳中。他很难违背自己双眼所见的真实景象，所以他很难画好想象出来的"播种者"。这种对真实的忠诚，体现了文森特身上难以抹去的荷兰新教徒式思维。

　　他认真细致地绘制着他的《红色葡萄园》，在粗粝的画布上铺平厚厚的颜料。很难想象他在这幅画上倾注了数天的心血，因为他曾在一个小时之内就完成了一幅肖像。他收笔后，对着这幅画露出了满意的微笑，他向提奥自豪地说道，"这幅画值得被放在蒙蒂切利风景画的旁边。"

　　蒙蒂切利是一位来自马赛的画家，他生性古怪，但文森特却很尊敬他，不幸的是他于前年去世了。许多人认为这位画家只会喝酒，还有点神经质，只会用厚厚的颜料在画布上乱涂乱抹。蒙蒂切利晚期的作品和《红色葡萄园》的确有些相似，但是文森特画中的每个细节，尤其是色彩，都比前者要更为丰富、更为浓烈。

　　同时，在画室的另一边，高更手头的这幅画和他们所看到的风景之间的差异更加明显。高更只从实际所见的葡萄园中提取出了丰富而和谐的色彩——金色夕阳、如红酒一般紫红色的秋叶、残阳下略带粉色的灰白土层。他用一大片金色当作画中的背景，仿佛闪闪发光的中世纪祭坛画。金字塔形蓝红相间的暗色色块从背景中升腾起来，一座低矮的土堆将色块一分为二。

高更《悲惨人间》（*Human Miseries*）

　　文森特只是谨小慎微地在画中添加了一些人物，这些人物也并非完全是想象的产物，有一部分是根据记忆画出来的。相比而言，高更则更加大胆，他在画面的后方，画了两个身着布列塔尼服饰的女农民（布列塔尼并非葡萄产区）。高更对这种天马行空的绘画方式感到相当满意，他对伯纳德夸耀道："这就是我在阿尔勒看见的葡萄园，我还把布列塔尼的女人们也放在了画面中，一味地追求真实只会影响作品的质量。"

　　这些来自西北的女人们就这样在南方的葡萄园里摘着葡萄。该画的前景部分是一位坐着沉思的年轻女子，她双手托着脑袋，把眼睛眯得斜长，像猫一样，长长的红头发自然垂下。她的左边是一个身着黑衣、穿着巨大的布列塔尼木底鞋的女人。她虽然站在高更的画中，但人物原型却来自文森特的想象。文森特在阅读浪漫主义诗人阿尔弗雷德·德·缪塞（Alfred de Musset）所作的诗歌《十二月之夜》时，脑中出现的就是这个形象。

作者在这首诗中描写了一个自童年起就一直折磨他的梦魇，不管他在地球的哪个角落，总有一个身着黑衣的人跟着他。"你是谁？"他鼓起勇气问道。"我们是同一个父亲所生，"那人回答道，"我是你的兄弟。我既不是神灵，也不是鬼怪。当你感到痛苦时，不要害怕，请来我这里。我名叫孤独。"

年轻的文森特对这首诗触动很深，他在一个剪贴本上抄写了这首诗，并一直保存下来，可能因为这诗恰巧戏剧化地描写了文森特走过的孤独旅程。不过他在抄写时下意识地出现了一个笔误，原诗是黑衣人物"就像"（Ressemblait）他的兄弟；而文森特将这个词抄成了"凝视着"（Regardait）。

显然，他给高更读了这首最喜欢的诗，因为高更后来写道，这个穿着黑衣的男子就像是在死死地"盯着"他。文森特小小的笔误暴露了这个人物的原型其实来自文森特的想象。高更也在这首诗中发现了一种对于流浪之人的酸楚暗喻。不过高更在画中改变了与孤独相伴之人的性别，把其画成了身着黑衣的女子，这种改动无伤大雅，因为文森特也经常这样做。

文森特写道，黄麻布粗糙的质地能沾染更加厚重的颜料，整幅画像是中世纪的刺绣，就是左拉在小说《梦》中所描述的那种。这幅画的上色方式更像是文森特的手笔，与高更此前的技艺有所不同，所以这幅画应该也是二人合作的成果——文森特在高更的黄麻画布上肆意涂抹色彩。这幅画和《布道后的幻象》一样，是高更迈向抽象世界的大胆一步。

整幅画的效果充满了象征主义，内含哲理，但却难以捉摸。高更经常更改画作的名称，他先后给这幅画起了许多名字：《收获葡萄》（*Grape Harvest*）、《贫穷》（*Poverty*）最后决定叫《悲惨人间》（*Human Miseries*）——这可能是在呼应巴尔扎克的小说《交际花盛衰记》（*Splendours and Miseries of Courtesans*）中主人公悲惨的经历。

所以，从某种程度上说，这幅画是一部人文主义的寓言。如若细细品味，还能发现这幅画还带有一丝沉闷的宗教气息。这幅画中拱形的紫色葡萄藤有些像罗马式拱门，阿尔勒的圣特罗菲姆教堂（St. Trophime）的拱门就是这样的，拱门的一边站着一位圣徒，高高在上的天使弯下腰来，不是吗?

那么这幅怪画的意义究竟是什么呢? 高更没有明说，他喜欢"跟着幻想走，追随着月光，在沉思片刻后酝酿出画作的主题"。最终，在舒芬尼克尔的软磨硬泡下，他透露了一些画作的中心思想：那个坐着的女人是"一个贫穷而孤独的人"（高更和提奥说的是她"被诅咒"了）。她没有任何"智力、魅力以及任何特长"。她"没有复杂的思绪"，但却能感觉到了"来自这片土地的慰藉"（除了这片土地，她别无他物）。如血的残阳倾泻在了红色的金字塔形的葡萄园上，身着黑衣的女人像"姐妹"似的看着她。

经高更解释后的主题仍旧晦涩难懂，那个坐着的女人象征着被磨难洗礼的穷人，她只能从世界、地球和太阳等物质上得到慰藉。用马修·阿诺德的话来说便是，她站在"一摊赤裸的卵石"上。孤独是她唯一的朋友。这幅画像极了天主教祭坛画，但实际上确是一幅披着宗教外衣的反宗教画作。

文森特和高更都很喜欢这幅新作。高更刚开始画它的时候，文森特就已经信心满满地认定它将来一定会变得不同凡响。文森特力劝弟弟提奥应该买下它："它和《一群女黑人》一样美丽，如果你能以女黑人那幅画相同的价格（我认为是400法郎）买下它，那简直是物超所值。"高更自己对这幅画也极其满意。他和伯纳德说，这是他今年最好的一幅画——甚至比《布道后的幻象》还要好。他巴不得这幅画能快点晾干，这样他就能火速把它寄到巴黎去。

11月6日周二的报纸上满是关于那起骇人听闻的谋杀案于前一天在巴黎开庭的消息。全国百姓都在关注这则消息，黄房子里的两位画家也不例外。被告席上的嫌疑人叫普拉多，他恶贯满盈，但却令人着迷，因为他是个衣冠楚楚且仪表堂堂的花花公子，而且还会多国语言。他的外表让人很难想象他犯下了如此恶劣的罪行。据说，他割开了一个妓女的喉咙，还把她身上的珠宝劫掠一空。

黄房子中的二位对这起案子特别感兴趣。文森特认为这起谋杀案和去年轰动一时的普兰济尼（Pranzini）案件有许多相似之处，仿佛都是在同一个地方策划出来的，文森特大胆猜测，这几起案件都是在克里希大道上的铃鼓咖啡馆谋划的。

文森特在巴黎的生活时经常去这家咖啡馆。他曾在那里组织了一场关于日本版画的展览，并且，据说他与咖啡馆的意大利老板娘阿戈斯蒂娜·塞加托丽有过一段恋情。她年轻的时候，为柯罗（Corot）和马奈（Manet）都当过模特，高更回忆说她即便已经46岁了，却仍旧"风姿绰约"。文森特曾经"非常喜欢她"。伯纳德说，文森特没有给她买过鲜花，但送过她一幅自己画的花束。

高更曾经讲过这样一个故事，他说阿戈斯蒂娜·塞加托丽曾经雇了一个男子来帮助她打理咖啡馆。结果他却得寸进尺，想要独享阿戈斯蒂娜的宠爱。一天，他突然向文森特泼了一杯啤酒，还把他轰了出去，文森特还被一位路过的警官斥责了一顿，让他赶紧滚蛋。

文森特的许多画还留在那家咖啡店里，但眼下已经没法取回了，文森特对此极为愤懑，但又无计可施。文森特的这次恋情虽然以屈辱的失败告终，但与前几次恋爱经历相比，文森特的损失要小得多。而且，与之前的恋爱不同，文森特和阿戈斯蒂娜·塞加托丽之间肯定有过几次肉体上的接触。

在他们关系破裂之前，阿戈斯蒂娜——高更总把她的名字错叫为西卡托里（La Siccatori）——肯定已经告诉了文森特普兰济尼和普拉多案件所有的秘密，这些案件都是在她的咖啡馆里密谋的，然后文森特又将这些秘密告诉了高更。然而，高更对这件事并不上心，甚至连普兰济尼的名字也记错了（他把那个名字记成了普西尼，Pausini）。但他却笃信这两起案件都是冤案，普拉多和普兰济尼是被冤枉的。但这又有什么用呢？"强势的警方拥有一锤定音的特权。"高更对罪犯、流浪汉和受害者等弱势群体一直都是非常怜悯的。

天气非常潮湿，《青铜人》报道说"整个周二、周五和周六都是风雨交加的恶劣天气。"所以即使是白天，画室里也必须打开汽灯。两位画家蜗居在大约5米见方的屋子里，不过，因为黄房子的形状不规则，最长的一边有7米多，而另一头只有不到3米，所以难以计算房间的具体面积。如果只是一个人住的话，这个空间倒还算宽敞。

这间屋子有三扇窗户，其中有两扇开在拉马丁广场公园那边的墙壁上，一扇开在蒙马儒大街一侧墙壁上。这三扇窗户让屋子一览无遗，就像一个透明的金鱼缸。成年人稍稍抬起头就能透过窗户看到屋内的全貌，甚至调皮的孩子们也能趴在窗户上看到里面的一切。

抛开隐私问题不谈，房间的光线问题也颇为让人烦恼。文森特喜欢从西南边的窗户里照进来的阳光，但大部分艺术家更喜欢北边的窗户，因为这会让屋子凉爽宜人，而且阳光也不会太耀眼，适宜创作。

画室里的画具倒是齐全——画笔、颜料、画架、用来绷紧画布的画框还有几幅画到一半的画——足够两位画家大展拳脚了。他们把画完的作品挂在墙上，和杜米埃、德拉克洛瓦以及日本艺术家的版画排列在一起。油画颜料的气味和烟斗散发的烟味让屋子闷浊不堪，秋冬时节尤甚，因为天气太冷不能时刻开窗通风。文森特永远不会拧紧用过的颜料管，这种邋遢的习惯让高更很难适应。

每天从睁眼开始，两位画家就形影不离，在画室里一起画画，一起去喝咖啡，一起去妓院。自从开始在家开伙，他们就不去维尼萨餐馆吃饭了，一日三餐在画室隔壁的屋子里就能解决。哪怕是让最神经大条的一对朋友在这狭小的空间里过几天这样的生活，他们都会让对方倍感压力，更不必说文森特和高更了。他们都有些神经质，对某些细节格外关注，但他们关注的点却截然不同。

两人的差别既是心理上的，也是生理上的，或者可以说他们之间的化学反应十分微妙。他们以不同的节奏工作、思考并创作着；高更在30年的艺术生涯中创作的作品数量和文森特在不到10年的艺术生涯中的作品数量大体相当。文森特画画的速度令人咋舌，见识过他画画速度的人都说他"像拿着一把铲子"，飞速地蘸颜料，"一团团颜料裹满了笔头，甚至还会滴下来沾在他手指上"。他画《阿尔勒城的基诺夫人》的时候必定是用的这种绘画方法，因为他只花了不到一个小时就大功告成了：他在创作时就像开启了狂暴模式一般，把宽不到4.6米的屋子搅得天翻地覆。

文森特并非每次都会开启狂暴模式，而且他所有的作品并不是毫无章法，虽然他动手绘制的速度很快，但他动手之前都对画作进行过精心构想。但是，文森特在构思作品的时候也有不少令人厌恶的坏毛病。据一位目击者回忆，文森特会突然站起来，向左边踱三步，然后再向右边踱三步。他有时会双手交叠在胸前，入迷一般地盯着空空的画布，"然后突然兴奋地跳起来，像是要对画布发动袭击一般，快速地画两三笔，然后再迅速蜷缩到椅子里，眯着眼睛细细端详，其间还会不时摸摸额头搓搓双手。"

文森特的身体协调性似乎一直不太好，高更回忆称，他的步子是"短促且无规律"的。文森特自己也承认，自己有时"在讲话或者举止上会因紧张而略显局促"。他发现一边自言自语一边工作能让注意力更加集中；但这对旁边的高更来说仿佛更像是一种折磨。

高更作画的状态十分泰然自若。朱迪丝·莫拉尔（Judith Molard）在自己的孩童时期曾有幸目睹过高更作画的全过程，她回忆说，高更"在画画时完全没有被灵感驱动的兴奋感。他会口唇微张，双眼平视面前的画布，然后静静地、有条不紊地施敷颜料。"

另一位熟人回忆说："他绘画的节奏沉稳、姿势考究、面容严肃，显出一种天然的艺术尊严。"他举止冷静得像一尊冰雕，寒气能拒人于千里之外，但"在冷淡的面具背后，跳动着一颗炙热的心脏，时刻在用一种不易被察觉的方式寻找新鲜的灵感"。

高更在回忆这段在阿尔勒的时光时说，画室表明风平浪静，但实则暗藏波涛："他和我完全不同，一位是座随时会喷发的火山，另一位则十分内向，画室里似乎早就在酝酿着一场冲突。"但在艺术层面，哪怕画室的气氛就快降至冰点，但他们的创作热情却十分高涨。"也许大众还没意识到，这两位画家所投入的巨大精力在未来让两人都受益匪浅。也许他人获益更多？无论如何，我们都不能否认这段日子的艺术成就是显著的。"

为了改善黄房子里波西米亚式的脏乱环境，文森特雇用了一位可靠的清洁女工。文森特在5月底向高更发出邀请时，就觉得应该雇一个钟点工来打扫房间。那个夏天，文森特还没搬进黄房子，只是经常在黄房子里作画时，无意间发现了一个合适的人选，这个女人的丈夫在车站附近工作（也有可能她也是在车站旁边邮局工作的鲁林推荐的）。

她自称年近中年，但看起来十分苍老，文森特说她还有"许多孩子"，所以她的真实年龄可能还要更大一些。她对待工作尽职尽责，很快文森特就离不开她了。如果没有她给文森特铺床、清扫地砖的话，文森特根本不可能在九月搬进黄房子。

她起初是一周来打扫两次，每次收费一法郎，但在高更深秋时节搬进黄房子后，她就改成每周打扫五次了。或许自从画家们放弃外食，在家做饭后，她还多了一项洗碗的差事。虽然性格孤僻的文森特自己本身就穷得叮当响，但他还是决定哪怕节衣缩食也要留下这名仆人，即使是兼职的也好。她和鲁林是文森特在阿尔勒最忠诚的朋友。后来，在那场危机过后，文森特的行为变得更加奇怪，她还为雇主的精神状态感到担忧，甚至想方设法想搞到去巴黎的免费车票去给提奥捎个信。但可惜的是，文森特从未提过她的名字。

除了打扫房间外，这位清洁女工还负责清洗文森特和高更的衣服。他俩的衣服都有些年头了，因此需要格外留心，稍有不慎就会弄破。高更那件在巴黎买的时髦商务装已经穿了五年，甚至都快磨得透光了。

文森特也是如此，他多次和提奥提说自己的衣服快有破洞了，虽然他在到达阿尔勒后不久才买了"两双鞋子，花了26法郎，还有三件衬衣，花了27法郎"。在8月底的时候，他还置办了一件黑色天鹅绒短外套和一顶新帽子，他当时想着等高更来后一起去马赛玩玩，这样他就可以打扮得像他的偶像蒙蒂切利一样。蒙蒂切利在肖像画中的经典装扮是"戴着一顶巨大的黄色帽子，穿着黑色天鹅绒短外套、白裤子，戴着黄手套，握着一根竹制手杖，英姿飒爽，充满南方特色。"

高更把自己打扮得活像一个布列塔尼的渔夫，但他的装扮在艺术家这个行当里还不是最夸张的。可惜文森特的马赛之旅并未成行，他只能把帽子也和工作服一起挂在他床尾的衣钩上。他的外套也都躺在壁橱的抽屉里。

除了那幅受到葡萄园落日美景启发而作的画之外，高更还在不停修改着《夜间咖啡馆》。两位画家对咖啡馆非常熟悉，因为他们从黄房子出发只需步行一分钟就能到那里，同时，车站咖啡馆也是两位画家晚上出门消遣的首选之地。

文森特在咖啡馆现场就画完了他的《夜间咖啡馆》，而高更则是根据他的速写、记忆和想象，在画室里精心打磨着他的作品。高更选取的视角与文森特不同。文森特是在靠近门的地方取景的，可以一览整个狭长的椭圆形大厅，高更则是设想自己坐在墙边的大理石桌旁，基诺夫人坐在桌子的另一端，摆着与高更上周末给她画的速写中相同的姿势。

但是高更笔下的基诺夫人与文森特的《阿尔勒的基诺夫人》中的形象相差巨大。在高更的速写中，她几乎面无表情，但高更在画中做了些微调，他笔下的基诺夫人嘴角上扬，比文森特画中的基诺夫人多了几分妩媚。基诺夫人双眼望向旁边，显得十分俏皮。桌上有一瓶插着吸管的苏打水，一杯苦艾酒以及几块摆放碟子里的方糖——不配方糖的苦艾酒是难以下咽的。

高更《夜间咖啡馆》

常喝苦艾酒的人都会准备一杯水，用勺子舀起一块方糖放在杯口，然后把苦艾酒慢慢倒入勺中，溶化了方糖的苦艾酒会逐渐溢出小勺，滴入水中，画中那把显眼的勺子就是用来干这个的。苦艾酒入水后，里面的植物微粒会悬浮在水中，使原本清澈的水泛起一抹绿色，带有美丽的浑浊感。图卢兹–洛特雷克在巴黎为文森特画的那幅彩色肖像中也有一杯这样的乳状开胃酒。

苦艾酒在当时又名穷人乐，在法国南方尤为盛行。作家和艺术家也喜欢喝这种酒，因为苦艾酒有一种臭名昭著的功效——医学研究者们发现，苦艾酒里除了酒精之外还含有一种致幻成分，会让人惊厥、疯狂甚至死亡。亟须创造性的艺术家们认为，可以利用苦艾酒的这种性质想出新点子，这种想法多少有点一厢情愿了。苦艾酒出现在这种描绘底层人民生活的画作中是非常应景的，这幅画虽然描绘的不是妓院，但正如文森特所说，画中有"几个在妓院中经常能看见的人物"，他们是正儿八经的底层人士。

高更还在速写本上画了几幅速写，生动地描绘了几个像悍妇一样的女人，他从中选了两个放在正式作品的背景中。她们姿色平平，其中一个头上还插着卷发纸，哦对了，她们中间坐的那个男人就是鲁林。

文森特告诉伯纳德，咖啡厅毕竟不具备妓院资质，所以里面的妓女都是些街头流莺（Insoumises），她们需要自己拉客，而咖啡馆正是拉客的好地方。我们不知道高更是否有意将基诺夫人塑造成流莺的形象，但画中的她一直在看向其他桌的客人，很难让人不浮想联翩。

另一张桌上趴着一个男人，他可能是睡着了或是喝晕了，旁边还有一名轻步兵，文森特曾在夏天给他画过一幅画。高更显然是借用或者挪用了文森特画中人物，这是二人完美合作的范例。实际上，高更的这幅画非常写实，文森特每天的生活环境就是如此，周围净是些鱼龙混杂的人。与其说这幅画充满性暗示，还不如说他讽刺了那个时代。

高更这幅画其实还涉及了伯纳德最喜欢的一个主题——妓院。他将妓院元素融入咖啡厅中，颇有杜米埃和左拉之风，文森特在《落叶》双联画中也使用过这种方式。这幅《夜间咖啡馆》又是一件让人欣羡的合作成果，可高更却并不满意。

高更在那周末或是下周初给伯纳德的信中说：

文森特很喜欢这幅咖啡馆，但我觉得一般。我其实根本不喜欢画那种地方，当地的底层生活对我完全没有吸引力。倘若这是别人的画作，说不定我还会比较欣赏，但这毕竟是我画的，我心里总觉得很别扭。人的审美与教育背景有关，这是谁也改变不了的。

高更一语中的，点明了这幅画的败笔：基诺夫人和画面的其他部分格格不入，她看上去像是从其他画上剪下来然后贴上去的。高更总结说，"主角有些太拘谨和正式了。"文森特画的《夜间咖啡馆》是真实的，像地狱般令人厌恶。而这一幅的主题带有淡淡的讽刺，与拘谨的画风不符，简直都不像是高更的手笔。

与此同时，文森特打算模仿高更的《夜间咖啡馆》画一幅精心构思的妓院图景。文森特喜欢的却是高更讨厌的，这表明二人的合作有一定的局限性。

文森特和伯纳德已经在数月的来信中讨论了妓院作画的可能性。去妓院早已成为文森特生活的一部分，他曾向提奥袒露，他在阿尔勒生活期间交往的女人都是专门服务士兵的军妓，只要2法郎就能睡一次。文森特还曾与一个从良的妓女生活过一段时间——在阿尔勒，他似乎只能用金钱换取女性的陪伴，所以他对妓院里的事门清。

20岁的伯纳德对妓院这个主题怀有十分虔诚的向往之情，

这种感情后来甚至发展成了纯粹的学理思考，他开始尝试从文学和艺术理论的角度去分析妓院背后的哲理。整个夏天和秋天，他凭借想象画了许多妓院场景的速写，并把它们都寄给了文森特，他还给文森特寄了许多模仿波德莱尔（Baudelaire）所作的诗歌，批判了妓院里各种不齿的现象。其中一些速写以及大部分的诗作在文森特眼里都很糟糕，因为通常来说他只喜欢带有现实主义气息的作品。

伯纳德说如果他也在阿尔勒，那他一定会和他们去妓院画画，他还说文森特应该勇敢迈出在妓院作画的第一步。但文森特对这个想法还没有具体的规划，一切还都是镜花水月。图卢兹−洛特雷克——文森特和伯纳德的朋友兼学生——后来尝试了这一主题。文森特在巴黎曾画过一些裸体像，这些绘画中充斥着随时呼之欲出的动物般情欲。据伯纳德所言，画中的模特只是卑贱如"沙砾"的低等妓女（也有其他人认为画中人就是阿戈斯蒂娜·塞加托丽）。

文森特最终还是放弃了画妓院的计划，因为他只喜欢画生活实景。他觉得自己缺乏魅力，很难在充满肉欲的布特街上说服浪荡的妓女免费为艺术现身，而且他也没钱。为了满足伯纳德的愿望，他凭着记忆画了一小幅画，内容是一个妓女正在车站咖啡馆同她的皮条客吵架，但这幅画并未传世（也可能是因为他感到这幅画不够写实便销毁了）。

文森特可能没有和伯纳德说他放弃的真正原因，在妓院作画是伯纳德的梦想，而不是文森特的，他真正想画的是肖像。这一次，他在寻找将妓院和肖像画结合起来的可能性，所以他

梵高《妓院场景》（*Brothel Scene*）

并不打算以车站咖啡厅为背景，而是将背景置于一家他向伯纳德提过的妓院里。前景是一个坐在圆桌旁穿着黄色连衣裙的女人，桌上摆放着一杯苦艾酒。后方，她的两位伙伴们正陪着一个戴着圆顶硬礼帽的男人打牌，他们旁边也有很多杯的苦艾酒。远处，一名轻骑兵孤身坐着，在他的右侧，则是一个正在和红衣女郎跳舞的男子。

　　整幅画氛围宁静，像是家庭聚会一般，完全没有伯纳德速写中的肮脏基调，更没有高更画中带有讽刺意味的幽默。墙上寥寥数笔画成的色情绘画是揭示这个地方性质的唯一线索。这幅画很小，连一幅习作都算不上，仅仅像是一幅文森特用颜料记录灵感的速写。不过，此画虽小，文森特却为此倾注了不少心血，画中的角色多达八个，而且远近不同、大小各异、环环相扣。

文森特的灵感来自于高更带来的伯纳德所作的《草地上的布列塔尼女人们》，他只要一闲下来就盯着墙壁上的这幅画，看得出神，他想看看能够从这幅画中学到什么。这一幅画的人物布局也很复杂，从前景到中景巧妙地分布着数个人物。文森特还试着用水彩认真地临摹了这幅画。从伯纳德的不少画作中我们都能看出相似的构图逻辑。

文森特之前唯一一次尝试这种大型且构图复杂的人物画还要追溯到三年前左右，他在荷兰的尼厄嫩（Nuenen）严格遵照传统的绘画流程创作了《吃土豆的人》（*Potato Eaters*），他先是对着单个模特画了习作，随后画了大体构图的速写，然后画了更加细致的构图样稿，最终完成了绘画。虽然这幅画色彩并不艳丽，蓝灰色和暗褐色的阴影占据了大片画面，但《吃土豆的人》仍是文森特感到骄傲的佳作。他如今又用同样的手法画了这幅速写，仿佛是在宣告这仅仅是个开始。

文森特对提奥说，"我画了一幅粗糙的妓院速写，我十分想以此画为基础画一幅真正的妓院图景。"但出于一些原因——可能因为找不到模特，也可能因为其他的主意使他分了心，而且这本就不是他的计划，而是伯纳德的计划——文森特·梵高一直构思的《妓院》（*Brothel*）就只能以速写的形式告终了。

危险回忆
11月11日—11月14日

　　文森特在邮局收到了一份来自巴黎的邀请函。《独立评论》（ *La revue indépendante* ）的撰稿人兼编辑爱德华·迪雅尔丹先生（Edouard Dujardin）在昂坦大街（Rue de la Chaussée d'Antin）11号开了一间自己的画廊和书店，他希望文森特能来参加他筹办的展览，这是他认可文森特作品的明确信号。《独立评论》是一份重要的文学杂志，曾大力支持乔治·修拉及其追随者，并且对文森特的好友保罗·西涅克（Paul Signac）也大加赞扬。《独立评论》组织的系列展览是巴黎激进艺术家们展示自己作品的珍贵窗口。能够获得机会在巴黎展出，就有可能卖出几幅作品，这正是文森特在数周以前，也就是高更到来之前一直梦寐以求的机会。

　　早在九月，提奥就建议他在这个画廊展出他的画作，他当时欣然同意了提奥的建议。而在真的收到邀请后，他却愤怒地拒绝了，他义正词严地说不想在那个"黑洞"似的展位挂上自己的作品，因为迪雅尔丹在信中"暗示"文森特应该给自己送一幅画，以感谢这份来之不易的邀约，这种无耻的行径让文森特感到一阵"恶心"。他写了一封言辞激昂的拒信，并将这封拒信和给提奥的信封入一个信封，给提奥寄了过去。他想通过这种方式让提奥明白自己有多么愤怒，他断定弟弟在看到拒信后会重新写一份言辞较为委婉的回函，代自己礼貌地拒绝这次邀约。

　　文森特坚持了不过一个月的信心又遭受了打击。他从高更身上学到了许多，并慢慢开始"用头脑"画画，文森特感到自己的画技确实有了一定提高。然而，到目前为止他的大部分作品只是习作。他认为自己远非一位大师，而仅仅是一名学徒。但是，他告诉提奥，他对刚完成的《红色葡萄园》甚是满意，并打算将这种风格延续下去：

　　我将继续保持依据记忆作画的习惯，总的来说，与对景写生相比，根据记忆画出来的画更加自然，而且更具艺术性。更重要的是，我不用顶着冬季寒冷强风在天寒地冻的野外画画了。虽然我们这里最近一直风雨交加，但所幸我不是孤身一人待在家里，我还有在这种坏天气里凭着记忆在画室作画的勇气，倘若没人在我身边，我是断不会有这种勇气的。

　　这最后几句暗示了文森特的内心是比较脆弱的：仅仅在有人陪伴的情况下，他才敢于直面自己对过去的情感。

　　同时，他又不忘叮嘱提奥好好保存从阿尔勒寄去的画。文森特有个习惯，每当他兴奋的时候，总会一遍又一遍地用多种话术重复同一观点。和他聊过天的人们都有点受不了他的这个习惯。他写信时也不例外，比如这次文森特就长篇大论地反复强调他对展览没什么兴趣，对《独立评论》所办的展览更是没有一丝兴趣。他补充道："我大胆猜测，高更也会支持我，因为他从来没有劝过我去参展。"

这里有个小插曲：高更对《独立评论》的评价一直都不高，因为他与深受这个杂志喜爱的画家——乔治·修拉——在性格和艺术上都合不来。

修拉比高更年轻得多，甚至文森特都比他年长几岁，他是巴黎最成功、最激进的年轻画家。他独创的用点来画画的方式——点彩法（Pointillism）——甚至让高更的导师，也就是印象派画家卡米耶·毕沙罗都赞叹不已。

两年以前，高更和修拉曾有过一次口角。1886年的夏天，西涅克不在巴黎的时候，允许高更暂用他的画室。然而，在西涅克旁边作画的修拉并不知情，结果就是当高更来到画室后，负责保管画室的钥匙的修拉粗鲁地把他拒之门外，修拉可能是怀疑高更想要剽窃画室里的新作。两人的冲突便由此展开，以至于那年晚些时候，高更还在咒骂修拉和西涅克怎么还不死。

高更还讽刺地称点彩画就是些"小点儿"，像是用刺绣的方式在画布上作画，这种画只配用来做枕套。两人的冲突远不止私人恩怨这么简单。对于高更来说，点彩法太过理性，是一种只关注作品外在形式的科学作画法，但他追求的是一种关注内涵而非注重外表的艺术。

1888年1月，《独立评论》发表了一篇关于高更在提奥画廊展览作品的文章，作者是费利克斯·费内翁（Félix Fénéon），他还是一位记者、无政府主义者，以及修拉的狂热支持者。他的这篇文章并非全是针对高更的负面评价，但不乏讥讽：

> 画中的人物造型野蛮，虽有神韵，但并不传神，斜斜的线条就像倾泻而下的暴雨在画布上留下的水流。保罗·高更先生更像一位陶塑师，因为画中的人物活脱脱就像一个高更自己的塑像，把那"性格乖张"的特性展露得淋漓尽致。

高更读完这段文字后，既生气又满意，他满意的是评论完美地刻画了自己野蛮的形象。他尤其很喜欢那个不寻常的词——"性格乖张"，也就是费内翁选来形容他的那个词。但是，这个词语有"刻薄、易怒、不满"的含义，更适合用于形容说话粗野的女人，而非一个画家。

高更开玩笑似地一直重复着那个词，像是在提醒大家自己是个狠角色。实际上，费内翁对高更十分仰慕，那种辛辣的讽刺是他表达赞赏的特色方式。但高更还是出离愤怒了，所以，这就解释了高更为什么并不鼓励文森特参加《独立评论》组织的展览。

黄房子里的两位画家都在尝试着用新材料代替画布上的胶质。通常来说，画布上需要覆一层胶质，制作这种胶质需要大火熬煮动物的皮脂，比如兔子的皮，这层胶质可以防止颜料腐蚀画布纹理。然后在这层胶质上再涂一层石膏粉，或者把优质白色颜料和粉料拌匀涂在上面。包括文森特在内的大多数艺术家通常都会直接购买已经完成这道工序并依据尺寸裁好的画布。

不过，两位画家既想节省一部分开销，又想追求理想的艺术效果，所以他们决定自己动手做这些准备工作。他们依据自己想要的尺寸剪裁黄麻布，钉在木框上使画布绷紧。然后，他们并不会在画布上涂一层光滑的白色石膏底，而是选择另辟蹊径，用更加稀薄的、浅棕色材料——液态硫酸钡来代替石膏。

这种材料能让黄麻布粗糙的纹理更加突出，这种效果在高更的作品中非常明显，带有一种强烈的"原始"感，这正是高更想要的结果。文森特还是以他惯常的画法，用画笔在黄麻布上尽情游走，硫酸钡让他的绘画看上去有一种陶器的质感，这是他一直追求的朴素风格。但唯一的问题是，用硫酸钡代替石膏会不会让颜料有剥落的风险？

他们还改良了木框。文森特在装饰黄房子时，曾花重金买了许多胡桃木框和松木框，来装裱他精心挑选的画作。如今画作对价格不菲的木框需求也很大，而且是刚需，所以手头不富裕的二人必须考虑怎么在画框上搞点创新。

传统画框十分沉重，而且工艺过于复杂，往往会在木头上刻画图样，甚至通体镀金。修拉想到了一种史无前例的"制作"画框的新方式，他用色点在画布上圈出画作的边界——也就是用色点取代传统的边线和画框。修拉总能想出这种新点子，而且从效果上来看，这种"新画框"和他用点彩法作画的方式完美融合，整幅画都不会有任何不和谐的感觉。

文森特之前使用过新近流行的白色画框——例如，《卧室》就采用了此类画框，而且他在今年春天画了一幅开花的果树，也用了这种白色画框（高更说这有他"一部分"功劳）。现在，两位画家必须在新画框上做做文章，寻找一种如同黄麻布一样质朴、便宜的材料。

据说，提奥的新房客德·哈恩为了买一个精美的画框曾豪掷2000法郎；文森特初到阿尔勒时以20法郎的价格委托木匠为自己打造画框。而如今，文森特找到了只需5生丁就能搞定画框的方法，5生丁在当时只够买一份《青铜人》报纸。文森特和提奥说："我们发现，只要把几块木条钉在绷布器上，再刷一层油漆，画框不就做好了吗？我现在就在用这种画框作画。"这种朴素简便的画框很符合文森特的艺术理念，他在给提奥的信中附了一幅速写，画的就是框着《红色葡萄园》的新式木框。

但是，高更对文森特在黄房子里置办的绷布器不太满意。他想让提奥买一个新的寄过来——就是那种可以用螺丝而不是木头楔子调节松紧的。每个画家喜爱的画布松紧程度都不一样，因为它会影响到画笔的触感，而在绷紧黄麻布时需要额外小心，毕竟它不是正规画布。高更对文森特准备的颜料也有诸多不满，所以他除了请提奥帮他购买一个可以用螺丝调节的绷布器之外，还拜托伯纳德去唐吉老爹那里买一些颜料寄到南方。

很明显，高更打算在阿尔勒待上一阵子。他也给自己的"苦工"舒芬尼克尔写了信，请他把一些零零碎碎的东西寄到阿尔勒来，其中就包括他收藏的德加的蚀刻版画和他的一些床上用品。"我又来麻烦你了，"他高兴地写道，"能劳驾你顺道去找一下我的床单吗？我们这里很需要床单"。

这一整周都是湿漉漉的，周三还差点发洪水，那天拉马丁广场旁的罗纳河几乎与堤坝持平，幸好最后有惊无险——如果河水漫过堤坝，那么黄房子一楼的画室就会被完全淹没。

秋季的洪水和冬季的寒风仿佛都是刻在普罗旺斯命运里的诅咒。几乎是两年前的同一时间，这里就发过一次大洪水，造成了巨大的生命财产损失。1886年10月，暴雨让南欧的罗纳河与迪朗斯河（Durance）水位暴涨，最后决了堤。但其实这次惨重的洪灾也是吸引文森特来到这里的原因之一。

巴黎在那一年圣诞节后，举办了盛大的"太阳节"（Fête du Soleil）庆典。节日期间，一盏长达8米的电灯从工业宫的顶上垂下，散发着和法国南方阳光一样灼热的光辉。

《法国信使》（*Le Courrier Français*）别出心裁，为那场洪水策划了一项特别活动，特意请来了一位"迷人的阿尔勒姑娘"，向来往的顾客发出诚挚的问候。总而言之，法国南方对追逐阳光的荷兰画家意义重大，因为自从他来到巴黎后，就发现这里阴冷多风的天气和荷兰也没什么区别。

幸好这次河水没有决堤。11月5日，这个周四天色阴沉却又十分干燥，这种古怪天气在这个月甚至成了常态。

文森特在黄房子里开启了对自己过往的追忆。每次他回忆过去的时候，总有陷入抑郁的风险，好在如今有高更相伴，让他感到过去好像并没有那么可怕。他以回忆为素材画了两个在花园中散步的女人——一位面容苍老，满头白发；一位非常年轻，手持红伞。背景中还有一位俯身打理花草的女园丁，整幅画的取景角度十分夸张。

梵高《埃顿花园的记忆》信中速写（*A Memory of the Garden*）

　　这幅刻画文森特心理活动的作品压抑不堪，甚至有可能诱发观众的幽闭恐惧症。河床和园中小径在行人背后向上延伸，像是戏剧舞台上的背景。但是对于一个花园来说，这种构图很不和谐，一条小径对几座河床上的沙洲形成了包围之势，两个女人背后的柏树也被扭曲成诡异的形状。

　　观众很难弄清楚这幅画究竟画了些什么，这种风格在文森特的画中非常少见。那两个女人是在散步吗？她们在小径上还是在河床上？花朵和最近的柏树之间似乎没有落脚点供她们站立。而且也不清楚画中所绘之地是哪儿，两个女人的身份也是个谜。在给提奥的信中，文森特给出了两个答案，其一是他记忆中一个叫作埃顿的村庄中的花园。

　　文森特的父亲西奥多勒斯·梵高于1875至1882年在这个村

庄担任牧师。虽然文森特实际只在那里住了几个月——1881年4月至12月——但这段记忆仍令文森特不堪回首。这是他生命中的一个转折点：他放弃了成为一名牧师，转而向着画家的目标发起了堂吉诃德式的冲锋。

在埃顿的那个夏天，他疯狂地爱上了他那刚刚丧夫的表姐凯·沃斯-斯特里克（Kee Vos-Stricker）。凯是他妈妈的姐姐的女儿，那年文森特28岁，凯比文森特大7岁，还带着一个8岁的儿子。他们一起聊天、散步，一起度过了1881年的夏天。最后，当文森特向她求婚时，她决绝地说："决不，不，决不。"

文森特没有放弃，那年11月他跑到阿姆斯特丹再一次向表姐袒露心迹。但在他到达表姐家时，却被告知她不在家。"你死缠烂打的样子真恶心"，这是她家人对文森特说的原话。为了见到表姐，文森特把手伸到燃着火焰的烛台上，说："让我见她一面，不然我决不缩手。"她的家人冷漠地吹灭了蜡烛，留下狠话："你再也见不到她了。"

随后，凯的哥哥将文森特拉到一边，指点他这种时候应该采取金钱攻势。文森特后来回忆说，"当我离开阿姆斯特丹时，我感觉自己就像奴隶市场待价而沽的商品。"无论凯是否喜欢他，她家人反对这门亲事的根本原因都是文森特财力不够。

她家人在这件事情上的反应也算合理，毕竟，文森特没有收入而且前途渺茫。但是文森特却难以承受这件事给他的打击，爱情的烈火被浇灭的感觉让他生不如死。凯的家人从始至终都以一副虚伪的冷面孔面对文森特（文森特厌恶寒冷）。他有种感觉，"如同我在面对着一面冰冷的、坚硬的白色教堂墙壁思过"。

　　被凯拒绝后，文森特一头扎进了妓院。他认为自己对凯的"爱情攻势十分壮烈"，现在他却只想用肉欲抚慰自己。"为了断绝对她的念想，我只能用这样的方式惩罚自己。我不相信人们口中的上帝、圣灵、世界的主宰，因为他们从来都没有怜悯之心。"那年12月，文森特在和父亲大吵一架后，被父亲扫地出门。这就是文森特在埃顿的记忆。

　　但这幅画中的花园真的在埃顿吗？文森特后来又称这幅画中所绘的是尼厄嫩，而非埃顿。他的父亲于1882年搬到了尼厄嫩，在那里开启了他最后的布道生涯。

　　文森特在尼厄嫩的记忆虽与埃顿不同，但也充满苦涩。1883年12月又阴又冷，文森特在没有提奥资助的情况下，只能选择返回家中。他已经30岁了，却仍未自立。他古怪的穿着和奇葩的举止经常让双亲难堪；他们不支持他走上艺术之路，家人的反对让文森特暴跳如雷，最后还是他父亲主动让步，事情才得以收场，但全家不得不继续忍受文森特怪异的行径。

　　本有好转势头的家庭关系却因为文森特陷入了另一场爱情而急转直下。文森特这次爱上的是当地教会中一位德高望重的长老家的女儿——玛戈·贝格曼（Margot Begemann），只不过这次女方是更主动、更不顾一切的那一方。她比文森特年长12岁，但比文森特还要幼稚冲动。她的家人坚决反对她和文森特结婚，还讽刺说他俩年龄差距太大，是想老牛吃嫩草。为了表明心迹，玛戈吞下大量的马钱子碱（士的宁），如果不是文森特及时赶到，让她吐了出来，他们很有可能就天人两隔了。文森特把她送回家里，但她兄弟又骂她不知廉耻。

　　文森特大声驳斥道，你们信仰的到底是什么宗教？难道是只会把人逼疯的宗教？"啊，多么荒谬可笑啊！宗教让社会成了一个疯人院，把世界上的一切都颠覆了。"他对着尼厄嫩的花园画了一系列速写，这些作品无一例外都有一个孤独的女性角色。在其中一幅的人物下方，他写下了一个词——"忧郁"。

　　还有一个细节可以证明这幅画描绘的地点更可能是尼厄嫩而不是埃顿——画中的两位女士：他守寡的妈妈和他最小的妹妹威廉敏娜（Wilhelmina），也就是维尔，更有可能出现在尼厄嫩。维尔和文森特一样饱经"忧郁"和胃痛的折磨，是家里三姐妹中唯一和文森特有来往的一个。她有着成为作家的宏愿，文森特还天真地希望她能够和一位画家喜结连理。文森特和她兄妹情深，曾多次邀请她来黄房子看看他的作品，顺便陪陪他。但二十多岁的维尔却忙于在家照顾年事已高的老人脱不开身，兄妹二人的相聚机会就这样被错过了。

　　文森特在画中故意忽略了另外两个妹妹安娜（Anna）和莱斯（Lies）。文森特经常给维尔写措辞优美的信件，和给提奥、伯纳德或高更的信比起来，给妹妹的信更加简洁，但用词更温柔，并且经常在信中谈他的所思所想。这周的晚些时候，他向她描述了这幅花园图画，详细介绍了颜色搭配和植物种类，还在信中附了一幅小速写。

　　他解释道，希望这幅画能像一首"抚慰人心的"音乐。这幅画并不写实，但却像诗歌一样，用色彩和曲线让人们置身于花园之中，就像要把观众带入梦境，来体验比现实更"光怪陆离"的世界。

他写道，"我知道在观众看来这幅画与现实并无太多相似之处，但是对我来说，这幅充满诗意的作品完美呈现了我看到的现实中的花园。"文森特并没有说画中的两个女人也是现实的一部分，也没有说画中人物与他的妹妹和妈妈之间有某种"庸俗且略显愚蠢的"相似性。然而，文森特选用的色彩却暴露了她们的身份。"典雅庄重的紫色，和大丽花般的橘黄色斑点"暗示着妈妈的性格特征；橘色与绿色相间的格子布与后方暗绿色的柏树相映成趣，让人"隐约能联想到"维尔的形象。倘若把画中的女人和维尔的照片对照来看，可以发现她们之间的确有一点点的"老套的相似性"，因为她们都有一张标志性的圆脸和不太浓密的眉毛。但说实话，画中人物与凯·沃斯−斯特里克的相似程度更高。

与其争论画中女人到底是谁，不如承认她兼具维尔、凯和玛戈·贝格曼的多种特征。或许她们在文森特的脑海里互相交织融合，就像文森特把之前见过的各个花园都体现在了这幅画中一样。画中的这个花园与埃顿的花园有些相似之处，但更像尼厄嫩的，其实，它最像拉马丁广场上的公园。

文森特在写给维尔的信中说，如果这幅画描绘的其实是梦境，那一定是烦扰的、刺耳的梦境，是多种痛苦记忆的混合物。文森特告诉维尔，他打算把这幅画挂在自己的卧室里。不过与《红色葡萄园》相比，文森特的这幅花园画作要逊色不少，因为它并没有体现依凭记忆画画的新画法。

文森特一直在精修这幅画，直到画面上的颜料堆积得像蛋糕上的糖霜一样厚才罢手。这幅画的油彩厚度达到了令人吃惊的程度——它比他的或蒙蒂切利的任何一幅画都要厚，这体现了他精益求精的决心。但最后，他还是不得不承认自己失败了。他反思道："我认为靠想象作画也需要不断练习。"

高更的新作也体现了他对女性的情感。他取了一卷崭新的黄麻布，开始画一幅农场生活图景，其中不乏令人叹为观止的性感画面。画面中间是一位农妇，她把上衣脱至腰部，露出了雪白的上半身，让人浮想联翩。她俯卧在一堆像是干草的灰白色东西上，一只手垫着脑袋，另一只手向前摊在干草上，两只胳膊都被太阳晒得通红，一看就是劳作太久了。

干草堆的顶部微微隆起，就像丰乳肥臀一般。她身旁放着一把长柄草耙，蓝色衣裙堆叠在另一旁。前景的左侧和画面的右上方是全画最不可思议的元素：两只黄色的大肥猪。距离我们最近的那只受画框限制只露出前半身，它耷拉着的耳朵非常传神；第二只猪在干草堆的后方悠闲地散步，弯曲的尾巴欢快地在空中摇摆。

很明显，高更试图在猪和女人之间建立一种视觉关联。她头上的白色帽子软软地趴在头顶，像极了近处那只猪耷拉着的耳朵。她衣服的白袖子绑在身后，与第一只猪弯曲的尾巴也有异曲同工之妙，高更用这种方式把她的臀部比作了猪的臀部，画面虽然诙谐，但又有些下流。

画中的女人懒洋洋地向前倚靠着，被热浪、疲倦或欲望所征服；她看起来就像是德拉克洛瓦的名画《萨丹纳帕勒斯之死》（*Death of Sardanapalus*）中那被虐至昏厥的性感女奴。高更这幅画体现了男性征服女性的幻想，只不过画中场景并不是

高更《在热浪中》（*In the Heat*）

在古代君王的卧榻之上，而是在又脏又乱的农场中。

　　画中人物是高更根据自己在布列塔尼画模特的经历设计出来的，那里的人们更清楚如何配合艺术家千奇百怪的要求，而且说服他们当模特比说服阿尔勒居民要容易得多。他的灵感来源于自己带到阿尔勒的一幅彩色速写，画中的女人双手扶着椅背。所以，这就解释了为什么《在热浪中》画中的女人穿着布列塔尼特色的服饰，就和高更葡萄园画中的那三个女人一样。至于画面里为什么出现猪，那就不好解释了。

　　与文森特不同，高更喜欢在自己的各种作品中加入动物的形象。他拜托舒芬尼克尔从巴黎寄过来的陶罐——也就是他亲自制作的裸体克利欧佩特拉陶罐——背后就有几只站立不动的猪，这件陶罐当时就摆在黄房子里。在文森特广博的阅读经历中，也有两段和猪与性欲有关的故事。

一个半月以前，也就是九月中旬，提奥从巴黎给文森特寄来了一份周报《法国信使》的副本——就是曾经为了报道那次罗纳河洪水而举行了特别活动的刊物。这份报纸的目标读者是巴黎的年轻男性，因为它主要报道首都的夜生活和花边新闻，最常见题材是某中产阶级男子——它的核心读者群体——和身边的职场女性发生了这样那样的绯闻。报上的插图更是淫秽不堪，甚至那年《法国信使》还因两幅极致咸湿的图片太过色情而被起诉。

文森特一眼就看到了一篇题为《蓝色母猪》（*La Truie bleue*）的小故事，这是一位名叫查尔斯·莫里斯（Charles Morice）的年轻作者写的。文森特还推荐提奥一定要读一下这则故事，因为它"非常棒"，并且还补充道，"它让我想起了塞加托丽"。这则故事正是《法国信使》最喜欢刊登的那种古怪猎奇的文章，它讲述了巴黎街头的一场邂逅，但主人公偶遇的并非一个女人，而是一头猪。这就是为什么它的题目叫作《蓝色母猪》。

故事的主人公那天正毫无目的地在街上闲逛着，突然就遇到了这只牲畜。"我注意到，她正懒洋洋地在我前方走着，和我保持着一样的步频，孤独地向前走去，她好像知道自己想要去哪……那是一只母猪。"她穿着时髦的蓝色丝绸衣服，宽松地包裹着她的肚子，她螺旋的小尾巴上"系着一个浅蓝色的蝴蝶结，但与她的气质并不般配"。

　　很快，主人公就爱上了眼前的这个生物。她的体香令人沉醉，丝毫没有被中产阶级繁文缛节的社交传统所影响。他就这样沉浸在她的魅力里，为她的步态、外表和哼哧哼哧的叫声所倾倒。在商店橱窗反射的光影中，他们四目相对，她的眼神中似乎饱含"过往的沧桑经历，仿佛能诉尽一切生活真理"。

　　文森特可能不光把《蓝色母猪》推荐给了提奥，还把它推荐给了高更。有可能是当他们谈到普拉多的判决时说起了阿戈斯蒂娜·塞加托丽，而塞加托丽又让文森特想起了这个故事，所以他推荐高更也读一读。

　　这个推测是比较合理的，因为高更画中有许多《蓝色母猪》的元素。例如，干草堆柔和的造型曲线模仿了女性婀娜的腰身；在画中女人裸露的胸部偏左的位置，那里的干草微微隆起，好像她的第二个乳房；干草堆顶部的轮廓似乎也在模仿猪的背部曲线。

　　《蓝色母猪》的主人公看到"柔软的乳白色云朵"都能联想到"温柔的女人"。"谁都改变不了我的想法，我看到的那些朦胧的、浑圆的、梦幻般的云朵难道不是爱抚、亲吻和性爱的化身吗？"当时，勒内·马格里特（René Magritte）还未出世——"超现实"这一概念在30年后才会问世，但是高更这幅乡村情色主题的画作已经完美地诠释了这个概念。

　　但是这篇在巴黎街头与猪邂逅的故事丝毫没有提及农场，也没有明说故事发生在炎热的夏天，这说明高更画中的女性将衣服脱到腰部的灵感并非来源于此。这个构思的灵感似乎来自于文森特喜欢的另一本小说中的内容：埃米尔·左拉的《莫雷教士的过失》（*The Sin of Father Mouret*），这本书中也有与猪相关的情节。这是左拉最奇特的作品之一，其内容魔幻，并不写实。不过这本小说和《蓝色母猪》一样，与文森特的经历有许多相似之处。

它讲述了一位虔诚的牧师瑟奇·莫雷（Serge Mouret）的故事，他有一个妹妹叫德西蕾（Désirée）——名字有"欲望（Desire）"的暗示——她身体发育良好，但内心幼稚。她非常喜欢农场里的动物，但她的哥哥却对此十分厌恶。她在遍布粪肥的院子里养了兔子、母鸡和其他各种牲畜，每次莫雷看见她在伺候动物时都感觉到阵阵恶心。故事设定在炎热的天气里，"炎热"一词在文中反复出现。

德西蕾还在园中新请回来了一个动物朋友——小猪。没想到，这只小猪成了压倒牧师的最后一根稻草：

> 他闻到一阵复合的恶臭味，里面有兔子和家禽热气腾腾的腥味、山羊的膻味，以及这头肥猪身上的油腥味。空气中弥漫着刺激动物交配的旺盛的荷尔蒙气息，这无疑给他纯洁的肩膀压上了一根难以承受的重担。

正如高更所说，在画画时他喜欢先跟着他的幻想作画，最后再添上题目。起初，他给这幅新作起的名字非常简单——《猪》（*Pigs*），这个字可以指代画中的两头动物，也可以引申为那个半裸的女人。后来，高更有了个新主意，在展览时把这幅画的名字改为《在热浪中》(*En Pleine Chaleur*, 或者*In the Heat*)。第一个名字似乎源自查尔斯·莫里斯的小说；第二个名字又带点左拉小说的味道。

这幅画实际暗含了高更自己对于性诱惑的态度。在他看来，猪象征着无罪的淫荡——这就是他喜欢它们的原因。他在多年后写道："一直以来，我都拒绝遵守保持贞操的清规戒律，我很了解这些宗教礼法，但就是不喜欢它们对我的限制。"

如果说高更描绘的葡萄园带有他童年时代虔敬信仰的标记，那么这幅画恰恰相反，描绘的是一种纯粹的、诗意的、理想的肉欲。"我巴不得生来就是一只猪，人这种动物真是荒唐可笑。"高更在晚年发出了这样的感叹。

不久，高更将他在黄房子创作的新作打包寄给提奥时，在附信中重点推荐了两幅作品：一幅是《猪》，另一幅是《悲惨人间》。高更认为它们"相当大胆"，并且"略带狂放"。这种狂放既指画作的技术层面——抽象的形状、松弛的笔触——又指题材。高更怀疑，"是因为南方的暖阳让我们发了情吗？这可能会吓到画廊的顾客，所以请把它放在不起眼的角落里吧。但不得不说，我个人挺喜欢这两幅画。"

参观博物馆是在阿尔勒的雨天为数不多的消遣活动。文森特在去年二月刚到阿尔勒不久后，就参观了这里的博物馆。阿尔勒当地的勒杜博物馆(Musée Réattu)以其收藏的绘画而闻名，其藏品主要是一些与普罗旺斯有关的学院派艺术作品。文森特认为把这些作品陈列在这里完全是"骗子行径"，因为它们本属于塔拉斯孔城（即达达兰和他的同伴们打帽子的地方）。阿尔勒的共和广场上还有一座藏有古罗马时期和早期基督教文物的博物馆，文森特认为这座博物馆才是"真正的"博物馆。爱好古典艺术的高更应该会喜欢这个博物馆。

在这座博物馆的对面，是一座法国南方中世纪早期的大教堂，名为圣特罗菲姆大教堂（Cathedral of Saint-Trophime）。文森特对这座教堂的看法十分矛盾，一方面，他认为教堂门廊上的雕刻纹饰"值得学习"；但另一方面，教堂里的圣人像和门廊上方的基督末世审判像让他十分惶恐，他觉得上帝凭借自己的判断就让坏人经受永世的折磨，让好人迈入天国的设定是极其残酷的：

这很残酷，非常荒谬，就像一个中国式的恐怖故事。看着这些雕工精细的大型雕塑，我感觉到一阵恐怖的陌生感。我很庆幸自己不用被它审判，正如庆幸自己没有身在罗马皇帝尼禄的残暴"盛世"一样。

他的意思是，此处描绘了但丁（Dante）书中的地狱景象，几乎与几百码外的古罗马斗兽场上曾经上演的恐怖格斗一样遥远。

想到这里，他更加喜爱如今这个时代和可爱的阿尔勒了："我喜欢那些轻步兵、妓院，喜欢惹人爱怜的阿尔勒小姑娘们参加第一次圣餐仪式，喜欢看起来像犀牛一样危险的身着白袍的牧师，还喜欢那些喝苦艾酒的人们。"——但他却绝望地发现自己和他们仿佛生活在两个世界一样，难以互相融入。

中世纪的建筑——以及除了某些绘画之外的大多数古董——都会让文森特感到不适。左拉小说《梦》中的中世纪教堂就让他有窒息的感觉——那座教堂很像圣特罗菲姆大教堂；后来，当他在一个教会的修道院中疗养时，他觉得那里阴森的环境不仅不利于自己病情好转，反而会加重他的幻想和恐惧。

高更对此持不同意见。他认为圣特罗菲姆大教堂中的雕刻极好地展示了一种风格化的、非自然的艺术形式，"雕塑的比例与自然相去甚远"，文森特其实也不讨厌这些雕塑，他只是害怕雕塑给他带来的梦魇。圣特罗菲姆大教堂中的雕塑作品并不是写实主义的，其表达的是人们在某种"灵魂状态"下的感受。

高更庆幸自己早就摆脱了宗教迷信："作为一个怀疑论者，我能淡然地看着这些圣人，因为对我来说他们并不具有灵性，他们只是在教堂壁龛里的雕塑——他们在那里才有些许意义。"他才不怕那些"幼稚可笑"的石像鬼。

沿着宽大的台阶向里走去，可以看到教堂内部的构造——"高悬的十字架"和"教堂的耳堂"——高更对布道台上牧师讲述的地狱故事没有丝毫兴趣，"我喜欢听的是女士们在座位上谈论时尚。"

高更相信每一件事都有两面性，既可以是严肃的，也可以是荒诞的。城堡和农舍，教堂和妓院，都是生活中的不同方面。人们需要怎么看待它们呢？坦然处之即可。"地球不会停转；人们照样吃喝拉撒；只有左拉才会多愁善感地思考这一切。"

虽然二位画家对雕塑的看法不同，但毫无疑问，这些雕像在文森特和高更的心中都留下了深刻的印象。文森特的视觉感受能力超乎常人，他看见的许多东西都会让他产生诸多联想。圣特罗菲姆大教堂外面的广场上有一座古罗马时期的方尖碑，这座方尖碑触发了文森特的奇妙联想——他觉得这座古埃及式的方尖碑就像一棵挺拔的柏树。

教堂入口门廊上方的末日审判基督像，让他明白自己有多讨厌平庸的艺术家所画的基督画像了；他认为，只有伦勃朗（Rembrandt）和德拉克洛瓦才有能力为基督画像。之后他又陷入沉思，感觉基督才是最伟大的艺术家，因为别的艺术家以颜料或石头为创作工具，而基督的创作工具是活生生的人。他仅仅通过讲述寓言——例如：农民播种、耕耘、收获的寓言——就为人类点明了新生活的方向（荷兰神学家经常援引这个预言来揭示神迹）。

审判基督像的下方刻着一头被阉割的公牛，这是庇佑画家的圣人——圣路加的符号。文森特不禁感叹，画家这个职业真是肮脏低贱啊！但是从某种层面而言，这个职业又与基督的使命十分相似：都为生活和心灵寻找新的可能性。他把所有这些都写给了伯纳德，高更在布列塔尼时也有幸读过这些信，并因此陷入了深思。

高更虽然对宗教带有温和的质疑，但他还是被圣特罗菲姆大教堂中那些令人脊背发凉的"怪诞"所震撼。他11岁的时候，还曾反复吟唱迪庞卢主教的圣诗：被魔鬼蛊惑的孩子们，终将会成为魔王的盘中餐。

教堂里一件非常引人注目的雕像讲的就是这个故事：一个眼珠突出的恶魔正在折磨沉溺美色之人。高更当时对此没说什么，但第二年他制作了一件雕塑，主题是一个酷似他自己的魔鬼，一边在伸手抓一个裸体的女人，一边又痛苦地撕咬他的拇指，似乎是在追忆在阿尔勒教堂里看见的地狱和天堂。他给这件雕塑起了个十分讽刺的名字：《堕入情网你就会得到快乐》（*Be in Love and You will Be Happy*）。

11月13日周二，提奥从巴黎的办公室给高更寄了一封信。和他给文森特写的信不同，这封信是写在印有他公司抬头的信纸上的，公事公办，简洁明快。这封承载着好消息的信终于在周三到达了阿尔勒，提奥在信中说，高更的新作在巴黎大获成功：

德加疯狂地爱上了你的作品，他逢人就谈及你的绘画，并打算购买那幅表现了春天风景的油画，就是前景上有草地和两个女人，一个坐着、一个站着的那幅。

另外两幅肯定也已经卖掉了——"一幅是竖构图的风景画，绘有两只狗和草地，另一幅画了路旁的一座池塘"——提奥和高更说这两幅画应该会分别给他带来375法郎和225法郎的收益。另外，如果高更能稍稍修改《围成一圈的布列塔尼女孩》的话，就能够卖到500法郎，因为这幅画中有个女孩的手臂似乎触到了边框，稍显得有些有碍观瞻。

高更收到来信后非常兴奋，原因有二，一是他通过提奥的画廊出售的画作现在看起来即将为他带来稳定的收入。现在他已经卖掉或即将卖掉三幅作品，另外还要加上德加想买的那幅。更令人兴奋的是德加不仅打算买他的画，还在巴黎到处宣扬高更的作品。

在所有在世的艺术家中，高更最欣赏的就是德加。他有时会参考德加的构图，以之为蓝本作一幅新画，他就曾将德加画中的芭蕾舞者和其他巴黎姑娘的形象改为他画中布列塔尼农民的形象。德加对速写的强调，以及他在画室中始终保持慢条斯理绘画的方式，都深刻地影响着高更的创作观。

如今，他所崇拜的德加想要反过来购买他的画作，并对他赞不绝口。正如他向伯纳德解释的那样：

对我而言，这可能是最高的赞誉了：你知道的，我向来对德加的评论深信不疑——再者，这也是我作品走向商业化的开门红。德加所有的朋友都相信他的审美。

高更的乐观程度呈指数级地上升。只是，提奥信中提到的一个细节让他迷惑不解：信里说卖掉了一幅草地上有两只狗的画，但是高更绞尽脑汁也想不到提奥说的是哪一幅画。他花了好长时间才弄懂其中的误会。然后，他坐下来回信说：

你敢信？我搜肠刮肚地思考了良久，就为了想明白自己哪幅画里有两只狗，然后我猛然意识，该不会是把两只黑红相间的小牛犊误认为食肉动物了吧。我终于弄清楚了，这种解开谜团的感觉真好。

他也认为修改《围成一圈的布列塔尼女孩》是有必要的。

　　高更在信中还继续描述了黄房子中现在的气氛，这里一切顺利："好人文森特和'讨人厌的'高更还在愉快地一起生活、一起吃饭——虽然吃的都是自己做的粗茶淡饭。但是我滴神啊（模仿阿尔勒口音），这该死的雨季让他们没法去户外画画。"高更在信里还试着模仿了他认为夸张的法国南方口音。

　　高更还得意扬扬地向伯纳德写信，告诉他自己的作品大获成功。他还预言再过10年左右，伯纳德会声名鹊起（19世纪70年代末，高更才开始正经投身艺术事业，到高更取得一定成绩差不多花了10年时间）。但是，高更心中除了有收到好消息的欣喜之情，还在怀疑这是否是巴黎艺术界的阴谋诡计。

　　提奥在之前给文森特的信中写了一些他听到的关于高更死敌西涅克和修拉的谣言：

　　他们准备发动一场针对我们的运动（以《独立评论》为喉舌）。首当其冲的就是德加、高更，还有伯纳德之流……他们被抹黑成比魔鬼还可怕的人，并且应该像躲瘟疫一样躲开他们。

　　关于这则重要信息，高更让伯纳德不要走漏半点风声："你自己知道就好了，不要向梵高透露一个字，不然会显得我太敏感了。"

　　高更还顺便向伯纳德迷人的姐姐问好，他可能真的爱上她了。他仍未放弃在马提尼克岛买下一个画室的梦想，但如今，他更想请伯纳德来阿尔勒一聚，因为他——高更——已经把黄房子打理得井井有条。伯纳德可能不用跟随米勒去非洲服役了，因为他在报告中声称自己身体不达标。"如果最后你真的不用服兵役的话，你可以随时来这里。我现在制定的生活规划足以让我们三个花最少的钱，过最舒服的日子。所以，如果你父亲切断了你的经济来源，你可以在走投无路的时候过来生活。"高更似乎成了黄房子的大管家。

同时，文森特正忙着根据记忆和想象力创作另一幅作品。这幅画描绘了一位年轻女子在书香萦绕的房间里夜读的情景。她的身后是一个巨大的灯泡，灯光照亮了整个屋子。她手里拿着一本装订成册的书，书的封面是法国廉价小说特有的黄色书皮。她睁着圆圆的眼睛，一脸痴迷。

文森特在画这幅画时心中想的显然是他的妹妹维尔（他向她描述过这幅画）。他一直不厌其烦地向维尔推荐书籍，就像对所有他在乎的人所做的那样。他不仅会建议朋友们无聊时该读什么书以作消遣，还会宣传他在现代文学中找到的新信仰，当文森特放弃了正统的基督教信仰后，就转而皈依了这样一种

梵高《读小说的人》信中速写（*Reader*）

自创的、幻想的、充满矛盾的信仰。文森特直来直往的性格注定了他转变信仰的速度也是极快的。在他对基督教无限狂热的时候，他劝提奥把所有闲书都束之高阁，只留下《圣经》和其他宗教读物。在信仰崩塌后，他又转而开启了艺术家生涯，并疯狂地爱上了凯·沃斯-斯特里克。后来，他又对当代小说表现出极大的兴趣。

他和凯一刀两断后的第二年，文森特就和从良妓女西恩·胡尔尼克（Sien Hoornik）过起了同居生活——那段时间里，他一门心思地扑在左拉的小说上。左拉的作品是文森特精神世界的基石之一，从某种程度上来说，算是《圣经》的替代品。除此之外，还有左拉的追随者居伊·德·莫泊桑、阿尔丰斯·都德、让·黎施潘（Jean Richepin）、于斯曼（Huysmans）、福楼拜以及龚古尔兄弟埃德蒙（Edmond）和茹尔（Jules）（他们的合作让文森特想起自己和提奥的合作）。

一年前，他推荐维尔也读读这些作家的作品。他一直以来坚持的观点是："如果一个人对自己所处的时代不了解，那么就根本不算是这个时代的人。"他希望为她找到一本莫泊桑的《漂亮朋友》（Bel-Ami），因为文森特认为这本书是他的必读作品。

除了向妹妹推荐阅读书目以外，文森特还给她讲解了自己理解的人生。显然，他没有真正放弃传教。在文森特看来，现代小说细致地描述了现代人的生活、爱恋、痛苦和折磨，它们不仅仅是《圣经》的替代品，更像是当代的"新约"，他觉得基督本人都会同意他的看法。

文森特此刻随遇而安的心态暂时平息了他内心翻江倒海般的情绪变化；他觉得喜剧小说——例如都德的《塔拉斯孔城的达达兰》——是治疗"忧郁"的特效药，饱受忧郁折磨的他、提奥和维尔都应该按时"服用"：

忧郁和悲观是现代的流行病。以我为例，最近几年我仿佛已经丧失了微笑的能力——先不谈这是不是我自身的原因——对我来说，开怀大笑就是目前最珍贵的礼物。

文森特还广泛涉猎了一些英国小说家——狄更斯（Dickens）和乔治·艾略特（George Eliot）——的作品。在巴黎科尔蒙画室求学时，他曾对一名同学肃然起敬，仅仅因为那位同学是巴尔扎克的忠实读者。文森特经常从英语、法语和荷兰语三种语言的书中汲取知识与灵感。

文森特脑海中经常会浮现出小说所描述的场景，比如当他看到可怜的玛戈·贝格曼吞毒寻死时，他问提奥："你记得这个场景吗？第一任包法利夫人（Mrs Bovary）就是在收到一则消息后，死于惊吓过度。"这种类比相当勉强，但又如此精确，是典型的文森特思维；他没有将玛戈·贝格曼与查尔斯·包法利（Charles Bovary）的第二任妻子——小说中的女主角艾玛（Emma）——相比，而是与福楼拜着墨甚少的第一任妻子相比，读者知道的全部信息只有她在听了一则坏消息后就香消玉殒了。

文森特在父亲去世的几个月后画了一幅静物画，画中他父亲常用的那本《圣经》尽显时光的斑驳，旁边还配着一根熄灭的蜡烛。这幅画象征着西奥多勒斯·梵高生命的终结，那本圣书也难再恢复昔日的光辉。《圣经》旁边是一本文森特经常翻阅的黄色平装小说，他把它视为流淌真理之泉的新泉眼。由于经常阅读，小说的书脊处磨损严重，但书名处赫然写道——《生活的乐趣》（*La joie de vivre*），埃米尔·左拉著。

　　文森特一直想画一家傍晚的书店，他都计划好了要将店面涂成黄色和粉色。他感觉这才是真正的"现代题材"，因为书籍"能点亮想象之光"。这幅画可以和另外两幅组成三联画，书店图摆中间，两边分别是麦田图和橄榄园图。三幅作品共同组成一组现代的祭坛画，寓意为书店之于思想，就如同播种之于农忙，书籍"就像撕破黑暗的一盏明灯"。

　　文森特刚作的这幅画也有着类似的含义。年轻女孩背后书架上的书籍正在播撒光明，和背景中的灯一样亮堂。她是一个被繁文缛节所限制的人——就和他妹妹维尔此刻的状态以及他自己之前的状态一样。但是，画中的女孩可能会从书中收到自己将要得救的神谕。这幅画与他脑海中的另一个画面形成了共鸣——伦勃朗笔下的玛丽亚在婴儿基督摇篮旁的灯光下读书。

　　不过，虽然这幅画情感丰富，而且满载文森特的个人信仰，但整体而言它并不出彩。与他之前画的近在眼前的真人模特写生相比，这幅人像没有灵魂，缺乏灵气，像是一具毫无生气的行尸走肉。紧握书本的双手缺乏骨感，仿佛章鱼的触须。高更一直鼓励他靠想象作画，只可惜结果不尽如人意。到目前为止，黄房子里都是其乐融融的，但变数即将到来。

分歧初显

11月15日—11月23日

11月15日星期四，各家报社争相铺天盖地地报道普拉多案的审理情况。审理现场如小说般传奇，普拉多表现得像巴尔扎克作品中的英雄一般，他的陈词风格甚似左拉，话语中满是隐喻，巧妙地将性学研究和园艺学结合了起来，掌控语言的技巧令人叹服。他说，情人尤金妮亚·福雷斯捷（Eugénie Forestier）就像是"一阵狂风，吹散了一个男人最浓烈的情欲，如同去除了一朵鲜花浓郁的芳香"。

这种华丽的修辞非常符合文森特的文学癖好，而且他觉得自己的往昔与普拉多的故事竟有些惊人的相似性。甚至如果站在被告席上的人是文森特，他也会这样为自己辩解：

首先，我是谁？这个问题如今已经没什么意义了吧？我就是个悲剧的冒险家，难道不是吗？我的上帝啊，出于各种机缘巧合，我被狠狠地扔到宽广的人生舞台上，天天目睹一桩桩有悖常理的闹剧，做出一件件有违良心的决定，在这样的世界中我只能选择屈服。

普拉多扮演的受害者形象大获成功，但他仍然被判有罪，且没有获得任何减刑。法官当庭宣布判处他死刑，他只能垂下脑袋，一言不发。

在画室里，两位画家还在继续画画、密切合作，他们的创作交织在一起，但绘制的作品却好坏参半。文森特的斗牛图大约就是在这个时期画的，因为这幅画的底层胶质与《埃顿花园的记忆》（*Memory of the Garden*）一画的胶质完全相同，说明这幅画是在《花园》完成之后不久创作的。

来到南方之后，斗牛是高更一直想尝试的题材。他在7月写给文森特的信中提到了这个构思："我一直想以自己的方式来理解斗牛，以自己的视角来画斗牛。"但他来到阿尔勒时，当季的最后一场斗牛已经结束了。对于高更来说，这成了一项永远都无法实现的计划。15年后，在地球的另一边，他仍旧希望能画一幅斗牛图。

文森特刚到阿尔勒时，就有幸在罗马式竞技场里现场观看了斗牛，而且还记录了当天的斗牛场景。他认为斗牛只是个"噱头"，"公牛满地跑，但没人敢去和它们相斗"。他看的并不是公牛最后被斗牛士用剑刺死的西班牙式斗牛。其实严格来说，普罗旺斯当地的这项运动和大众通常所理解的斗牛并不沾边，它更像是一场赛跑，即卡马尔格比赛（La Course Camarguaise）。

当地斗牛的规则是选手们需要摘取挂在牛角上的流苏、花环和丝带，然后迅速跳上竞技场周围的栅栏以躲避凶猛的公牛。斗牛士们身着白色服装，比拼谁能摘到放在最危险位置的花结。公牛在整个过程中不会受到生命威胁，赛后就会回到牛棚，但是对斗牛士来说，这种比赛却风险极高（文森特亲眼看见一个选手在跨越栅栏时挤碎了一侧睾丸）。斗牛是阿尔勒的定期赛事。9月30日的比赛有五头卡马尔格公牛和一只来自西班牙的母牛，10月7日和14日还各有一场。

　　卡马尔格比赛是普罗旺斯历史悠久的传统之一——类似于古代克里特岛的斗牛赛，以及古罗马人在竞技场中包装成演出项目的斗兽比赛。然而，文森特关注的并非斗牛本身，而是观众。他告诉伯纳德，"汹涌的人潮非常壮观，人们三两成群地聚在看台通道里，人头攒动，再加上太阳的光影以及巨大环形看台投下的影子，整个画面色彩斑斓。"

梵高《竞技场中的观众》（*Spectators in the Arena*）

　　而这也正是他根据记忆所绘制的场景。那是一个炎热的夏日，他坐在椭圆形竞技场的露天看台的上层座位，从上往下看向观众。观众席以蓝色调为主，似乎在暗示观众们在穹顶投下的阴凉处观看比赛，但仍有许多阿尔勒姑娘撑起了红色的遮阳伞。下方的一名男子，一手拿着帽子，一手奋力挥舞，仿佛在为场上斗牛士的精彩表演大声喝彩。

　　在画面的最远端才能勉强看到一点竞技场内的沙地、一只公牛、一个挂在牛角上的巨大花结和一位狂奔的斗牛士。画面中间有一个侧脸神似基诺夫人的女士，身着阿尔勒传统服装，撑着遮阳伞与另一个女人有说有笑的。坐在她们后方的，是邮局的主管鲁林、他的妻子奥古斯丁（Augustine）、她怀中的宝贝女儿玛塞勒（Marcelle）。左下方的女人转过身来，背对着竞技场。她的面容极具辨识度——消瘦，下巴尖细，眉毛浓密。但是，她究竟是谁呢？

　　整体而言，这幅画并不成功。大多数人像都存在失真的情况，像是画在蓝绿阴影上的黑色轮廓线，其中混杂着几位文森特所熟知的人物，且构图令人感到不适。虽然这是一幅画在黄麻布上用于展览的大画，但是，这幅画的色泽却略显单薄，在很多细节处——例如在右边与金发男子交谈的一个女人的脸上——甚至可以见到画布的纤维结构。就这样出于种种原因——也可能是缺少合适的模特或值得回味的记忆——文森特后来干脆搁置了这幅画的修改进度，他从未向别人提及或介绍过这幅画，但他好像也没有对它彻底失望，因为他并没有将它付之一炬。

根据文森特的描述，高更此刻正在绘制一幅"大尺寸静物画，黄色的背景上摆放着橙黄色的南瓜、苹果和一块白色亚麻布"。这幅画的主题与那周邦帕尔兄弟（Bompard Fils）在共和广场自家画廊橱窗里展示的画作大同小异。

《青铜人》报时不时地吹捧邦帕尔兄弟画廊里的作品。该报最近赞扬了他们九月展出的一幅静物画，画中灰色和黑色的成熟无花果被放在地上的果篮里。高更和文森特可能并未太过关注这幅画，但他们一定看过它，因为它就摆在阿尔勒中心共和广场的画廊里。

高更的画与上述这幅画虽然主题相近，但他却学习了文森特在《向日葵》中的着色技巧，用大胆且和谐的色彩描绘了邻居玛格丽特·法维耶（Marguèrite Favier）店铺中的秋天应季水果和蔬菜。在文森特的诸多作品中，高更最欣赏的就是《向日葵》。他在那周大肆赞扬了《向日葵》，文森特还高兴地将这些话复述给了提奥："高更那天告诉我，他欣赏过莫奈那幅插在精致的日式花瓶中的向日葵，但是他更喜欢我的《向日葵》。"离谱的是，从那以后就再也没人见过高更的《南瓜和苹果》（Pumpkin and Apples），或许是被高更遗弃或销毁了。

高更此刻所绘的另一幅画的灵感来源于文森特在今年早些时候画的洗衣女图。洗衣女工是当时绘画的主要题材之一，比如德加就画过邋遢的巴黎女工，与那些备受尊敬的女士相比，她们从事着艰苦的体力劳动，毕沙罗和高更也画过乡村里洗衣服的健壮妇女。

今年早些时候，文森特在黄房子附近的鲁宾运河旁，画过在洗衣台上洗衣服的女工，还画过城南另一个洗衣点的女工。文森特把这些女性放在远景部分，身形微小，但他也想过给她们画几幅特写——就像高更绘制的马提尼克岛上的女人一样，以便突出她们色彩鲜艳的服饰。

然而这个设想终究没有成为现实，可能是因为画特写必须征得模特同意，并对着她们细细打量一番，这对他来说几乎是不可能的，但在高更这里就不是问题了。高更这幅新作的渊源实际上非常复杂：他在绘制一幅文森特所想象的画，而文森特对这幅画的灵感则是来源于高更早期的一幅作品。

在正式开始绘画之前，高更先画了一个裹着披肩的当地女人的背面轮廓，然后，他在一块黄麻布上画了两名鲁宾运河河畔的洗衣女。文森特看到高更的准备过程后就断言，这幅画正是对梵高兄弟所拥有的加勒比海风景画的某种重新演绎。

和高更那幅马提尼克岛画一样，新作的前景中有一个站立的背影，远景是个弯着腰的人物。他早期那张画的风景部分有悠然散步的小狗和安静吃草的羔羊；这幅画中，同样也有动物的身影，一只大牲畜正啃咬着前景右侧的一簇草，仿佛是伸着脑袋也想进入这幅阿尔勒洗衣女图中。两幅画的背景部分都有流水，不过新作没有那种黑人女子在马提尼克岛采摘芒果的田园牧歌般的情调。

这幅画比高更的其他任何作品都要难以品评，其构图令人眼花缭乱，而且高更仿佛在炫技，故意把许多部分模糊化，似乎在嘲弄观众不懂画中的多重含义。高更将构图视角选取在运河堤岸上的一个高点，可以俯视全局。湍急的水流如山洪般奔腾着，相互撞击形成了一朵朵白色的浪花（难道是最近丰沛的降雨将这一潭死水激活了？）。在弓背站立的女性身后，是一片灌木丛，秋季来临，层林尽染，像火焰一样闪耀着鲜明的橘色和红色。

她前方还有一丛灌木，也像火焰一般闪耀着。倘若不仔细看，都发现不了她右边是几片绿叶，而不是烈火般的灌木丛投下的影子。高更的这幅画匪夷所思地在气息质朴的乡村营造出了一种惊悚感。

其实鲁宾运河的洗衣店总让高更心神躁动，因为在铁轨旁煤气厂的后面几步外就是布特街的妓院。来这里洗衣服的大多是在布特街一号工作的女士们，很少有其他女人的身影，但也有例外，比如隔壁杂货店的玛格丽特·法维耶。

高更《洗衣妇》（*Les Laveuses, Washerwomen*）

高更在马提尼克岛时总对当地的女人保有戒心，因为有人告诉他，马提尼克岛的女人们在售卖的水果上施了魔法，会迷惑顾客。尽管高更在阿尔勒时没少往妓院里扎，但他可能也在提防着阿尔勒的姑娘们。毕竟，她们也有着拥有致命诱惑的名声。所以这幅画与阿利斯康一画中恬静抒情的画风不同，仿佛在暗示着高更对阿尔勒充满顾虑。

18日星期日，这一天大雾弥漫，如果不开灯的话，甚至在白天都无法画画。文森特认为南方房屋的地基比较单薄，所以南方比北方更加潮湿，不过点燃卧室的壁炉后，屋子里就舒服多了。开关汽灯和照看壁炉现在成了黄房子里的一项常规家务，每月购买煤炭和柴火的四法郎也成了固定开销。熊熊燃烧的壁炉给黄房子添上了一缕煤烟的味道。

接下来的几天，气温持续走低，但天却放晴了。室内的气氛和户外的天气形成了鲜明的对比。高更大约在周中的时候，给伯纳德写了封满是怨言的信。其实从他的前一封信中，就可以读出来事态明显开始越变越糟。之前他一直建议伯纳德过来一起住，享受这里好不容易形成的家庭氛围。但这一次，他倾诉了对这里的抱怨，抱怨阿尔勒的居民、阿尔勒的环境，以及最重要的——抱怨文森特：

在阿尔勒，我感觉完全迷失了方向，这里的人在每一件事上都如此小气刻薄，而风景则和人一样扭捏不气派。文森特和我看待大多数问题的思路都不同，尤其是在画画这件事上。他欣赏的都德、多比尼（Daubigny）、齐耶姆（Ziem）和伟大的卢梭（Rousseau），在我这里没有任何好感。他讨厌的安格尔（Ingres）、拉斐尔（Raphael）和德加，却都是我十分欣赏的。我通常回答说，"下士，您说得没错"，来避免冲突。

"下士，您说得没错"，是当时一首流行歌曲的副歌歌词，高更喜欢用它来诙谐地结束谈话，他与一些烦人的官员谈不下去的时候就经常这么说。但是这招对文森特无效，这只会激起他继续喋喋不休的欲望。

高更的记忆似乎错乱了，他所列的文森特喜爱的伟大艺术家名单就很奇怪。阿尔丰斯·都德居然在列，但他是文森特最喜爱的作家，而非画家。高更是把都德（Daudet）与杜米埃（Daumier）弄混了吗？杜米埃才是文森特所喜爱的画家，但也情有可原，因为高更经常把别人的名字搞错。也有可能是他已经厌烦了文森特每天在他耳边说自己喜欢什么、不喜欢什么，以至于他喜欢的到底是谁反而没那么重要了。

艺术家们崇拜的画家不同、追求的理想和抱负不同，这是太正常不过的一件事，他们实在没有必要为这个争吵。但是，当两个人每天都形影不离时，性格上的小分歧就成了导火索。两人一起生活必须要有边界感，知道什么该说、什么不该说，但显然文森特的确没有这方面的天赋，他不允许两人有观点不一致的情况。

多年以后，当高更回忆在阿尔勒的生活点滴时，他仍对文森特的奇葩观点感到愤怒：

　　我真的尽力了，我试图从他失序的大脑中整理出他的叙事逻辑，但遗憾的是，他的观点没有一丝理性的成分，我甚至在他的绘画和思路之间找不到任何联系。

　　这种说法有失公允，但却反映了两人的品位完全相左，没人能否定这个确凿的事实。哪怕是在先锋派艺术家的群体中，文森特的品位都算激进的。对文森特来说，随着高更身上英雄般的光环逐渐衰退，他发现高更的想法"总有些暧昧和模糊"。两人的耐心都在被逐渐消磨。

　　高更抱怨他的同伴"对梅索尼埃有着无尽的赞赏，同时对安格尔又带有极深的厌恶。德加的画让他失望，塞尚在他眼里是个一无是处的骗子。谈到蒙蒂切利时，他甚至哭了起来"。

高更在黄房子居住时的照片

　　欧内斯特·梅索尼埃是当时巴黎最为成功的商业画家，而在大多数进步画家看来，他是个唯利是图的雇佣画家，但文森特却发现他的作品有不少可圈可点之处（在这一问题上，后来的画家大多同意高更的意见）。文森特坚持道："现在，哪怕你一整年都在看梅索尼埃的画，明年你再看他的画时，会发现其中仍然有许多东西值得琢磨，你还别不信。更不必说他的事业正处在巅峰时期，他是个难得的天才。"

　　文森特认为，只有瞎子才会觉得梅索尼埃不是一位纯粹的、一流的艺术家。高更则借用战争场景来形容梅索尼埃外强中干的形象，说他是"戴着盔甲的画家，他的每一样东西看上去都像是铁的——但铠甲像是纸糊的"。

　　文森特经常会和梅索尼埃的画产生情感共鸣，他还会激动地表达自己的赞美之情。他尤其喜欢《读者》（*Reader*），他早就听说过这幅画的大名，并且一直在找此画的蚀刻版画，想把它挂在黄房子里。这幅画画了一个长发长须的男子，身穿17世纪的服装，在一间高大的装有百叶窗的屋子里，专心致志地阅读着一卷手稿。这幅梅索尼埃的画让他想起了荷兰德高望重的绘画大师们，更重要的是，这幅画显然还让他想起了自己的作品。梅索尼埃的《读者》和文森特自己的《读小说的人》有异曲同工之妙，后者所绘的是一个在堆满书籍的屋子里看书的年轻女性。

　　文森特经常将1815年出生的梅索尼埃与其他同时期的画家们放在一起讨论，其中不乏高更在信中指名道姓的那几位：夏尔-弗朗索瓦·多比尼、费利克斯·齐耶姆、泰奥多尔·卢梭。文森特以1848年欧洲革命为灵感，将他们称为"48一代"，认为他们的作品可与印象派争辉。

文森特在巴黎的时候才开始喜欢印象派画家，但他对"48一代"的喜爱则可追溯到更久之前，而且这份爱到如今仍未消退，在他看来，他们的作品里充满了感情。每当看到黎明破晓，晨星点点的风景时，他就会想起他们："多比尼和卢梭都画过这样的风景，将其中无尽的暖昧、祥和、威严体现得淋漓尽致，其中还有画家极具个人风格的忧伤感。"

文森特屡次和高更说，这些画家早已实践过他们正在探索的艺术模式了，即制作出能抚慰人心的作品。他眼前总会浮现卢梭和其他画家的"那些优美的画作"。"他们的画作似乎是不可超越的，其他画家没必要尝试这种不可完成的任务。"

在文森特喜欢的过时画家中，阿道夫·蒙蒂切利是最奇怪的。与蒙蒂切利同时代的人认为他是无可救药的古怪画家，后世画家们也持有同样的看法，但文森特坚称他是一位伟大的画家。蒙蒂切利的所谓特色是用如椽巨笔沾满厚重的颜料狂画一气，文森特在自己的作品中也经常使用这种手法。

可能是受到荷兰审美潜移默化的影响，文森特对这种朴素的作画方式十分中意，因为任何人都可以根据笔触得知艺术家绘画时的运笔路径。他还敬重伦勃朗和弗兰斯·哈尔斯（Frans Hals），因为他从二者的作品中看到了艺术的多样性。文森特的眼光似乎总是超前的，当时没有任何法国人能看出这一点，其中当然也包括高更。

高更巧妙地向伯纳德总结了他俩的不同之处：

他爱浪漫，而我更爱简约。就色彩而言，他喜欢蒙蒂切利式厚涂法所呈现的偶然效果，而我却厌恶这种笔触和随之而来的无序感。

文森特的确是浪漫的，他希望富有激情地去感受自己所绘的对象，不管那是一个人、一个地方、还是一件物体。他在给作品上色时，会兴奋地挥舞着画笔和调色刀来涂抹颜料，用这种方式塑造作品的感觉和气味。与此不同，高更更喜爱"原始的简约"。他想要回归到过去的单纯和诗意中去；他喜爱波提切利、古希腊、波斯和中世纪的文化、以及热带国家富有异域风情的艺术，他盛赞画技有条理、喜欢从古典艺术中寻找思路的画家们，比如奉拉斐尔为偶像的安格尔，还有奉安格尔为偶像的德加。高更喜欢用一丝不苟的画风冷静地表达出热烈的异域风格，但文森特完全不喜欢这种作画方式，更不必说塞尚那种严格按照流程作画的手法了。高更夸大了，也或许是记错了他室友的某些喜好：文森特对德加是较为敬重的，但他对塞尚则是完全提不起兴趣。

并非只有高更一人觉得文森特难以相处。两年前，文森特搬进提奥在巴黎的公寓后不久，就给提奥招来了麻烦事。提奥的好朋友安德烈·邦格（Andries Bonger）说文森特连一丁点儿的社交礼仪都不懂。"他和任何人都能吵起来，甚至提奥都觉得他难以相处。"邦格精确地描述了文森特的标准话术，他"每次谈到印象派这个话题，就会开始喋喋不休地列举所有与之相关的事情"。高更十分同意这种说法。

提奥后来告诉他的未婚妻乔（Jo），当他在画廊工作了一天后，疲乏地回到家中，文森特会拉着他大谈特谈自己对艺术和艺术市场的看法，在说完自己的想法后，他总会劝提奥尽早离开布索和瓦拉登画廊（Boussod et Valadon，也就是众所周知的古比尔画廊），自己单干。文森特经常会一个人叨叨到深夜；甚至有时提奥都已经上床准备入睡了，文森特还会坐在床旁的椅子上继续喋喋不休。

就这样过了一年，连提奥都不胜其烦，他给维尔写信时说道："曾经我非常喜爱文森特，把他视为挚友。"他接着说：

但一切都结束了。他可能更讨厌我，因为他从不放过任何一个教训我的机会，并且他也清楚地知道我讨厌他。屋子里的氛围压抑到极点了，没有人愿意来看我，因为没人想听文森特一顿说教，而且他太脏了，也从不打扫房间，屋子里现在是一片狼藉。我只是希望他能够离开这里，自己去生活，他也经常打算这样做，但迟迟不见行动，但是如果我和他明说希望他离开，他只会继续住下并接着数落我。

在提奥的眼中，文森特具有双重人格：

他的体内似乎有两个人，一个是不可思议的天才，对待艺术认真细腻，而另一个却自私到极点，对待生活邋里邋遢。这两种人格经常会无缝交换，所以人们会听到他一会儿以这种方式说话，一会儿又以那种方式说话，但无论说话方式如何，他永远想证明自己对某件事物的喜爱和厌恶是完全正确的。他是他自己的敌人，真可怜啊，他给别人的生活带来困扰，也把自己的生活过得一团糟。

　　许多人都深有同感，大家都认为文森特有时可爱，有时可憎。邦格认为，文森特虽然有许多令人抓狂的习惯，但他大部分时间都还算"坦诚、开放、乐于接受新事物，有时还会幽默地开一些腹黑的玩笑"。他向父母介绍文森特，说"文森特心情好的时候，能和人开心融洽地交流，时不时还能蹦出几个笑话和故事，甚至还会模仿别人说话，他有时真可以模仿到精髓"。但是同样视文森特为朋友的伯纳德，也不得不承认文森特"讲话时总会面红耳赤地说个没完，喋喋不休只为证明自己是正确的"。

　　文森特的神经质性格不能忍受分歧。从他和朋友往来的信件中可以看出，越是有人反对他的观点，他的信就越是冗长。他为了缓解被反驳的紧张情绪，曾经在一天内连写两封长信，第二封竟然长达16页。有时，提奥会对这种狂轰滥炸式的信件熟视无睹，而他的沉默则会让文森特变本加厉地唠叨不停。显然，高更深受其害。

　　高更的情绪在此刻爆发，是多重因素作用下的结果。他的作品在巴黎引发了巨大反响，包括德加在内的诸多业界前辈都对他赞不绝口；但同时，他却在偏远的乡下小镇和一个执拗且不注重绘画技法的话痨画家蜗居一室。并且高更和文森特一样，对他人的批评十分敏感。"他很喜欢我的作品，但当我画画的时候，他总是说我这也不对，那也不对。"

　　文森特几天后给提奥写的那封信完美印证了高更的抱怨，他在信中告诉提奥，高更的《围成一圈的布列塔尼女孩》已经收到。这幅画的生意已经谈拢了，但还需稍加修改，因为装裱时发现，其中一个舞者的手臂和画框的组合有些不太和谐。

　　这幅画让文森特第一次看到高更年初在布列塔尼时创作的作品，他对这幅画印象平平。高更在信中告诉提奥，说自己"已经完美地修改完毕了。我十分喜欢这幅画，虽然有点舍不得，但能被卖掉也是很好的"。

　　但文森特认为，这幅画完全被高更在阿尔勒画的佳作的光芒所掩盖了："他即将从这里寄出的两幅画要比那幅好上30倍，我指的是《摘葡萄的女人》（*Women Gathering Grapes*）和《女人和猪》（*Women with the Pigs*）。"文森特觉得高更画技精进的原因是他的消化功能变好了，这是典型的文森特式逻辑，他总认为自己在绘画方面的所有进步都是肠胃健康的结果（反之亦然）。

　　文森特一定当面和他说过这些话，听闻到这样的评论，高更内心五味杂陈。首先，听说文森特赞扬自己画技进步固然是欣喜的；不过，文森特将自己心目中前八个月最好的一幅作品贬得一文不值，这让高更有些郁闷。两个脾气火爆且都性格强势的艺术家如今让黄房子充满了危机，他们都是一点就炸的人，并且在各自的艺术理念方面决不让步，可想而知，两人的关系已经到了剑拔弩张的程度。

　　按理来说，高更才是这个画室的话事人，他更为年长，绘画经验更丰富，并且名气也更大一些。文森特在那封信中也一直在强调："能在像高更一样出色的画家身边，观摩、学习他的画画技巧，这让我受益匪浅。"但实际上他们两人的等级关系十分复杂。

他们都在向对方学习，但又都心存疑惑，怀疑对方的创作手法是否真的行得通。高更在葡萄园图和女人与猪的那两幅画中，都尝试了文森特推荐的黄色系组合的配色思路，并且还尝试了极具文森特特色的颜料厚涂法。文森特对这两幅画尤为赞赏，因为它们色彩浓厚且鲜艳，正如他和提奥所说的：

你马上会收到的两幅作品，都采用了典型的颜料厚涂法，甚至可以看到直接用调色刀上色的痕迹。这些画会使他在布列塔尼画的作品黯然失色——当然我说的并非是那个时期的所有作品，而是一部分。

高更也一直给文森特提出技术上的建议。他最近提出了一种让文森特的作品看上去不那么油腻厚重的方法，高更建议将画浸在水里，然后晾干，就会产生出一种超凡脱俗的哑光质感。

这就是为什么高更在这一个月里，给提奥寄去了一幅又一幅作品，而文森特还没有寄出任何作品的原因。他的房间里"到处都堆着画"，还没晾干，而且离彻底完成还有一段距离，因为等它们晾干后，文森特可能会再添上几笔。

高更成了艺坛冉冉上升的新星，而文森特的心情却跌入了谷底。他开始对自己的作品失去信心，因为他今年早期的作品几乎都是照着眼前之物画出来的，但坚持靠想象作画的高更让文森特暂时相信了自己的作画思路其实漏洞百出。这种心态让他在九月和十月初精心装饰黄房子时的热情消失殆尽了。

此刻，他感到自己还要锻炼数年才能成为像高更一样成熟的画家。文森特其实并不喜欢别人对自己的吹捧，他总是以一种自谦的方式来回应他人的赞扬。他非常喜欢都德小说中的这段话："追求名誉，就像在吸雪茄时，把点燃的那一端强行塞进嘴里。"对于此时的文森特来说，他之前在阿尔勒的八个月里所画的大部分作品只是珍贵的素材，只能为他未来悉心构思的作品提供灵感：

不管是因为高更的劝说还是我自己的醒悟，我已经或多或少地意识到是时候要改变自己的创作习惯了。我开始用记忆作画，此前所有的习作都能让我回想起先前的所见之物。

"不管是因为高更的劝说还是我自己的醒悟"，这样的措辞说明文森特已经开始怀疑高更的创作理念了，即使高更刚刚热情地赞美了自己的《向日葵》。

这种作画理念的冲突让文森特焦躁不安，反过来，这种焦躁又让他开始喋喋不休地阐释自己的观点。提奥在给文森特的一封信中提议他把春日里创作的鲜花盛开的果园系列作品中的一副装裱起来，但文森特却对这个建议耿耿于怀，因为他觉得提奥是想把这幅画给他在布索和瓦拉登画廊的领导欣赏。这个猜想立刻让文森特紧张了起来。

首先，他和提奥的领导之间有过不愉快的经历。毕竟，他也曾是那个公司的一员，他在23岁的第二天，也就是1876年3月31日，被扫地出门，此后为了谋生，他被迫在拉姆斯盖特一所破旧的私立学校过上了寄人篱下、无偿授课的生活。那是他当画家之前职业生涯所遭受的第二场毁灭性打击，所以他都不愿意提起布索和瓦拉登画廊老板们的姓名，只是习惯性地称他们为"那些先生"。

其次，他对自己从阿尔勒寄去的习作并不满意，所以他不想让那些先生再趁机羞辱他一顿，然后退稿。他建议提奥把他看上的画留在巴黎的公寓里，把其他的寄回来，他好细细修改，或者以它们为基础，创作构思更加精良的作品。成功仍未到来，"但是请你务必相信，只要我们能坚持下来，我一定会飞黄腾达。"在这之前，他只想安静地画画。

文森特又继续在这个话题上纠缠了好久，这也从侧面反映出高更每天的生活是如何被文森特的闲言碎语所折磨的，在信的末尾，文森特又言归正传："此致敬礼——我们还需要一些颜料。"然后，他就把信放在一边了，几小时后，或许几天后，他又在信里添了一些零碎新闻和这几天的所见所感，因为前后的语气明显不同：后续的内容洋溢着一种难以抑制的好胜心。文森特的情绪竟然好起来了。

极富创造力的人经常会受到自我怀疑的折磨，但文森特在这种自我怀疑中仍能找到自身强大的创造力。他逐渐有了一种预感：未来他能够比肩任何一位在世艺术家。"如果在40岁前，我的肖像画能像向日葵一样得到高更的称赞，那么我一定会在艺术界占有一席之地，不逊色于任何人，记住，是任何人。所以，坚持吧！"还有五年他就40岁了，而高更现在恰好四十。所以，这段文字其实是在宣称：在不远的将来，他会像他的新朋友兼室友一样出色。

当他请提奥将他的习作寄回阿尔勒时，他强调仅仅把"那些画的不好的"寄回来。他说"有些人""认为我寄去的画太潦草了，我同意他们的看法，所以想好好修改一下"。文森特所说的"有些人"究竟是谁？在提奥公寓里看过文森特作品的画家？德·哈恩和艾萨克森？伯纳德和高更？还是德加、修拉、西涅克？

以前有人指责文森特作画过快的时候，文森特的回应总是在接受批评和为之辩护之间摇摆。之所以接受批评，是因为既然每一个人都认为这是错的，那么它可能的确是一个问题。而他有时也认为下笔神速有一定优点，因为艺术家可以在一瞬间抓住事物的本质，就像他想象中日本艺术家的作画方式一样。但现在，他则有意要挑战他人的批评："幸运的是，我完全知道自己想要什么，并且已经基本上学会无视说我画画太快的指责。我对这种指责的回应方式，就是在前几天用更快的速度画了几幅画。"

或许，正是这种一气呵成的感觉让他恢复了斗志，这几幅画似乎正是他在这封信的停笔期间完成的。可能是出于谦逊，也可能是没有把握，文森特并不准备说这些画有多好。他只是旁敲侧击地谈到了这些画的题材。首先，他提起高更对他的《向日葵》赞美有加；紧接着，他说在未来的五年内，他要画一幅真正值得高更赞赏的画。在这之后，他才带着自嘲的口吻顺便谈到了画的两幅新作：

> 同时，我还想告诉你，我最近的两幅习作别有一番特色。两幅画都是画在30号的画布上，一幅画的是一把黄色的木椅和灯芯草编织的坐垫，背景是红色的地板砖和白天明亮的墙壁。另一幅是高更的扶手椅，但背景是夜间的墙壁和地板，所以背景整体是红绿相间的，座位上还放着两本小说和一支蜡烛。两幅画都是在薄薄的画布上用厚涂法绘制而成。

他没有在电报式的简洁描述中说明第一幅画中的椅子是他自己的。当然，他也不可能知道自己刚刚迅速挥就的这两幅

梵高《梵高的椅子》（*Van Gogh's Chair*）

画，将会成为艺术界最著名的画作之一。但是，他内心一定认为这两幅画有一股魔力，因为它们点燃了自己的斗志。这两幅画威名赫赫，称得上是前无古人，后无来者。

从周三开始，天气转晴，画室里的光线也变得明亮起来。雨虽然已经停了，但天气依旧刺骨，讨厌冬天的人一定不会选择在这种天气外出画画，文森特就是这样的人。他选择继续待在屋子里，开始画一种新题材的静物画：家具。描绘食物是西方艺术史自古希腊以来的恒久题材，正如高更的《南瓜和苹果》，但空空的座位也能入画，却是谁都不曾想过的。然而，文森特从很久以前就开始对椅子情有独钟。

1878年2月，文森特正在阿姆斯特丹苦修古典语言，以达到大学的入学条件，当时他想到大学深造，之后成为一位神职人员，但最后以失败告终，他和来看望他的父亲一起散步良久。这对父子的关系曾经一度十分和谐。在西奥多勒斯牧师离开之后，文森特盯着父亲坐过的椅子看了好久，那把椅子似乎触动了文森特的泪觉神经，他哭得"像个孩子"。

家具是家的一部分——家如鸟巢，他在尼厄嫩的时候就画过很多次鸟巢。文森特一直在寻找像鸟巢一样温馨的家，最终，他找到了黄房子。从另一个角度来说，空椅子也暗示着文森特一直无亲无故的生活，以及他时常感受到的孤独。

历史上曾有位画家尝试过空椅子这个题材。查尔斯·狄更斯（Charles Dickens）于1870年去世后，英国画家卢克·法尔兹（Luke Fildes）画了一幅画，描绘这位小说家曾经的书房。这幅画中房间空旷且寂寥，伟人已逝，屋内的精神和能量也一同消散殆尽了。文森特恰好拥有一幅这幅画的副本，因为一份叫作《图形》（Graphic）的杂志曾刊登过这幅画的影印版。他还试着为提奥再找一份副本，以作珍藏。对他来说，这幅画不仅仅是对他所尊敬的作家的追忆。

1882年，文森特预感到画家法尔兹和与其同时代的老一辈画家即将去世，所以他开始收集这些英国画家的作品："空椅子——现在已经有很多空椅子了，但将来一定会有更多。"或许现在，他就预感到黄房子里很快也会有一把空椅子。在和谐相处了一个月之后，文森特和高更之间关系的裂痕，让他不禁开始思考高更的去留问题。在文森特最新写给提奥的信中，就充满了对这一问题的暗示：

> 我希望我们能一直和高更保持朋友关系，并继续与他做生意。如果他真的能够在热带建立一个画室的话，那就太了不起了。但是，根据我的估算，他所需要的钱比他自己的预算要多得多。

这是他们之间的另一项分歧。高更估计，他攒够2000法郎就可以动身前往马提尼克岛了；但文森特觉得实际开销是高更预算的两倍还不止。文森特的潜台词已经表述得十分清楚：高更所需要的钱越多，他在阿尔勒住的时间就越长。

其实这两把椅子的油画中包含了很多丰富的情感，它们代表着文森特装饰黄房子的理念和情感。尤其是他自己那把带有灯芯草坐垫的椅子，十分低调朴素，就像从修道院里搬出来的一样，而文森特对黄房子的定位就是一座艺术修道院。这把椅子包含了修道院的一切特质：粗犷和质朴。此外，它还代表着一种"天然之物"，就像陶器和蒙蒂切利的绘画一般，他觉得浮躁的巴黎人一定欣赏不出它们古朴的美。

　　与《卧室》一样，这两幅椅子也是文森特写给黄房子的赞美诗，并且如同黄房子一样，它们代表了文森特一直以来的追求。他自己的椅子十分朴素，坐垫都是用廉价的草编织而成的，和车站咖啡馆以及当地餐厅里的椅子没什么不同，竖直的线条和菱形的图案凸显了椅子皮实耐用的特点，就像房子一般结实。画室里蓝色的门和蓝灰色墙壁之上的一抹亮黄色为整幅画奠定了色彩基调，这种颜色搭配是文森特在阿尔勒那年最喜爱的风格之一，因为这与夏日艳阳和麦田的色彩对比一模一样。

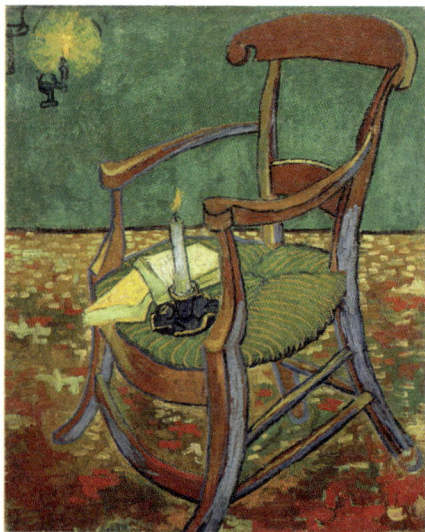

梵高《高更的椅子》（*Gauguin's Chair*）

而《高更的椅子》（*Gauguin's Chair*）则主要是由柔和的弧线构成，红色和绿色是画面的主旋律（如果用音乐来类比画作的话）。它的画面更加柔和、神秘。在描绘文森特椅子的那幅画中，人们能一眼看见堆叠在画室地板上的陶器。而在另一幅椅子画中，地面上只有墙上煤气灯映射下来的光芒。

因此，这两幅画的光线效果形成了鲜明的对比，这两种光影效果正是文森特和高更每天画画时的状态：白天阿尔勒天气晴朗，阳光耀眼；晚上夜空则是一片漆黑，只有画室里的汽灯在闪烁着光芒。文森特和高更每天都要经历这种光线的变化，每一位画家都能体会到光线的不同，因为在自然光下画画和在人造光源下画画是两种截然不同的体验。

这两种光源的不同之处在于它们影响画家对冷暖色调的判断，因为它们照在画布上的入射角和反射角有些许差异。而所有的这些因素都影响着两位艺术家看到的画作效果，左右着他们的眼前景象——对于一个艺术家来说，没有什么东西比视觉更加重要。

最后，文森特还在这两幅画中，用象征的手法展现了他和高更讨论的两种画画方式。他自己的椅子上画了烟斗和烟草。在背景部分，他加入了一箱发芽的洋葱，这或许是他在一月份再次修改这幅画时，觉得自己需要安慰时添加的，象征着文森特想要在新艺术形式中寻找的活力。

高更的椅子上摆着"两本小说"和一支蜡烛，这象征着来自阅读和想象的慰藉和灵感。燃烧的蜡烛不仅是没有汽灯的黄房子二楼的必需品，也象征着书本所提供的精神和智慧之光。

两卷书的封面都是黄色的，这暗示着它们是法国现代小说，很有可能是福楼拜、龚古尔、左拉或是都德所写的。

所以，这两把椅子体现了两种截然不同的绘画方式——第一种是自然的、源于生活的，另一种是来源于想象和记忆的，也就是用头脑作画。第一种方法是文森特本能的绘画技巧，而另一种则是高更提出的创作理念。但实际上，他们都在采用这两种方法画画：它们是黄房子画室中共存的两种方法，如同夜晚与白昼。高更的椅子要稍微舒适一点，这反映了他在画室中的领导地位，来画室的模特通常也是坐在这把椅子上；文森特的椅子方方正正的，虽然简朴，但在画中呈现的效果要更好一些，充满活力和简约之美，让观众觉得伸手就能拿起它，而且它构图简明，也没有什么高深的内涵。

在这两幅以廉价家具为对象的习作中，文森特总结了他和高更在黄房子中讨论过的关于绘画方式的议题，其实他自己在脑海里也思考了良久。从信中来看，画完这两幅画后，文森特感觉自己好受了一些。他兴奋起来了，尽管他每次兴奋都会伴随着危险，但不得不说文森特再次达到了他的最佳状态，这是自从高更叩响黄房子大门之后，文森特的第二波狂喜。在接下来的几周里，他创作出了一连串的杰作，但没有一幅能超越这两把椅子。在黄房子以外的人看来，高更仍是这个画室的引路人。

11月22日周四，高更给巴黎的提奥寄去了他在阿尔勒第一个月的成果。他并没有把所有的画作都寄走，那幅《洗衣妇》还没晾干，他在阿尔勒画的第一幅农田风景画，和落叶纷飞的阿利斯康风景画可能也没有寄走，因为他觉得这些只是练手之作。除了他重新修改过的《围成一圈的布列塔尼女孩》，他共寄走了四幅新作，高更列出了它们的名称：第一幅《夜间咖啡馆》；第二幅《风景》（*Landscape*）或《维纳斯神殿中的美惠三女神》（这是他以阿利斯康为主题所画的第一幅画）；第三幅《猪》，第四幅《悲惨人间》。他特别指出最后的两幅"颇为大胆"。

随这些画作一起寄过去的信用词也十分考究，不过字里行间都透露着高更的得意：他对自己的作品非常满意。高更唯一担心的，不是他画作的质量，而是刚开始使用的黄麻画布的质量。他仍不清楚这种材料的性质，他担心这些画在巴黎被绷紧装裱后，上面的颜料会剥落。为了解决这个问题，他和文森特停止使用新颖的硫酸钡来代替原本使用的胶质基底。高更用精妙的语言向提奥完整地描述了一遍他们发明的作画步骤，解释了这种新的基底材料有何优点。毕竟，提奥每月都要支付300法郎购买高更的画作，而改用黄麻布的则是高更个人的主意，还没和提奥商量过。如果这些画作运抵画廊后，颜料就剥脱了，那可就大事不妙了。

如果用绷布器绷紧画作有困难的话，高更建议把它们浸入水中，待其干燥后再做尝试。他急于知道这些画作运抵之后是否状态完好，因为这四幅从阿尔勒寄过去的画中承载着他的许多希望。

文森特收到了他的朋友尤金·博赫（Eugène Boch）寄来的一封信。博赫是一位比利时画家，他是文森特夏天在阿尔勒时最好的朋友之一。文森特把他与米勒的画像一起挂在自己的卧室里。当博赫在9月4日的清晨离开阿尔勒时，文森特还特意去向他告别，文森特建议他去比利时南部的煤矿产区——博里纳日看一看。

正如文森特所言，那里的一切都与普罗旺斯相反，博里纳日是一座典型的北方工业城市，"阴沉"和"凄凉"是它的代名词，但那里始终在他的内心占据着一席之地。他一直计划着，明年返回到巴黎后，要抽空去那里工作一段时间，然后再回到阿尔勒画几幅画，之后再回到北方煤区，在"夹竹桃盛开的北境和有着耀眼的硫黄色太阳的南方"之间如此往复。他向博赫解释道，在博里纳日可以看到最真实的自然。

这是文森特的亲身所感。1878年，当他放弃考入大学，也放弃日后成为像父亲那样的牧师的梦想之后，文森特启程南下，来到布鲁塞尔。

父母对文森特的职业规划感到绝望，或者说对他作为家中长子在25岁时依旧一事无成而痛心。文森特想找一份不要求学历的低等教职。最终，他获得了去比利时参加福音传道培训的机会，但在为期三个月的课程结束之后，他没有被授予任何职位。为了不再给父亲添麻烦，文森特在博里纳日谋到了一个临时牧师的工作。

此地位于蒙斯市以南、法国边境以北，是欧洲最为残破的地区之一。博里纳日处处萧条的苦难景象让那里的人们提前几十年体验了第一次世界大战的残酷，因为博里纳日凋敝的市容和被大战炮火洗礼后的城市别无二致。

文森特踏入了狄更斯的《艰难时世》（*Hard Times*）和左拉

在《萌芽》（*Germinal*）中所描述的世界。文森特在博里纳日时，左拉正好在写《萌芽》这本小说，背景就设定在更加靠南一点的法国矿区。

文森特暂住在马卡塞矿区旁边，他在信中说："这地方真令人沮丧"：

一眼望去，周围的一切都沉闷枯燥，且四周荒无人烟。煤矿工人的工作环境都很炎热，所以他们大多体格精瘦，面色苍白；时刻带着疲倦、憔悴、久经风霜的面容，看起来比实际年龄要苍老得多。女人们也都无精打采的像枯萎的花朵一般。穷困的煤矿工人们就住在煤矿旁边的小屋，遍地都是被煤烟熏黑的枯叶、荆棘树篱、粪堆、垃圾堆，还有一堆堆煤渣。

但文森特事后以艺术家的视角回顾了在那里的所见所闻，他对博赫说马卡塞煤矿是顶级的创作题材，"垃圾场里那些穿着破布的女孩尤其值得入画"。

他梦想着用画笔记录下眼前的一切：去矿井轮班的矿工们、远处的工厂及其"红色的房顶和直插入灰色天空的黑烟囱"。没有任何画家尝试过这些题材，但它们具有无限的艺术价值："人们应该走下矿井，去画那里的光线效果。"

这些矿井异常危险。冬天，瓦斯在矿井里越积越多，在春夏之际，气温回升，就会有膨胀爆炸的风险，可能会炸死几十个甚至上百个矿工。文森特曾经布道的那个地区在1879年4月16日便发生了一起爆炸事故。爆炸的巨大冲击波沿着矿井冲上地面，摧毁了周围的许多建筑，还炸飞了矿车的轮子。文森特积极参与了灾后救助伤员的活动。

煤矿社区的一些人很感激文森特对他们的帮助，但也有一些人认为文森特是个疯子。他在街区徘徊时，总有孩子们向他扔东西。文森特不光举止古怪，还不具备最为基本的传教技能——在公众面前演讲。鉴于他非常善于在信中与他人展开论战，他不能演讲这一点是大家都想不到的，或许，他喜欢和观众及听众保持一段距离，通过绘画和写作来表达自己的想法。小瓦姆村新教教堂的神父担心他"会失去理智，成为教会的负担"。

因此，教会出于这种考量，没有在六个月的试用期结束后继续留用他，文森特又一次失败了。但他没有离开博里纳日，他的人生在1879年的夏天彻底进入低谷，与此同时他也正式决定从一位准牧师改行成为一名艺术家。他开始全身心投入到艺术里，越画越多；我们甚至不清楚他那段时期是怎么养活自己的。提奥还专程来见了他一面，但两人聊得并不投机。他的父母担心他会一事无成，最终堕落成一个懒汉，他的弟弟妹妹们也很担心他的未来。

家人们让提奥向文森特转达了一些工作建议，但文森特丝毫听不进去，反而暴怒了。提奥认为文森特可以尝试当"一名雕版师，负责刻印付款通知书和名片，或者当一名簿记员或者木匠学徒"。他的妹妹安娜则建议他去做烘焙师。把家人的建议当作耳旁风的文森特开启了一趟艺术朝圣之旅。1880年早春，他去法国北部的库里耶尔拜访画家朱尔斯·布雷东（Jules Breton），文森特那段时间很欣赏布雷东笔下英勇的农民形象。

　　这完全是文森特一拍脑袋就决定了的计划，因为他甚至没有事先核实一下布雷东是否在家，也许布雷东那时在巴黎。但这并不重要，因为文森特一看到布雷东家的高墙，就知道了他是虔诚的"卫理公会教派"教徒，教派之间的隔阂使文森特放弃了原定计划，他甚至没有弄清布雷东是否在家，就踏上了返回的路程。他只用10法郎就徒步走完了85英里（约137千米）的路程，困了就睡在干草堆上，或者结满霜的破旧长椅上，饿了就摆摊作画。这次远足可谓艰苦，但他回家后却异常兴奋，像是受到了某种鼓舞。

　　他开始寻找自己的生活方向。他在艺术和文学领域被压抑的才华、情感和品味如同地下的球茎一般开始生根发芽。这种心灵上的困苦是他举止怪异的原因之一。此刻，他的艺术家生涯正式长出了第一颗绿色的嫩芽。

　　他与父母的关系愈发紧张。在他上一次回家之时，文森特整天都一言不发地抱着狄更斯的小说，只有在被问话时才蹦出几个字，他妈妈回忆说，他有时能给出"正确的"答案，有时会给出一些"莫名其妙的答复"。他后来还给父母送了一张自画像《被抛弃的人》的复印版，这幅以《悲惨世界》为灵感的作品再一次引发了家庭内部的冲突。文森特似乎在借维克多·雨果之口，抱怨他的母亲："不仅支持着罪犯，还不把真正坏的东西称为坏的。如果人们把邪恶的人称为善良的，那么这世界将会变成什么样子？这种行为即便是心怀好意，也不能接受。"文森特永远与他的父母唱反调，不用想，他肯定是故意的。这是一种极其彻底的、或许是迟来的叛逆行为。

1880年晚春，文森特的父亲建议把他送到比利时赫尔（Gheel）的一家著名精神病院去。同时，文森特的父母也在打算带他去看看约翰尼斯·尼古拉斯·拉玛尔（Johannes Nicolas Ramaer）医生，这位医生在海牙广受好评。文森特答应了父母的提议，但在临出门前的最后一刻，他却反悔了。最后，他的父亲只能只身前往海牙，医生告诉他文森特是典型的小脑失调症患者。

梵高牧师绝望地呼喊道："他将来怎么办？在贫困中度过余生？他怎么会蠢到任凭时间流逝，也不去挣钱养活自己？"文森特对把自己送去赫尔的精神病院的提议十分抗拒，据高更说，提奥也不同意这样做。（巧合的是，"赫尔"这个地名的发音与荷兰语中"黄色"的发音相同，黄色是文森特在阿尔勒的夏秋两季最喜欢使用的颜色。他回望自己的一生时，觉得生命中始终漂浮着"黄色的高音音符"。）

把文森特送去赫尔的计划只能作罢，文森特得以在比利时继续学习绘画技巧。那年七月，他的宗教信仰已经转化为艺术信仰了。他在给提奥的信中写道："我认为，人类和他们在劳动中创造的真正善良且美丽的成果，包括人们内心崇高的精神，都来自于上帝。"他继续写道，如果"某人喜爱伦勃朗，并且爱得深沉"——实际上这个"某人"就是"他自己"，文森特非常喜爱伦勃朗的画，"那么他将会发现，上帝就在伦勃朗的作品里。"

来年1881年年末，也就是他正疯狂爱慕着凯·沃斯-斯特里克的时候，他在与父亲的一次争吵中又谈到了信仰问题：

　　我脾气冲动易怒，我不记得曾经是否告诉过您，但我现在要向爸爸坦白：我认为宗教信仰太可怕了，而且我最虔诚地研习教义的那段日子恰恰也是我一生中最痛苦的时光，我再也不想与它有任何瓜葛了，我要远离宗教，因为它会使人不幸。

　　父亲给他灌输的基督教信仰就这样转变成了对艺术的信仰。

　　很可能，文森特是在收到博赫最近寄来的信后，才向高更讲述了他在博里纳日度过的那段岁月，包括他父亲想要将他送去赫尔精神病院的计划，以及矿上的那次爆炸。高更把听过的故事都记了下来，在心中反复揣摩其中暗含的线索，最终将这些故事总结为一种充满诗意的寓言，仿佛用文字为文森特画了一幅肖像。

　　高更收到了一封提奥转寄来的信函，他读后欣喜若狂。写信的人叫作奥克塔夫·莫斯（Octave Maus），是一位比利时律师、批评家和作家，他于五年前和一群朋友创立了"二十人社"（Les XX）。"二十人社"的性质与巴黎的印象派和独立艺术类似，都是为了反对沙龙艺术而创建的。从1884年起，他们每年都在布鲁塞尔邀请具有独到艺术眼光的比利时画家参加展览，当然，展览的大门也向杰出的外国艺术家敞开。

　　惠斯勒（Whistler）、莫奈、塞尚和修拉都收到过参展邀请，年轻的点彩派画家西涅克也收到过。而高更的这封邀请函却姗姗来迟，但是这份邀请函就如同德加要买他的画的喜讯一样，让高更兴奋不已，这标志着他终于被艺术圈接受了。

　　他得意扬扬地写信告诉他的朋友舒芬尼克尔。可怜的老舒芬前段时间希望能够参与《独立评论》举办的展览，却被断然拒绝。所以，高更在欢快的信件中也夹杂着对他的怜悯，并感谢他寄来之前自己点名需要的陶器、床单和德加的版画。

高更想听听舒芬对他新作的看法，尤其是那两幅他觉得最为成功的画——《猪》和《悲惨人间》。高更请他得闲的时候去提奥的画廊看一看，并把宝贵的意见寄到阿尔勒。他明白自己在尝试一种新艺术——"在粗糙的画布上涂上差异细微的色彩，追求画面宽阔无垠的感觉"。他认为这种形式有些过于激进，所以他也不知道这些作品能收获怎样的反响。高更仿佛在一辆奔驰的火车上，过往的生活就像窗外的风景般转瞬即逝，"我就像火车司机，一边期待快点到站，一边祈祷火车不要脱轨……"

他接着描述了自己光明的未来，目前的成就仅仅是个开始。高更感觉自己有着强大的艺术创造力和积极的心态，不过他又强调，自己可能并不会大富大贵。他想冲进未来的艺术世界，给人们来一记"偷袭"。"我感觉自身还有无限的潜能，我可以骄傲地说：敬请期待！"他在这份情绪高涨的信函末尾的落款处写道，"一个爱你的疯子，P. Go"。

以前高更只会偶尔使用这个落款，不过现在越来越频繁了。这个签名其实是一个上不了台面的双关语，在法语中，"P. Go"与"pego"发音类似，在海军的俚语里是阴茎的意思，所以，他其实是在落款处签下了"阳具"。

高更前脚刚收到"二十人社"邀请他去布鲁塞尔参展的信函，后脚就又收到《独立评论》的爱德华·迪雅尔丹寄来的另一份展览邀约，《独立评论》邀请高更参加的展览正是之前文森特受邀参加的那个。这是复仇的绝佳机会，他决定把敌人玩弄于掌股之间！

高更并不是个记名字的好手，但他绝对忘不了费利克斯·费内翁这个名字，费内翁一年前在那份刊物中的评论更是让高更记忆犹新，他被评论为"性格乖张"。然而，费内翁实际上非常欣赏高更的作品，而且这次展览邀请高更很有可能是他建议的。

哪怕高更猜到了这一点，他也会选择先出一口恶气。他立刻就给迪雅尔丹酝酿了一封充满讽刺意味的回绝信。他就是想要让对方难堪，他写道，能有幸收到他们这次的邀请，他不胜惶恐。他的艺术功底和点彩派画家的艺术成就相比简直不值一提，他的作品"既不清晰也不明亮"——他这是在引用费内翁评论中的用词。因此，他决定拒绝所有"机构组织的宣传活动"。

与之形成鲜明对比的是，高更给奥克塔夫·莫斯的回信十分简洁，且毕恭毕敬。他表示愿意接受邀请，因为莫斯所在的组织没有冒犯过他，并且这个展览在业内也广受好评。然后，他又开心地给舒芬尼克尔写了一封信，兴奋过头的高更甚至忘记了他在前一封信中已经说过自己接到"二十人社"展览邀请的消息了。他还誊抄了一遍寄给《独立评论》的回绝信，附在给舒芬尼克尔的信中一起寄走了。

"我想看看那些先生们读到此信时的表情，"高更幸灾乐祸地写道，他还在不经意间提起了他经受过的挖苦和讽刺。"他们曾经在报纸上说我是个'性格乖张'的画家，这次我非要让他们看看什么才叫性格乖张。"

　　此刻，随着高更的艺术生涯正式步入快车道，他开始想起自己生命中最重要的两位女性：他的姐姐和他的妻子。高更希望她们能理解他最初的选择是正确的。

　　高更说："我不知道我成功的消息，有没有传到我那迷人的姐姐的耳朵里。"他很久以前就和姐姐玛丽·高更（Marie Gauguin）失去联系了，他觉得玛丽现在可能在秘鲁，靠着特里斯塔尼·莫斯科索（Tristány Moscoso）家族的势力过着粗茶淡饭的日子。但实际上，可怜的玛丽其实在德国，做着缝补衣服的活计勉强度日——高更的母亲也曾沦落到这个地步，在当时，缝衣女工的社会地位只比妓女高一点。

　　高更还热切地希望另一个人也能听到他成功的消息，这个人当然是他在丹麦的妻子梅特。虽然他们已经分居，但他和梅特仍旧没有彻底分开，可能是因为高更深爱着孩子们，尤其是女儿艾琳（Aline）。他和梅特依旧保持着书信往来，字里行间都是互相指责的唇枪舌剑，但就算是这种让人大动肝火的书信，高更也很久没有收到了。其实，高更非常想和家人再度团圆，唯一的前提是梅特承认他之前的决定是明智的。"我妻子至今仍然杳无音讯，"他向舒芬尼克尔抱怨道：

　　整整三个月了，她没给我写过一个字。而我只要一收到梵高给我的生活费，就会立刻给她寄过去。如我所想，如果某天我能靠画画让家人们过上好日子，他们才会勉强承认我或许是对的。但这又能怎么样呢？我现在找到了其他的快乐源泉，我把一腔热情都献给了艺术。

他信中最后的这句话，其实是在回应文森特。文森特觉得一名艺术家应该沉迷于视觉体验中，而不应纵情于声色犬马。"我们画家，"他向伯纳德写道，"只能通过眼睛获得高潮。"这是修道式艺术生活的要求，在放弃肉欲和做爱的快感后，会获得一种美学上的补偿："任何有形的至美之物都能以无形的方式表现出来，欣赏美好事物的本质就如同做爱一样，都是在刹那的欢愉中体会永恒的美。"

高更早就对此深有体会。1894年，他在巴黎一个画室的窗户上写下了"我们在这里做爱"（Ici Faruru）。在遥远的马克萨斯群岛上，高更在他人生最后居所的门上刻下了"Maison du Jouir"，意思是"愉悦之屋"，也意味着"高潮之屋"。

高更在来到阿尔勒之前，他的性生活经历并不丰富。没人知道他年轻时的水手生涯中有过几段情史；但多年以后，他吹嘘自己17岁时，在首航中就和一位里约热内卢的歌剧演员有过一段罗曼史，不过这种故事一般都是三分实七分虚。19世纪70年代末至80年代初，虽然他和梅特经常拌嘴，但高更完全可称得上是忠诚的丈夫和尽责的父亲。

即使他后来从哥本哈根离家出走之后，仍然保持着君子般的品行。有传言说他与舒芬尼克尔的妻子路易丝（Louise）有染，但是在布列塔尼，苏格兰艺术家阿奇博尔德·哈特里克（Archibald Hartrick）说高更当时的口头禅是"远离女人"。他还十分鄙视其他人的出轨行径，有一位胖画家和一位更加富态的女人保持着情人关系，高更就讽刺她是胖画家的"泔水桶"。

然而，高更一说起去妓院就来劲了。他这样做其实是受到文森特对黄房子生活规划的影响，与做饭和自制画布一样。文森特在给伯纳德的信中就列出了他的三项规划——做饭、画画、嫖娼，而高更还在布列塔尼的时候就读过这封信件。

从某种角度而言，按照文森特的规划，这三项活动是家庭预算的主要部分。他还认为与女人纠缠和绘画其实是相互冲突的，因为这两项活动都很耗费精力：所以，他提倡去妓院，这样可以直奔主题，把在女人身上花费的精力尽可能地省下来，用在艺术创作上。"当然，性事过于频繁也不好，"他以荷兰式的直白话语告诫伯纳德。"否则，你的作品会失去神韵。"他还以知名艺术家的私生活为例：

如果想要成为优秀的男画家，那就必须控制自己，不要把时间都浪费在床上。满足自己基本的生理需求之后，最好像修道士和士兵那样保持禁欲的生活习惯。荷兰人有享受平静生活，并节制性欲的传统。

高更给舒芬尼克尔也提了相似的建议："保持健康的做爱习惯，男人应该好好调节性欲，不让它影响你的生活。"高更有个提高作品产量的秘诀——"保持平静，好好吃饭，好好做爱，同时也要好好工作，这样死也能瞑目了"——这秘诀和文森特给伯纳德的建议如出一辙。

文森特有时会过分强调节制性欲，甚至主张彻底放弃性欲。他和高更都崇拜的德拉克洛瓦，"很少做爱，并且也基本没有风流情事，所以他有充足的时间画画"。德加也摆脱了性

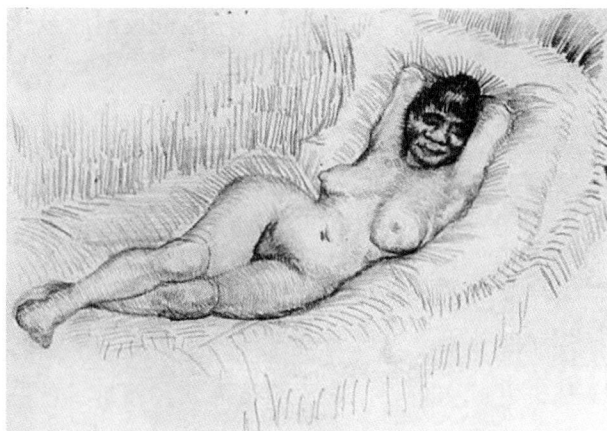

梵高《斜倚的裸体》手绘（*Reclining Nude*），1887

的羁绊，所以他的作品"尽显超然的阳刚之气"。

然而，也有一些精力旺盛的画家并不遵守这种禁欲式规则，过着浪荡的生活。"鲁本斯（Rubens）！啊，那个帅气的人！他的床上功夫可是一绝，库尔贝（Courbet）也是。他们健硕的体魄能支持他们每天吃喝嫖赌……"高更可能也有这样强健的体魄。

毕竟，他已经有五个孩子了。"他比我们强壮得多，"文森特告诉提奥，"所以他一定比我们更有激情。"但是，文森特、提奥和伯纳德则断不可能夜夜笙歌，因为这三个人的健康状况相当堪忧，特别是他们血液流通不畅。按文森特的说法，"专业的皮条客和不用脑力劳动的傻子"才是性爱高手。

文森特的这些言论其实是在守护一个秘密——那年夏天，文森特说自己由于过于劳累，几乎阳痿了（尽管他好久没有高强度工作过了）。文森特是否对于高更在妓院里颠鸾倒凤也有一丝嫉妒和不满呢？我们不得而知，不过他反对纵欲过度的决心倒是一直没变。

文森特认为高更在安排家庭财政方面有些问题，他给"保健支出"预留的经费额度太高了：

> 我对于财务问题总是漠不关心，因为我脑子里只有作画这一个目标，而且他在管理日常开支这件事上远比我有天赋。但他的缺点是，有时会精虫上脑，兽性大发，然后就把一切计划都打乱了。

所以，似乎还有一种难以明说的因素让两位画家的关系变得更加紧张。

文森特除了秉持着他的节制性欲保存能量学说，还对妓女的境遇十分同情，所以文森特并不歧视她们。她们也是不适应社会的人，就像他自己一样，都是"被社会放逐的"天涯沦落人。他经常向伯纳德讲，妓女们"当然是我们的朋友，也是我们的姐妹"。

高更也同意这一点。在他生命的尾声，他写了一篇文章，题目是《反对婚姻》（*Against Marriage*），他在文中宣告"'女人'毕竟是我们的母亲、女儿、姐妹，她们有权利赚钱养活自己。"在高更看来，一个女人面对着三种选择：找人结婚，紧守童贞，或成为"远近闻名的失足妇女"。如若被迫选择第三种情况，她将"陷入无底的深渊，被圈禁起来永世不得超生"——布特街上的那些女人们就是典型的例子。

他曾竭力维护他的婚姻，但事实证明他的婚姻与他想成为一个画家的梦想不可兼得；凯·沃斯-斯特里克的哥哥曾告诉文森特，金钱是求婚的前提。两位画家在情路上的挫折并非特例，当时许多作家和艺术家——所谓的波西米亚人——都难以维持稳定的男女关系。有些人享受这种不规律的生活，而另一些则并非如此。

高更还对婚姻制度提出过独到的见解：

婚姻实际无异于一场交易，但它却是唯一被道德和大众接受的性行为前提，结果就是所有不愿结婚或不能结婚的人就永远无法兼获道德与性爱。从没有人讨论过做爱的核心——爱。

虽然妓院和妓女只是高更生活中可有可无的一部分，但对于文森特来说，她们却是不可或缺的。文森特也面临着同样的选择，要么娶妻生子，回归幸福的家庭生活；要么就把生命献给艺术。画家的生活其实与牧师和修道士的生活类似，唯一不同的是每隔几周，画家会去妓院宣泄一下，但二者的本质都是追求规律且平静的生活。

文森特显然在这个艰难的抉择中选择了艺术，这合理地解释了为什么他现在还是孤家寡人，但文森特依旧渴望和他那从未有过的妻子和孩子过上美满的家庭生活。在接下来的这一周里，他将把这种愿景注入他的作品里：他准备画一组家庭画像。

色彩乐师

11月23日—12月4日

　　临近周末，两位画家一同外出欣赏灿烂的夕阳。那天应该是11月23日周五，天朗气清，凉风徐来，他们就这样吹着小风，沿着蒙马儒大街向阿尔勒皮耶山走去，他们已经对这条路线驾轻就熟了。两位画家抬头望向漫天夜色，确信冬天已经悄然而至，因为还没到05:10，太阳就已经完全沉入地平线了。

　　文森特又向提奥描述了那天的日落："昨天傍晚的夕阳美极了，它呈现出一种神秘的、病态的香橼色。普鲁士蓝的柏树映衬着枯叶满枝的杂树，色彩各异，但唯独没有一丁点的亮绿色。"面对如此美景，两位画家再一次有了创作的冲动。

　　后来，文森特在回望这段岁月时，总会略带悲怆地想起与高更闲逛的那些夜晚。18个月后，在他即将离开普罗旺斯之时，他凭借记忆画了一幅画，画中夜色渐浓，月明星稀，二人从容地走在路上，旁边赫然耸立着一颗柏树，远处还有一缕灯光从小屋的窗户里透出。

　　25号周日下午，爱乐乐团（Société Philharmonique）在

梵高《有柏树和星星的小路》信中速写（*Road with Cypress and Star*）

阿尔勒另一端的大型公园中，上演了一场户外音乐会。他们演奏的第三首曲子是瓦格纳（Wagner）的歌剧《唐怀瑟》（*Tannhäuser*）中的进行曲。虽然文森特对于瓦格纳有着浓厚的兴趣，但那天格外寒冷，再加上文森特和高更都忙得不可开交，所以最后也未能成行。

　　他和提奥在巴黎听过几场德国作曲家的专场音乐会，这是文森特为数不多的正常爱好。虽然瓦格纳已于五年前在威尼斯去世了，但他的音乐却一直是人们讨论的焦点，大家对其褒贬不一。艺术圈还掀起了一场瓦格纳主义（Wagnerism）风潮，影响力遍及音乐界、文学界、绘画界，文森特在夏天还专门读了卡米尔·贝努瓦（Camille Benoit）写的这位伟大作曲家的生平简介。

　　当读到瓦格纳将音乐比作宗教的大胆言论时，文森特被深深震撼到了，因为这段文字读起来像是一部宗教作品，但内容却是在亵渎神明：

　　我信仰上帝、莫扎特和贝多芬；我尊敬他们的门徒和使徒。我相信灵魂是圣洁的，而且艺术真理是任何人都不可改动的。我相信艺术来源于上帝，每个人心中都有一盏热爱艺术的天堂之光。

　　瓦格纳将自己视为音乐领域的施洗约翰，并预言道，未来将有天才降生，创造出属于未来的艺术。文森特觉得自己的绘画就属于这种艺术形式。他预感未来在艺术领域也会有一位巨擘出现，可以称他为美术界的瓦格纳。他会将不同色彩混合成新的美妙搭配，并抚慰世人受伤的心灵，在灵魂深处不断提醒大家："那一天终将会到来。"

　　音乐与绘画之间的关系早已超越了传统的类比，许多艺术家和作家都相信二者之间有着深层互通的真理。实际上，他们还进一步指出，人类所有的感官都在某种和谐的频率上实现了互融。诗人波德莱尔曾写下"味觉、视觉和听觉都彼此交织"的诗句。文森特所敬仰的作家于斯曼认为，欣赏音乐的听觉和味觉之间存在联觉效应。他在小说《逆天》（*Against Nature*）中，描述了很多美酒的口感，他认为每一种酒"都有一种与之对应的乐器声"，例如干杜松子酒，就像"单簧管那穿透力极强的天鹅绒般柔软的声音"。

　　文森特在尼厄嫩短住时，就发现了色彩的内在规律，认为它们的美感"非言语所能表达"。大约同时，他也欣喜地意识到绘画与瓦格纳的音乐之间有着某种内在联系，于是他火速前往埃因霍温的圣凯瑟琳教堂，向管风琴教师范德桑登

（Vandersanden）请教相关乐理。但教学过程似乎不太顺利，因为文森特总是天马行空地将各种和弦比作普鲁士蓝或是镉黄色，这种疯魔般的类比让管风琴师一头雾水。

用一种感官体会到另一种感官接收到的刺激信号，这种感觉的学名叫作通感。许多长期饱受精神疾病折磨的病患都有这种体会，当然，注射迷幻剂追求刺激的瘾君子也经常有通感的体会。如若仅凭文森特常有通感的体验就断定他是个疯子，那么恐怕许多艺术家、音乐家也会被扣上疯子的帽子。高更也坦言，当他凝神欣赏德拉克洛瓦的画时，他会有"一种阅读文字的体验感"；当聆听贝多芬的四重奏时，"我带着色彩斑斓的图像离开大厅，这些画面在我的灵魂深处震动。"

高更称赞塞尚仿佛是管风琴家塞萨尔·弗兰克（César Franck）的学生："他绘画的过程就像是在演奏管风琴。"他的作品不仅有色彩丰富多变的画面美，还有音符跃动的韵律美。

骑自行车是阿尔勒当下最时兴的运动，而且双轮自行车比三轮车更受欢迎。这座小城甚至有一家自行车专卖店——是法布尔（Fabre）在大克拉街开的 ——阿尔勒居民可以在这购买或短租自行车，还可以免费学习怎么操纵它，甚至还有人筹划成立自行车俱乐部。

同时，巴黎也在以日新月异的速度迈向现代化。提奥每天从蒙马特的公寓眺望远处的巴黎市区时，发现埃菲尔铁塔每天都会长高一点。铁塔是为了迎接1889年巴黎世博会所建，预计不日就会完工。提奥激动地向梵高家族的老幺科尼利厄斯（Cornelius）描述了铁塔这个未来风十足的建筑。

　　早先，文森特曾打算从阿尔勒画室中挑选50幅精品送到世博会参展，其实高更的作品已经被选中参展了。高更亲眼看到埃菲尔铁塔的壮观结构时，他仿佛看见了未来，高更称赞铁塔是"哥特式建筑与钢铁蕾丝花纹的完美结合"。他断言："此次展览将会是钢铁的胜利，机器和建筑都是钢铁的完美产物。"这让人不禁想问，艺术如何才能跟上这股时代的洪流呢？

　　当然，高更与文森特都以创作这样属于未来的艺术作品为目标。卡莱尔在《旧衣新裁》中就描写了未来艺术精彩的形成过程：陈旧的信仰和思想逐渐开始土崩瓦解，同时"构建新世界所用的有机元素也在慢慢成形"。而这恰恰是此时黄房子里正在发生的事：新的艺术形象、新的视角在一片虚空之中孕育。

　　此刻，文森特准备重拾脑海中"播种者"的创作思路，想要"种出"一个新世界。新《播种者》的立意源于耶稣的一个寓言。播种者在田间撒种，一些种子被鸟吃掉了；一些种子落在了贫瘠的土地上；但也有一些落在了肥沃的土地上，并且"开花结果，有的结出了百倍的果子，有的结出了60倍，有的结出了30倍。"

　　文森特在思想深处一直渴望转型，无论是艺术风格，还是自己的性格。这想法像种子一样埋藏在他心中。一年前，他在给妹妹维尔的信中就有过这样的比喻："大自然的鲜花并非都能等到花期，它们会被践踏、冻伤或灼伤，同理，并不是每一粒播种下的玉米都能发芽结果。"人何尝不像一粒玉米：

每个健康的人都像玉米一样，有"发芽"的天性。我们拼命过好生活就像玉米努力生根发芽；爱之于我们，就如同生长力之于谷物。

有些人、有些想法，就落在了肥沃的土地上；文森特却永远不知道自己的作品究竟是落到了荒地还是良田之上。

关于发芽的隐喻对于文森特来说意义重大，可能是由于他自己的人生就像种子一样还未开花结果，他从艺术商人转型成为牧师、画家，前途仍旧未卜。他希望可以按下生命的重启键，脱离此生的苦海，文森特觉得今生的折磨超越了像他这样的凡人的忍受极限。所以他选择投身艺术，借此想象未来世界的样子，而新的《播种者》就是他重生的标志。

文森特在荷兰生活的那几年就一次又一次地描摹播种者的形象。即便他的所有作品都是以现实生活中的农民形象为原型创作的，但这些在犁过的地上播撒种子的播种者似乎都有共同的影子：让-弗朗索瓦·米勒（Jean-François Millet）于1850年画的《播种者》。米勒画中的播种者像英雄一般行走在深色的土地上，一缕炫目的光晕闪烁在远处的地平线上。

文森特在6月描绘丰收图景时，又重燃了绘制播种者的想法。他在给伯纳德的信说道："播种者和玉米丛在我眼中就是永恒的象征"。（他又接着说，头顶星光闪烁的天空在他眼中也是一种象征，他梦想着某天能画下壮丽的星空。）

文森特认为，他唯一能给米勒的杰作锦上添花的方式，就是他自己新颖的、夸张的、强烈的色彩理解：他坚信色彩这种视觉语言像音乐一样，能够与心灵交流。他解释说："米勒播种者的主色调是缺乏生机的灰色。"现在，他向自己发起挑战，能用反差强烈的色彩绘制《播种者》吗？比如黄色和紫色？这可行吗？能还是不能？"好吧，那就放手一搏吧。"文森特选择应战，拿起了画笔。

　　他先为《播种者》画了速写，希望以此为基础在画布上完成一幅真正的杰作。"主啊，我一直以来的梦想就要成真了。但我一直在问自己，到底有没有足够的勇气来完成它。"这场艰难的思想斗争把文森特整天折磨得像"梦游者"一样无精打采。他先在田野上取景，然后在黄房子的画室中继续精修，他调整了人物形象，重构了色彩搭配，一遍一遍地修改，直到满意为止。

　　最终呈现的《播种者》更像是一种幻象，而非日常的风景。背景是一轮光芒万丈的金色太阳，填满了整个天空；前景是一片紫色和橘黄色相间的田地，在阳光的映衬下，紫色的播种者在刚犁过的土地上洒下粒粒种子。虽然他身后的黑色鸟儿在啄食地上的种子，但并不影响未来这片土地上会长出成百上千倍的粮食。

　　虽然文森特那年在这幅画上倾注了许多心血，但他仍然认为这幅画极其失败（即便如此，他也无暇销毁这幅画，因为他在七月还在推进一项极具挑战性的巨作，这幅题为《客西马尼园中的基督》（*Christ in the Garden of Gethsemane*）的大型画作直到早秋时节也尚未完工。）所以，他迫不及待地想重新绘制一幅更加成功的《播种者》，这个想法使他热血沸腾。

梵高《播种者》

　　这段时间他和高更一起看过的夕阳，还有他从高更那里学到的作画技巧，都为他提供了一种崭新的思路。夏天的《播种者》中充满了希望——黄色和紫色就是希望的象征，但画中的人物却是走在不近不远的中景处，位置十分尴尬。因此就构图来说，它缺乏力度——这或许就是文森特不喜欢这幅作品的原因。

　　文森特这次的新作品比他先前的那幅更具表现张力。一个播种者走在离我们很近的位置：黑色的人物仿佛圆日下的剪影。他旁边的大树枯黄稀疏，像对角线一般斜穿过整幅画面。（日本艺术家歌川广重的版画中也有一棵类似的树，文森特去年曾临摹过那幅版画。）

　　这幅画的天色比6月那幅《播种者》更加朦胧，画中的太阳并非朝阳，而是正在消逝的夕阳。一轮巨大的太阳缓缓沉入地

梵高《播种者》信中速写

平线，天空则是壮观的黄绿色——正如文森特所述——仅有几朵粉红的云彩。

文森特在这幅画中，充分借鉴了高更的构图习惯。高更喜欢让人物离观众近一些，此外，在他早秋时所作的杰作《布道后的幻象》中，也恰有一棵树扭曲着穿过画面的类似构图。高更喜欢用对角线将作品一分为二，《洗衣妇》的构图亦是如此，画面中的堤岸从左下角延伸到了右上角。

文森特夏天的《播种者》以喜悦为基调；而这一幅却略显忧郁，有一种晚秋入冬的悲凉感。土地日渐荒凉，光线日渐黯淡，但希望并未消失，因为播撒的种子终会发芽。

文森特对这一幅新的《播种者》非常满意，所以他即刻又在一块更小的黄麻布上复制了一幅，在这幅小型《播种者》中，人物形象显得更大、更靠近观众，且太阳更加低沉。此后，文森特在播种者这个题材上正式封笔，因为他已经彻底满意了。

在高更描绘的夕阳之景中，黄色天空下立着几棵蓝紫色的树干。两个小小的人像藏在一棵树后，那是一对背靠背的男女，其中的女士身着阿尔勒传统服装。高更次年在展览这幅《蓝色的树》（*Blue Trees*）时，在标题中加了一句台词："将轮到你了，亲爱的。"这到底是一句古老的死亡预言，还是一个许诺，抑或威胁？正如高更一贯的风格，这幅画的立意也是模棱两可的。近乎病态的黄色天空和即将降临的苍茫夜色，为这幅画平添一丝危险的气息。

提奥又给他们寄了一封信，并一如往常，在信中夹了一张百元法郎。文森特在回信中表示谢意后，就立马开始讨论起他脑子中一直思索的问题——高更启程去马提尼克岛需要多少资金。金融家文森特——提奥曾用这样的称呼嘲笑他的理财能力——觉得他需要5000法郎。这意味着，哪怕高更每个月都能卖出几幅画，并且存下所有的钱，他还得继续在阿尔勒待上一年左右。高更自己觉得2000法郎就够了，如果一切顺利，他很快就可以出发了。

文森特不想那样，他希望高更能够至少再住12个月，然后找到"另一个人或者另一些人一起走，在那里成立热带画室，永远待在那里"，或许他也在暗自打算和高更同行。无论如何，一年时间非常漫长，"在那之前，生活将会像桥下流过的河水一样一切照旧。"

文森特还特意声明："我对于高更（的画作）持续大卖甚为满意。"但他是否出于真心却让人怀疑，因为如果高更作品的销路受阻，那么文森特的希望就能实现。但事实显然让文森特开始焦虑地叨叨了，所以，高更的耳朵一定已经被5000法郎这个数字磨出茧子了。

提奥在巴黎不再是孤身一人了，这则消息缓解了一丝文森特的忧虑感，他再度高兴了起来：

你无法想象当我听到有画家们伴你左右的消息时有多开心，你终于不用孤独地一个人住在公寓里了，这种心情就像有高更在黄房子陪着我一般。

文森特之前对艾萨克森与德·哈恩不屑一顾，但此刻却认为他们是追寻艺术的朝圣者，走过他来时的路。巧合的是，德·哈恩——虽然文森特可能并不知情——和文森特在许多方面都惊人地相似。他只比文森特大一岁，也是个红头发的矮个子，而且体弱多病，喜欢英语文学，更夸张的是他也和在财务上支持他的阿姆斯特丹中产家庭反目成仇。

这条平行线一直延伸到未来：德·哈恩后来成了高更的朋友，一起在布列塔尼布置他们的住处，他也计划和高更一起去热带建立画室。听说这个疯狂的计划后，他的家人威胁要切断给予他的资助，让他回到荷兰，也有传言说真实原因是他与一位布列塔尼女房东有了一段不伦之恋。最终，他在荷兰郁郁而终。德·哈恩就像是文森特的"分身"，但二人从未谋面。

德·哈恩寄来的作品让文森特深受触动。他仿佛看到了另一个追随荷兰17世纪大师——尤其是伦勃朗——的画家，试图在印象派中掀起一场色彩革命。其实艾萨克森也是如此。

　　文森特想知道，他们是否读过他最喜爱的两部研究色彩的作品，一部是西尔韦斯特（Silvestre）记叙德拉克洛瓦生平的书，另一部是查尔斯·勃朗（Charles Blanc）的《绘画艺术的法则》（*Grammaire des arts du dessin*）。"如果他们没读过，请一定让他们读一读。"文森特的这番建议是想点拨艾萨克森与德·哈恩尽快掌握阴影与色彩的语言。

　　四年前，虽然文森特作品的观众寥寥，但刚刚步入画坛两年的他，就已经练就了几乎举世无双的素描技艺。他开始在色彩方面寻求突破，然后，他发现了一张描绘神奇色彩世界的地图。1867年，伦勃朗在《绘画艺术的法则》中，用一张简洁的六角星图表将复杂的色彩王国展现得一览无遗。这本书是法国理性分析的巅峰之作。星星的六个角分别代表了红、黄、蓝三原色以及它们的三种混合色：橙色、绿色和紫色。

　　三种混合色被分别置于相关的三原色之间，例如，橙色就在黄色和红色之间。每一种三原色对角位置的颜色就是它的补色即另外两种原色混合而成的色彩。伦勃朗还细心地用虚线将原色和对应的补色连了起来，也就是说黄色和补色紫色相连，红色与补色绿色相连，蓝色与补色橙色相连。

　　这个色彩体系简洁有序——当然，所有画家都知道真实的色彩世界远比这复杂得多。画布上存在着无数种可能的颜色搭配，就像世界上有着无限种可能的音符排列一般。但是，这个六角星就像是音阶，以此为基础能够谱写出多段美妙的和弦。

　　这个六角星还引申出了关于同时对比（Simultaneous Contrast）的讨论：如果一种颜色周围的颜色或色调不同，那么该颜色本身的色觉效果也会不同，甚至色块大小与色觉也有关系。高更经常模仿塞尚，"操着一口法国南方的口音说：'一公斤绿色颜料比半公斤绿色颜料更绿。'"。每个人听后都会嘲笑他，说："他疯了。"但是，高更却说这并非是塞尚胡诌的："因为你的画布比大自然小，所以必须要用更绿的颜料才能达到相同的效果。这就是错觉中隐含的真相。"

曾有一次，正在给妹妹维尔写信的文森特突然停笔，转而为一片红色、橘色和黄色相间的天空添了几笔。他在写信时，突然感觉这三种颜色的搭配有些古怪。"然后，我蘸取了一点调色盘上现有的颜料，混合出一种稍显暗淡的白色，其实将白色、绿色和一点洋红相混合就可以得到这种色彩。我在天空中点缀了几笔这种带点绿色的颜色。"看呀！这幅画和谐多了。他非常喜欢做这种色彩实验。

在世的画家中，很少有人像文森特和高更那样在乎颜色。高更回忆说："我喜欢红色。在哪里可以找到一种完美的朱红色呢？"文森特曾无意间将黄色的笔刷触到了白色的墙上，墙当即就显出一种紫色：这就是同时对比的效果。

高更后来说，在颜色方面，他是老师，而文森特是学生。"我在阿尔勒的时候，文森特还没找到自我，而我比他年长得多，早已成熟了。"他认为自己到达阿尔勒后，文森特就取得了"令人诧异的进步"——"我负责教导他，这并不难，因为他就像一片肥沃富饶的土地，无须过度栽培就可长出庄稼"。

据高更所言："每一天，他都对我感激万分。"文森特确实有可能因为他提供的建议和思路而感谢他，但是高更却记不清这些建议和思路具体是什么了。回忆往昔，高更说文森特当时正在苦心钻研修拉的点彩画法，高更觉得"点彩技法与他（文森特）的秉性不符，文森特是一个没有耐心且特立独行的人"。在高更的指点下，文森特开辟了黄色叠加黄色的思路，画出了令高更赞叹的《向日葵》。

这完全是无稽之谈，因为文森特早在8月就已经画出了《向日葵》，而高更一个月后才登上前往阿尔勒的火车。

文森特1886年到了巴黎之后，就见识了光华璀璨的印象派色彩。在巴黎的两年里，他探索出了为他自然脱俗的荷兰速写添加奇异瑰丽色彩的方法。当时，他执着地认为色彩是一种"象征的语言"，能让心灵之间互相沟通——"我总是希望能在色彩中找到沟通的方式，比如用两种互补色来描述恋人之间的关系，既互相依赖又各自独立的，一抹色彩有时能胜过千言万语。"他打算"用闪烁的星光表达希望，用落日的余晖表达灵魂的热忱"。

文森特的计划存在一个根本的问题，没有这样的色彩语言。文森特想利用红色、蓝色、黄色或者它们的无数种混合色，来表达比如恋人之间的爱意，以及其他内心的复杂情绪是不可能的。颜色终究不如语言丰富，不过这并不能抹杀他在调配独一无二的色彩方面做出的巨大贡献。

文森特对颜色的选用都是细心推敲的结果。他对提奥说，观众应该"能体会到我动笔前的深思熟虑。所以，再有人说我作画太快的时候，你可以反驳说那是因为他们看得太快了。"

事实上，文森特在思考色彩搭配时经常处于"一种疯癫的状态"，他必须要用烟草和酒精让自己平静下来。并且，他还认为南方的偶像蒙蒂切利也像他一样，是个"有逻辑的色彩学家，能够解出最为复杂的颜色谜题，会根据色彩强度搭配不同颜色，以此达到平衡的效果，每次思考后他的脑子肯定会过载。"这时拿起酒瓶就是最好的选择。

文森特总喜欢在他的心灵世界中将所有的人和事都联系起来，他把瓦格纳、蒙蒂切利、德拉克洛瓦，以及荷兰画家戎金（Jongkind）和他自己都列在了疯狂醉汉和老烟枪的名单里。文森特觉得这些人都是嗜酒成性的烟民，因为构思复杂的和弦和色彩组合会让人精疲力竭。

文森特和高更的街坊邻居中最有权势的就是军警了。执法人员们进进出出的宪兵队大楼是拉马丁广场上最气派的建筑。上周六，一个牧羊人在广场被不法分子盯上了，这货强盗把他一路诱拐至阿利斯康才动手抢劫。紧接着周一，布特街上的两个木匠也因为琐事大打出手。周三，月度法庭起诉了许多违规拉客的妓女。

总而言之，宪兵队在当地极具影响力。某天，高更以宪兵队长约瑟夫·多纳诺（Joseph d'Ornano）为原型画了两幅漫画。在第一幅漫画里，多纳诺身材矮小，但衣着浮夸，头戴圆顶硬礼帽，蓄须，双手插在口袋里，他身后是个吊儿郎当的高个子宪兵。多纳诺和一只紧张的火鸡对视着，用他浓重的南方口音向火鸡喊道："我是宪兵队长！！！"还别说，这只火鸡与高更有几分相似。

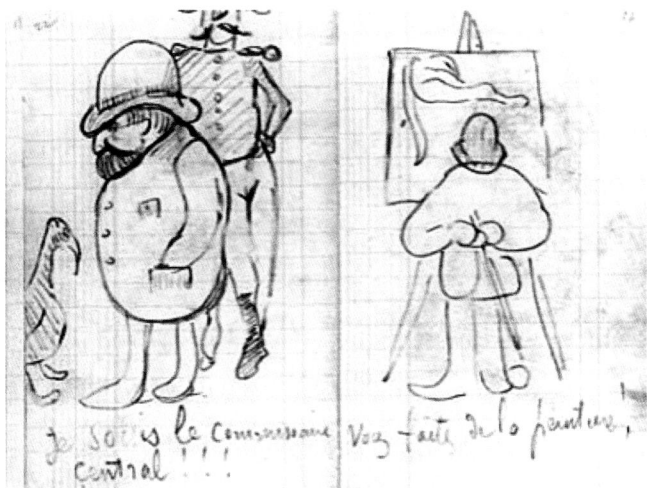

高更在阿尔勒速写本中画的长官漫画两幅

　　在第二幅漫画中，他正在端详一幅画架上的作品。"您在画画！"他大声嚷道。但实际上画布上只是些涂鸦式的线条。高更和政府之间经常会发生莫名其妙的误会：随后一年，他还被错认为是流亡的布朗热将军而被捕过。在那之前，他被多纳诺以谋杀室友罪名起诉，但这肯定不是这两幅漫画记录的故事。更有可能的是警察们只是碰巧遇到了在户外画画的画家。

　　与文森特不同，高更并不害怕秋天的寒意。虽然他对阿尔勒的乡村风景感到失望，但他还在画着一系列风景画。或许，这是一种逃避画室的方式。

　　高更仍将取景地设在鲁宾运河边的洗衣点。他先前在这里绘制的那幅画风格怪异，如同恶梦中的场景。但他现在画的这一幅风格平实，贴近日常生活。在先前的那幅画中，运河里有湍急的漩涡，旁边还有如火焰般刺眼的灌木丛。在这幅新作里，高更将作品重新拉回到了现实的维度。

画中是四个跪着洗衣服的阿尔勒女子，其中穿着橘黄色裙子和黄色披肩的那位从侧面看很像基诺夫人。背景是阴沉的天空。中景部分内容可能来源于户外的真实风景，但这绝不是高更对所见之物的临摹之作，因为水渠对岸田野中的树木苍翠葱郁，但11月下旬的树木显然不是这样的。高更并不追求逼真的绘画效果。

第二幅画重点描绘了运河对岸平平无奇的景色，更加准确地记录了阿尔勒稀疏的植被和爽朗的初冬景象。淡蓝的天空中浮着几朵白云。一只狗悠闲地站在树下的影子里，此刻正值夕阳西下，树影被拉得很长。背景处有一个跳跃的小女孩，身后还站着一个女人。这幅画没有描绘河岸背后的洗衣台，因为被灌木丛挡住了。

高更的第三幅阿尔勒风景画描绘了一座农舍，后方是一座阿利斯康的中世纪拱门和三颗柏树。前景中的泥土略带粉色，这是克劳特有的白垩土的典型特征；两只狗在画中穿行而过，一只把鼻子伸到另一只的尾巴下面。左边篱笆处有几个脑袋若隐若现，能看出其中一个是阿尔勒当地妇女。

这幅画的构图与他今年早些时候画的一幅布列塔尼风景画类似，提奥非常喜欢那幅画。提奥借用文森特和高更对音乐的比喻，将之比作"一首美妙的交响乐"。他毫不掩饰自己对那幅画色彩的喜爱，盛赞那鲜艳且和谐的黄褐色、红色和绿色。但是这幅阿尔勒风景画的配色并不出彩。这幅画色彩单薄，像是草草涂抹而成的，好多地方都露出了黄麻布的纹理。

高更所做的事，正是他来到阿尔勒之前的几个月里文森特所做的——描绘阿尔勒周边的残破市容。但与文森特的画作不同，高更的画中并未流露出他对此处的喜爱之情。这些画散发着孤寂的气息，正如他在给伯纳德的信中所言，他现在发现阿尔勒的一切——每一处风景、每一个人——都"既小气又刻薄"。

家庭群像

11月23日—12月4日（续）

厌恶严寒的文森特决定宅在画室里钻研肖像画。他在近期给提奥的信中表达了特别想画肖像的想法，他不想再接着画风景了。他在最近的一封信中说道："我现在更想模仿伦勃朗，而不是局限在自己的舒适圈里继续创作。"对文森特来说，伦勃朗是最顶尖的人物面部描绘大师。他狂热地痴迷于这位荷兰大师的《犹太新娘》（*Jewish Bride*）。某次他和朋友安东·科西梅克斯（Anton Kerssemakers）参观阿姆斯特丹的一个博物馆时，他在这幅画前坐了下来并告诉朋友："你参观完来这里找我。"然后当科西梅克斯回到这里时，文森特仍在出神地凝视着这幅画，感慨道：

你相信吗？我真心的愿意以十年寿命为代价，来换取继续在这幅画前坐两星期的机会，这两周我可以只吃干面包果腹。

但对文森特来说，画肖像最难的是如何邀请模特，他总是不知道如何说服他人，又没有足够财力直接招聘模特。他再一次向提奥抱怨了这个难题：

　　你很清楚，还是那个老问题，没人愿意给我当模特。我十分苦恼，感觉解决这个问题比登天还难。如果我天生口才出众，或是经济条件更好一点，就能找到足够的模特了，但现实容不得假设。我不会放弃，我会坚持走下去，不管前路多么艰辛。

　　他希望自己能靠肖像画名声大噪——"如果我能凭借具有独特个人风格的肖像画在艺坛闯出名堂，哪怕要等到40岁我也愿意，而且哪怕让我放弃目前的一切成就我也愿意。"而高更此时恰好40岁。

　　然而就在电光火石之间，文森特接连画了一系列的肖像画。他从未解释过事情是如何发生转机的，也没提过他是如何做到的。但是这批肖像画中至少有五位模特来自同一个家庭——火车站的邮政主管鲁林家。他之前曾为约瑟夫·鲁林画过几幅肖像和速写，现在，他又获得了为鲁林妻子、他的两个儿子和一个四个月的婴儿画肖像的授权。

　　其中一幅人物肖像和基诺夫人的画像一样，也是两位画家同时为一名模特作画。奥古斯丁-阿利克斯·鲁林（Augustine-Alix Roulin）来到了黄房子中的画室里，同时给两位画家当模特。和之前基诺夫人来当模特的情形类似，鲁林夫人也是直面高更，未与文森特有任何眼神交流。这暗示着即便不是高更发出的邀请，她也可能觉得高更在场会更安心。她的女儿后来回

高更《鲁林夫人》（*Madame Roulin*）

忆说，文森特总让她的妈妈感到不安。想来如果高更不在黄房子里的话，她或许就会拒绝单独来画室当模特了。

她坐在房间一角，她的左边是朝向拉马丁广场紧闭着的前门，右边是一扇窗户，透过窗户能看见蒙马儒大街。这是一个墙壁被汽灯的光芒照亮的夜晚，高更的作品中再现了汽灯下椅子后面的阴影（就是高更通常坐的那把椅子）。

两位画家对着同样的人物画了两幅油画，这一次高更几乎没有修改任何眼前看到的景象，而文森特则不然。高更在画布上呈现了一个迟钝的矮胖女人形象。她后方的墙上挂的是高更新近完成的日落时分的画——《蓝色的树》（*Blue Trees*）。

但是这幅日落图被他刻意放大了——这是他唯一改动的地方。《蓝色的树》中的弯曲小径和绿色植物完全占满了鲁林夫人肖像左上角的空间。画的旁边是门上的窗户，漆黑的夜色从窗口射了进来。

总体而言，文森特的画比高更的色彩更加浓厚，看起来似乎是以极快的速度完成的。他特别佩服荷兰巨匠弗兰斯·哈尔斯能以迅雷不及掩耳之势的绘画速度画肖像。在他的画中，人物的头部、眼睛、鼻子和嘴巴"都是一挥而就的，之后不做任何修改"。文森特用黄色的笔触画出落在鲁林夫人头部侧面的汽灯光线，整幅画都是以他给基诺夫人画像时的那种极快的笔法

梵高《鲁林夫人》

完成的，值得一提的是他那次给基诺夫人画像仅用了一个小时。

　　文森特画这幅肖像的思路也比高更更加自由。和高更不同，文森特并没有画出漆黑的夜色，也没有画窗外的蒙马儒大街。画中取而代之的是拉马丁广场花园中的蜿蜒小径，在小径前方还画了巨型的长出嫩芽的球茎盆栽。当然，即便在温暖的普罗旺斯，花朵也只在春天才开放，不会在11月下旬就开始生长。虽然文森特曾想在门前种几株夹竹桃，但实际上他连窗台上的几盆花都懒得侍弄。画中发芽的球茎正是新生命的象征。

　　奥古斯丁·鲁林外表质朴，与外边花盆中发芽的球茎有些相似，她像是一株人形植物。不同于高更，对于文森特来说，他对面前模特的第一印象是一位母亲。画中浓厚的金色和赭石色部分展示了汽灯照在墙上的效果，也象征着母性的光辉。

　　此刻在黄房子中担当模特的奥古斯丁·鲁林于六周前刚过完她的37岁生日。1851年10月9日，她出生在艾克斯和马赛中间的一个叫朗贝斯克的小镇里（她比文森特大一岁半，比高更小三岁）。她和丈夫约瑟夫在20年的婚姻生活中生育了三个子女，最小的家庭成员于今年7月31日刚刚出生。

　　仅四个月大的婴儿应该也被母亲带来一起当模特了。鲁林家位于科德斯山路10号，沿着蒙马儒大街在第一个路口右转就到了，仅需步行几分钟就能到达黄房子。高更还给小婴儿画了几张速写，或许就是这次画的。其中一幅画的是孩子坐在母亲的膝头，靠在母亲左手臂弯里的样子。

　　即便奥古斯丁没有带着孩子一起来当模特，在文森特心目中，她也带着爱孩如命的母性光辉。此情此景让他产生了一个全新的绘画计划，并打算为之倾注全部的精力。在之后的几天里，他为鲁林家的所有成员都画了像，其中几位还被画了不止一次。

他在随后一周给提奥的信中，兴奋地描述了这一史无前例的创作题材：

我给一个家庭的所有成员都画了肖像，就是邮差那家。我之前就单独给他画过一幅肖像，这次我不光画了他本人，还画了他的妻子、宝宝、小男孩和一个17岁的儿子。虽然他们看起来有点像俄罗斯人，但他们都是典型的法国居民，身上带着可贵的烟火气。肖像用的都是15号的大画布。你应该知道我对这一题材的感受是怎样的，知道我会如何描绘家庭元素。为他们作画抚慰了我受伤的心灵，我真庆幸没有踏上行医之路。我希望能够继续画好这一系列作品，用肖像画来抵扣请他们当模特的费用。如果能完美地画完这组家庭肖像，那我至少还能做一些自己喜欢的事情，一些有个性的事情。

这封信写得非常隐晦，多年来兄弟俩一直保持着密切的书信往来，当然也有不少面对面的交流，所以对他们来说，每个单词背后都可能蕴藏着先前的某些交流内容。例如，文森特表面是在描述鲁林一家"看起来像俄罗斯人"，但他实际希望提奥能够想起文森特几个月前寄给他的《不妥协报》的剪报。这张剪报的内容是关于俄罗斯小说家陀思妥耶夫斯基（Dostoyevsky）的，发表于9月10日，就在文森特搬进黄房子后不久。

　　文章作者是这样描述这位伟人的："陀思妥耶夫斯基的面相带有典型的俄罗斯农民特征：扁平的鼻子，细长但有神的双眼，带有几道疤痕和丘疹的宽阔额头，还有像是被锤子砸凹一样的太阳穴。"作者还援引了一位同时期人物的表述："我从来没有见过如此饱经沧桑的人类脸庞。"单凭这最后一句引言，这篇文章就成功吸引了文森特的注意。

　　报刊中这幅文字肖像的其余部分——扁平的鼻子，宽阔的额头——像极了文森特所画的约瑟夫·鲁林。事实上，照片中的陀思妥耶夫斯基确实和鲁林十分相像，甚至连胡子的形状都一模一样。这则新闻报道将伟大的小说家活脱脱地描写成了一位"俄罗斯农民"。

　　文森特之所以选择鲁林一家当模特的一个重要原因是：他们属于工薪阶层。约瑟夫·鲁林只是个小小的公职人员，虽然生活捉襟见肘，但并非完全赤贫。鲁林一家每月的预算只有135法郎，而高更和文森特每人每月要花150法郎才能勉强维持生活，这简直令人难以想象。更离谱的是，文森特先前一个人生活的时候，每月要花250法郎才能勉强度日。

　　因此，他不止是在给鲁林一家绘制肖像，也是在借此研究所有普通人的生活。提奥如果参透了这层含义，可能会更好地理解文森特为什么在信中反复强调是给"一个家庭"作画。信中另一处难以理解的内容是："为他们作画抚慰了我受伤的心灵，我真庆幸没有踏上行医之路"，但文森特到目前为止都没有表达过对医学有半点兴趣，至少没有书面材料可以证明这一点，所以他这个唐突的表述十分奇怪。

梵高关于鲁林（Roulin）的手绘

他不仅想要帮助受苦受难的普通人，而且还想效仿埃米尔·左拉，在作品中分析底层人民的形象，左拉就曾在他的系列小说中剖析了卢贡-马卡尔（Rougon-Macquart）家族的受难者形象。这一系列的第一本小说出版于1871年，当时该系列尚未完结。文森特在10月底刚刚读完的《梦》，是这一系列的第18部作品。

左拉的创作理念是，追踪这个大家族的不同成员在第二帝国时期的命运。故事的核心人物都是阿德莱德·富凯（Adelaide Fouque）的后代，这个女人出生于普罗旺斯的普拉森小镇，这座小镇的原型是左拉自己的出生地——艾克斯，而艾克斯西南方几英里处就是鲁林夫妇的老家朗贝斯克小镇。

文森特最同情的角色是帕斯卡尔·卢贡（Pascal Rougon）医生：

他的确证实了，不论家族经历怎样的沉沦，自身总可以依靠努力和意志来征服命运。他在职业生涯中练就了一种比家族品性更加强大的力量；他没有向本能屈服，而是选择坚定地沿着自己清晰的职业道路前进。

毫无疑问，文森特也希望在绘画中找到一种比他的神经质性情更加强大的力量。在某种程度上，左拉就是在给系列小说中的人物进行诊断：他力图通过分析几代人的人生路径诊断出遗传的生理和心理病症。"退化"是当时的时髦概念，许多民族和国家退化论甚嚣尘上。一位意大利理论家认为，罪犯们都有一种共同的生理特征。文森特是这一理论的狂热拥趸者，他非常困惑，为什么高更并不符合这套理论。高更回忆说："他困惑的是为什么，我的额头并不饱满却拥有他所惊羡的大智慧，窄小的额头明明是低能与愚蠢的标志。"

左拉小说中的核心人物阿德莱德·富凯精神不正常。她的后裔也在系列小说中表现出多种精神障碍——《小酒店》中的酗酒；《杰作》（L'oeuvre）中克劳德·朗捷（Claude Lantier）愿意为绘画牺牲自我的痴迷；《莫雷教士的过失》中对信仰的狂热。

文森特可能对所有虚构出来的症状都很感兴趣。他读过所有卢贡-马卡尔系列的小说，并对其了如指掌。他在画画时，脑子里想的也全是小说中的情节，别人根本不知道他是如何将画作与小说联系起来的，只有他自己能说出来。

今年夏天，在与画家米勒前往蒙马儒修道院采风时，他看见了一座"年久失修，草木蔓生的花园"，这个花园让他想起了《莫雷教士的过失》中名为"天堂"（La Paradou）的花园。巧合的是，蒙马儒花园上方也有一个在普罗旺斯语中名为"天堂"的农场。

鲁林一家另外四个模特是：比妻子年长10岁的47岁的约瑟夫；正在老家朗贝斯克作铁匠学徒的17岁长子阿曼德（Armand）；11岁的小儿子卡米耶（Camille）；还有刚刚四个月大的婴儿玛塞勒。为这四位模特画肖像时，文森特采用了竖构图模式，而非像他和高更画鲁林夫人时的横构图。这说明文森特是在给鲁林夫人画了第一幅肖像后，才萌生的给其他人作画的想法。

文森特对鲁林夫人肖像的构图也与其他几幅不同，肖像背景有窗框和极具象征意义的球茎。而其他家庭成员的肖像背景则统一都是单色的。约瑟夫身后是柠檬黄色，与他邮政管理制服帅气的深蓝色互为补色。阿曼德的背景色是苔藓似的蓝绿色。在卡米耶较大的一幅肖像中，他穿着浅蓝色的衬衣，后方是橘黄色和红色的背景，两个色块被横跨画布的一条线分隔开来。妈妈抱着婴儿玛塞勒的那幅画背景则是金黄色的。因此，如果将几幅肖像挂在一起，它们看上去就像一个系列——色调不同，人物特征各异，但又那么和谐。

　　单看这些肖像画的细节部分很难猜到作画的具体时间，不过应该是在下午晚些时候，或是晚上，或是周日，因为鲁林家的大多数成员在这些时段才有空。早晨约瑟夫要去工作，阿曼德要乘火车去朗贝斯克，卡米耶白天时间都在学校（法国有免费义务教育制度）。给婴儿画像要讲究速度，因为很难让她保持固定姿势。他所画的第一幅婴儿画——鲁林夫人抱着婴儿，看上去就像一张动态摄影，小玛塞勒在那使劲地挥动手臂。

　　约瑟夫并不需要再来黄房子当模特了，因为文森特在那个夏天已经为他画过好几幅肖像。而且约瑟夫也没有模特天赋，他坐在那里相当拘谨，总放不开。"他就像一直扛着很重的东西，"

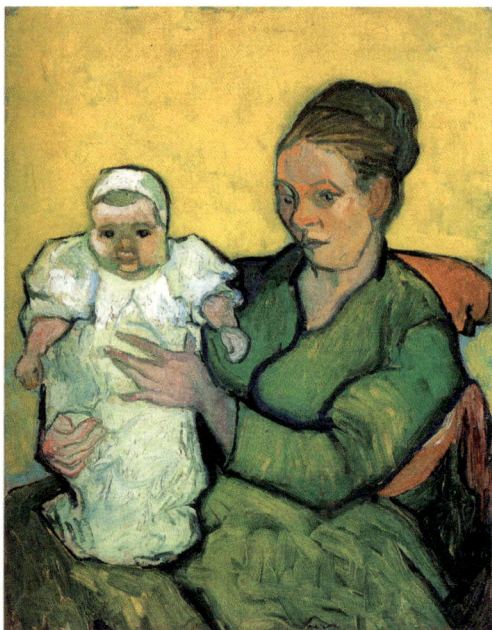

梵高《鲁林夫人和她的宝宝玛塞勒》（*Madame Roulin with Her Baby Marcelle*）

文森特和提奥说，鲁林扛着的应该是家庭的责任，"但他完全可以坚持，因为他有着农民般强壮的体格，而且总是红光满面，面带笑容。"婴孩的出生让本不富裕的鲁林一家雪上加霜。

约瑟夫肯定是最后拍板让全家去当模特的人，并且他只要了几幅肖像画作为回报，这无疑证明了他和文森特之间深厚的友谊。看来鲁林和文森特的另一个朋友米勒少尉一样，都被他对艺术的热情感动了。

他和鲁林之间的友谊还有其他渊源。文森特与父亲西奥多勒斯·梵高牧师之间的关系非常紧张，并且两人争吵不断，甚至差点大打出手。但文森特一生中非常亲密的两位朋友，都比文森特年长一些，而且都不太富裕，他们是鲁林和更加年长的巴黎画商兼画材商朱利安·唐吉。唐吉单纯且热情，是共和党的支持者，他白手起家出来打拼，日子却也过得没有多好。

文森特以苏格拉底为原型为唐吉画过一幅肖像，突出其丑陋却睿智的特点，并把他的妻子比作这位希腊哲学家泼辣的妻子粘西比（Xanthippe）。唐吉夫人认为文森特把唐吉带坏了，因为他老是约她的丈夫去铃鼓咖啡馆，这个咖啡馆老板娘正是生活不检点且人际关系混乱的阿戈斯蒂娜·塞加托丽。

文森特认为鲁林和唐吉有不少类似之处，所以他也把画中的鲁林比作苏格拉底——就像神话中半人半兽的萨提尔（satyr）一样丑陋，"但却拥有一颗善良的心，他睿智、感性、值得信赖"。除了给他画画，文森特还经常与他一起喝酒。文森特回忆说，鲁林虽然比他年长，但却没有代沟，他"总是亲切地对待我，就像老兵照顾刚上战场的年轻战士那样"。

　　和唐吉一样，鲁林出身于工人阶层，现在他的社会地位略有提升。他自诩邮局经理，每天负责卸载一麻袋又一麻袋的信件。鲁林有些小权，他也以此为傲，以至于他每次写信署名的时候，都会特意在名字前加上"邮局经理"的头衔。

　　文森特有时会去鲁林家串门，鲁林会顺势请他坐下喝汤。不过他们见面的地方大多是在外边的酒馆，因为他们有一项共同爱好——喝酒。鲁林在今年夏天给文森特当模特时就拒绝拿报酬，不过前提是文森特在他当模特期间，为他提供食物和酒水（在一幅肖像中，鲁林手中拿了一杯啤酒，看上去轻松惬意）。在文森特眼中，南方人总喜欢在咖啡馆里滔滔不绝地谈天说地，但他觉得鲁林"不是喝得醉醺醺的酒鬼，他所有的嬉笑怒骂都是发自内心的，而且逻辑清晰。每次争论时也不落下风，经常能像意大利名将加里波第（Garibaldi）一样把别人辩倒"。

　　有些人认为法国目前是资产阶级当道，鲁林就是其中之一，他认为共和国需要变革。这种政治倾向表明，他可能是卡米耶·佩尔唐（Camille Pelletan）的追随者。佩尔唐是激进的共和党（支持改革派）领袖，也是普罗旺斯艾克斯地区的众议院议员（他的选区包括鲁林的家乡朗贝斯克）。

　　佩尔唐信奉平等、友爱和自由等观念，鲁林非常欣赏这位年轻人的政见。佩尔唐和鲁林甚至还有点相像——宽阔的脸型，留着铲子形状的浓密胡须。佩尔唐喜欢去酒吧和咖啡馆，而且无时无刻不拿着象征无产阶级的烟斗（鲁林、高更和文森特都是烟斗不离手）。可能鲁林儿子卡米耶·鲁林的名字就来源于卡米耶·佩尔唐。

但在1888年，鲁林又被另一项政治运动吸引了。他成了乔治·布朗热将军（就是后来把高更认错成的那个流亡者）的支持者。布朗热将军当时颇有拿破仑的风范：既是军事强人也是支持改革的革命者。以现在的视角来看，他更像是一个法西斯独裁者；但在1888年那时，他可是风云人物。

7月，当鲁林家族再添新丁时，鲁林"不顾婴儿的祖母和其他家庭成员的反对"，坚持以布朗热将军的女儿玛塞勒的名字来命名这个新生儿。而且共和党人鲁林反对教会干预政治，所以他拒绝让这个孩子受洗。鲁林的一系列决定让整个家族怨声载道，但他依旧大摆筵席，亲自操办孩子的命名仪式。

文森特从提奥那里收到了一封信和里面的100法郎，他照例表示了感谢。他写道："我似乎很久都没给你回信了，所以这封信的内容较多，它包含了这段时间我想告诉你的所有消息。"事实上，这时距离文森特寄出上一封给弟弟的信还不到一周，但他确实在这封信中给提奥讲了许多新故事。

他告诉提奥："我们每天都在辛勤地工作，"

（我们）不停地画画，所以每晚我们都会拖着劳累的身躯去咖啡馆小酌一杯，然后回家早早上床睡觉！这就是我们的生活。

我觉得我们之所以画画或写信到深夜，是因为白天的工作多得要命，我们根本应付不过来。我们这里也已经入冬了，天气时好时坏。我现在已经不讨厌凭借记忆画画了，因为那样我至少可以宅在家里不用出门。像酷暑一样炎热的火炉不会影响我画画，但寒冷真的要命，你是知道的。

文森特信中的语气远不如上一周激烈，可能是因为幸运地找到了四位新模特让他神清气爽，至少是暂时平静了下来。不过任何像提奥一般仔细阅读文森特信件的人都会注意到这种情绪变化是周期性的，他有时会因为此前的努力付诸东流而情绪低落，但过段时间又会变得雷厉风行，信心满满。

在经历了一段艰苦卓绝的创作时期后，他的焦虑与日俱增。此刻，他正疯狂地画着画——《播种者》，鲁林系列，一幅接着一幅杰作诞生。而几周后，他的行为又变得令人不安。但目前他的情绪还算稳定：

如果我们能挺过这段艰难的时期，就算我们无法成为艺术界的顶流，也会取得不小的成功。此刻的境遇恰似那句谚语——把笑容留给他人，把悲伤留给自己。你不可能一直期望外界的帮助吧？我们现在就像是如临大敌，只能靠自己尽快成熟起来。

两位画家这段时间都堪称高产。文森特说，高更画了很多画，而实际上文森特自己画得更多。然而，文森特很快就发现他们每天除了画画，似乎还从未做过其他任何事。两位画家打算出几趟远门，离开画室出去透口气，因为他们每天只顾埋头画画的氛围太过压抑了。而且，有个马戏团马上要来镇上演出了。

12月2日，周日，由皮亚内（Pianet）兄弟带领的"印度群岛大动物园"（Grand Menagerie of the Indies）马戏团在阿尔勒另一侧的利塞斯大道旁落成。这里每天早上十点开门营业，晚上会有马戏表演。其中包括"雄狮、母狮、幼狮、老虎、猎豹、黑豹、美洲狮、美洲豹、北极熊、鬣狗、美洲驼、斑马、蛇、大象和猴子"。

《共和党论坛》报推荐读者们去欣赏晚间的表演——"皮亚内先生的这些动物不只是展览品，他们还是训练有素的演员。"观众们可以看到许多精彩的表演，老虎坐在课桌上表演；雄狮展示蛙跳；一只猎豹装死，然后被另一只黑豹抬起；还有猴子招待大象用餐的绝活。

高更在他的速写本上画了满满12页的雄狮、母狮和大象，他大概是白天去的，因为动物们白天不用表演取悦观众，但显然晚间表演也给他留下了深刻的印象。

他事后曾三次提及马戏团表演，一次是在回忆录《此前此后》中；一次是在他于1899年在塔希提岛创办的报纸上（这份报纸的读者最多时也不超过309人）；另一次是在一部短篇小说中，他用魔幻的手法杂糅了大量在阿尔勒生活时遇到的人和事。

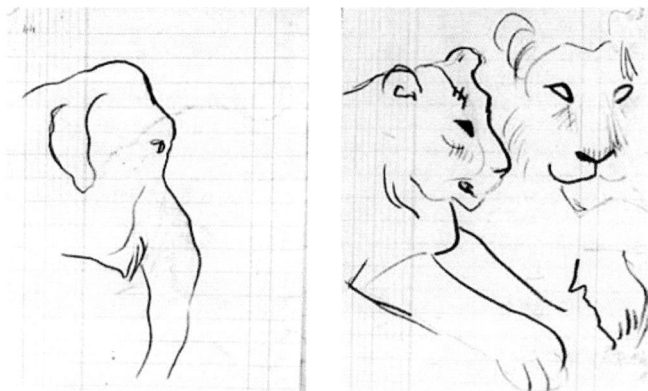

高更在阿尔勒速写本中画的野生动物

　　这部小说的第一部分描述了叙述者得意的军旅生涯。像少尉米勒一样，主人公在非洲服役，他在那里效仿塔拉斯孔城的达达兰，每天无所事事只顾猎狮，最终还晋升为将军。然后，主人公选择退役，像皮亚内兄弟一样经营起了巡回马戏团。之后，他又改名为"路易先生"，在阿尔勒开了一家妓院。

　　高更笔下的主角觉得自己是马戏团中所有野兽的主宰，而且认为训练这些动物是"世界上最美好的"事。每天晚上，他都会走进狮笼：

　　我肆意地用手中的刺棒驱赶它们，让它们咆哮、跳跃，这些可怕的生灵被称为野兽，我非常享受它们身上野性的气味。这些野兽讨厌我，但观众却羡慕我。

　　这个情节与《女人和猪》十分相似，都体现了高更脑海中互相融合的性欲和兽性。实际上，这种幻想在当时蔚然成风，艺术与文学作品中充斥着大量的野兽或半兽式的生物——半人半兽的萨提尔、人身羊腿的农牧神、人鱼、人首鸟身的塞壬（Sirens）——它们为欧洲人19世纪平淡的生活增添勒不少丰富的感官享受。在高更的——也是洛蒂的——幻想中，热带伊甸园里生活着许多皮肤黝黑的夏娃们，他经常靠想象这样的场景来逃避残酷的现实。

　　在高更的故事中，主人公与百兽之王 "伟大的皇家老虎"之间的关系充满情欲：

忧郁的他抖抖胡须，晃晃爪子，渴望得到我的爱抚。他喜爱我，但我却害怕极了，不敢碰触他，他在肆意利用我的恐惧之情，让我一直生活在他鄙夷的目光里。

这种人兽之情与主人公和他妻子之间的感情十分相似：

夜晚，我的妻子寻求着我的爱抚。她知道我害怕她，并且她善于利用我的恐惧。我们俩都是野兽，既互相畏惧又不断试探、既喜悦又忧伤、既强大又弱小。入夜之后，油灯散发的昏暗灯光和动物的恶臭互相叠加，让我们几近窒息，这更映衬了台下观众的愚蠢和怯懦。

所以，马戏团也是"生活与社会的缩影"——那些浪迹天涯的、富有野性的、追求自由的动物却要被愚蠢迟钝的观众当作异类欣赏。

文森特从未提起过马戏团一行，但也留下了一些蛛丝马迹。就像方尖碑和圣特罗菲姆教堂的雕塑潜移默化地影响着文森特一样，笼中咆哮的野兽也在文森特脑海中挥之不去。他的邻居们路过黄房子时总会朝窗内窥探，文森特就像被关在笼子里展览的"珍奇异兽"一样；在精神病疗养院里，文森特觉得其他患者的声音就像"动物园里野兽的可怕呼喊和嚎叫"。和高更一样，他也非常同情那些关起来的生物，但他并没有发现这盛大的演出也有着充满情欲的一面，文森特只觉得这些来自印度群岛的动物们令人脊背发凉。

普罗旺斯最近异乎寻常得寒冷，周二还降了霜，紧接着的周三周四，霜冻更严重了。高更收到了提奥的来信，说他的作品已经平安抵达巴黎。高更答复说他本来还担心画布会不会开裂。他还在信中询问了德加的地址，因为他前段时间把地址弄丢了，他想亲自给德加写封信，感谢他买了自己一幅画。

与此同时，提奥也在向维尔称赞高更的作品。他觉得对于哥哥来说，每天和高更这样的艺术家共处一室，是很好的学习"机会"。德加本人更是对高更的新作"大加赞赏"，并打算南下阿尔勒拜访高更。"他们真幸福！"德加对提奥说，文森特和高更过的日子"才是生活！"

德加光是想象高更和文森特在田园牧歌般的乡村里生活就已经心旷神怡了，如果他真能够走出他在蒙马特的工作室，抛下繁忙的工作来到南方，那他会更加飘飘欲仙。这位易怒又刻薄的人会如何评价黄房子呢？他在巴黎出名就是因为他经常在晚宴上展示自己的毒舌。

提奥告诉维尔，文森特在"画人物肖像"方面找到了"他最好的艺术手法"，并且文森特此时也对他正在绘制的肖像相当满意。事实确实如此，文森特正处在他的艺术生涯中对肖像画最具抱负的阶段。

在这一周到两周的时间里，他绘制了多张鲁林家庭成员的肖像，这次他没有画一家之主约瑟夫，因为他之前已经画过不少约瑟夫的肖像了。两个男孩阿曼德和卡米耶应该至少为文森特做过两次模特，因为文森特总计为阿曼德画了两幅肖像，为卡米耶画了三幅肖像，而他们在这几幅画中都摆着不同的姿势、穿着不同的衣服。有三幅画中都出现了鲁林夫人的形象，而婴儿玛塞勒更是至少出现了五次，其中两次是和她的妈妈在一起，另外三次则是单独出现。

文森特之所以画这么多幅，是因为他要给鲁林家送几幅油画，来感谢他们抽出几个小时来黄房子当模特。这对双方来说是笔双赢的交易，也是文森特最经济也最容易找到模特的路子。事后他们总共得到了六张画——一张约瑟夫，一张他的妻子，以及他们的孩子们每人一张，还有一幅绚烂的粉红色夹竹桃图。这一张花卉画于那年夏天完成，画的是一束放在黄房子桌上的一个仿意大利锡釉陶器中的花。陶器中的夹竹桃对文森特来说，"代表着爱意"。除了花之外，他还在旁边摆了几本书，最上面的一本是左拉的《生活的乐趣》。

八年后，鲁林在退休后带着家人回到了朗贝斯克，这些画布满了鲁林家卧室的墙壁，还有其他的几幅把家里装饰得像一个现代艺术博物馆。但是，饱受坐骨神经痛折磨的约瑟夫，为了治病接受了巴黎艺术商安布罗斯·沃拉尔（Ambrose Vollard）每幅450法郎的收购提议。如果他们能再拖一段时间，鲁林家可能就会发大财了。

文森特在两幅65cm×54cm的15号大画布上画了阿曼德·鲁林，此次为了给鲁林一家画像，文森特没有用高更的黄麻布，而是用了普通画布。一个原因是黄麻布快用完了；另一个原因是文森特想在这一系列肖像画中凸显精致的艺术效果。黄麻布更适合高更，而文森特有些用不习惯。

文森特送给鲁林的阿曼德画像中，17岁的青年打扮时尚，

梵高《阿曼德·鲁林》（*Armand Roulin*）

有可能是他为了当模特穿上了家里最好的衣服：一件黄色的西装短款外套，黑色马甲、领带，还有一顶俏皮的帽子，美中不足的是他的面部表情有些忧郁（这也许是许多模特的通病，因为保持不动确实有些无聊）。他嘴唇上方依稀长出了几根小胡子。在文森特留存的那张阿曼德肖像中，人物表情比上述这幅要更加忧郁，而且阿曼德看起来要更年轻。背景是更暗沉的绿色，而且西装短外套和帽子也都变成了黑色。虽然帽子看起来是一样的款式但更显正式，毕竟一个普罗旺斯年轻的铁匠学徒能买得起多少顶帽子呢？

　　在文森特为阿曼德11岁的弟弟卡米耶画的最大的一幅画中，他也走神了——当模特对小孩子来说确实太枯燥了。他坐在一把带灯芯草垫的椅子上，一只手臂背向后方，嘴唇微微张开，失神地望着前方。

　　在另两幅画中，卡米耶换了个姿势，也表现得更加机灵，文森特画了两幅这个姿势的卡米耶。这两幅画尺寸较小，仅囊括了男孩的头部和双肩。他戴着一顶很大的蓝色帽子，眼神越过画家，专心地看向前方。他身后是放射状的黄色背景，像太阳的光芒一样。这种背景和那些发芽的球茎有着同样的象征意

梵高《卡米耶·鲁林》（*Camille Roulin*）

义，都代表着无量的前途。

　　文森特之所以为鲁林家所有成员都画了肖像，是想每隔一段时间就再为每人绘制一幅，来记录他们的变化。如果文森特没有英年早逝，他或许就能记录下阿曼德从一个帅气青涩的大男孩，成长为在突尼斯殖民地执勤的警官的全过程——阿曼德于"二战"末期去世。卡米耶的人生轨迹是在海运部门当上了一名船员，但他在1922年就因在战争中负伤不幸牺牲了。鲁林夫人一直活到了1930年，比丈夫约瑟夫多活了28年。她白发苍

阿曼德·鲁林

奥古斯丁·鲁林

卡米耶·鲁林

玛塞勒·鲁林

苍的样子，与她画像中的容颜仍然十分相似。但是，即便文森特拥有像常人一样的寿命，他也不能完整记录婴儿玛塞勒的生命历程，因为她在1980年才以92岁的高龄与世长辞。

文森特画的这个健壮的婴儿肖像充满了更多的可能性，画中的她比两位哥哥看起来更加未来可期。他本打算在7月31日她刚出生的那天就为她画一幅像的，他给维尔的信中写道："如果她父母同意的话，我打算画一个躺在摇篮中的宝宝。"

这个婴儿的眼眸让文森特颇为动容，实际上他非常喜欢孩子。它把文森特从生活的迷雾中救了出来。"如果你有空，就看看摇篮里的孩子，"他在玛塞勒诞生之后说道，"她双眼中蕴含着无限的未来。"这封信是文森特在炎热的8月写的，但他给鲁林家最小的成员画肖像的计划却一直拖到屋外已是寒冬之时。

他一旦开始动笔便很难停下了。他给玛塞勒画第一幅肖像画的时候，小玛塞勒就展示出了充沛的精力，几乎快要跳出奥古斯丁的臂弯：她体内蕴含着无限能量，就像一粒种子。他以这幅画为母本，又画了另一幅更大的母子像，婴儿的面部特征完全是按这幅画临摹出来的。

临摹是高更的另一项绝活——例如，他曾在《夜间咖啡馆》上临摹了基诺夫人的形象。德加更喜欢将这种方式运用到自己的油画和彩色粉笔画中："人们从德加那里借鉴了很多技法，"高更评价说，"但他却从不抱怨。他有满满一大袋的绝活，根本不会介意别人拿去一两项。"这项独特的技巧，似乎就是德加传给高更，而高更又传给文森特的。

　　这幅玛塞勒的肖像尺寸更大，但成品似乎与之前的草稿略有出入，从另一方面来说，这也证明了文森特并没有完全依据记忆来作画。母与子的绘画主题在西方艺术传统中经历了从神圣到平庸的变迁，几个世纪前圣母玛利亚和圣婴的形象就已经出现在同一幅作品中了。

　　文森特又绘制了三幅玛塞勒肖像，而且都只画了头和肩部，婴儿在浅绿色背景前庄严地凝视着前方，她那胖嘟嘟的脸颊和手臂令人喜爱。如果把她妈妈奥古斯丁比作一块人形的块茎，那么玛塞勒就像一粒将会蓬勃生长的种子。"玉米的幼苗，"文森特在很久以前就思考过，"有着某种无法表达的纯粹和温柔，就像熟睡的宝宝一样。"

　　文森特写下这段文字的时候，他和一个女人和孩子组成了自己的家庭。这就解释了为什么文森特在画鲁林一家，尤其是婴儿玛塞勒肖像的时候，情绪如此激动。

　　这段家庭生活持续了一年零九个月。1882年1月，文森特被他父亲从埃顿的家里赶出来后不久，就搬去与妓女西恩·胡尔尼克同居了，西恩又名克里斯蒂娜（Cristina），她和文森特在海牙的一个小画室里安了家。

　　西恩有一个四岁大的女儿玛利亚（Maria）。7月2日，她又生下了一个儿子，家里迎来了第四个成员。但这次有点难产，不得不用上了产钳，才生下了这个叫威廉（Willem）的男孩。文森特从他的眼中看见了无限的可能（威廉长大后于20世纪30年代成为一名铁路员工，但他和同事们的关系并不融洽，因为他是个法西斯主义者）。

威廉的父亲另有其人，但这并未影响文森特在他出生后表现得欣喜若狂。他坐在西恩在的产床边，会想起"荷兰艺术大师笔下永恒的主题——一个婴孩在圣诞夜躺在马厩中"。文森特觉得这个孩子容光焕发，像太阳一样耀眼，更像是一盏"黑暗中的明灯，在漫漫长夜中燃起了一丝光亮"。

文森特一家后来搬到了附近一个稍微宽敞一点的公寓里。这间公寓就像是黄房子的前身——摆着简单朴素的家具，他骄傲地和提奥夸耀说："这个画室看起来还挺像样，至少对我来说是如此，朴素的棕灰色墙纸，擦洗过的地板，挂在窗户上的棉布窗帘，每一件物品都如此妥当。"然而，文森特的习作、版画和书籍却丢得到处都是。

公寓里有"一间紧凑的客厅，里面有一张桌子和几把餐椅，还有一座油炉，窗户旁的角落里专门为西恩放着一把藤条编织而成的扶椅"。椅子的旁边是一张小小的铁架摇篮床，带有绿色的罩布——文森特无法"不带感情"地描述家里的所有陈设。

文森特早期在海牙的这座画室似乎是"一个羽翼渐丰的新家庭"。用文森特的一句话来总结便是"一个有摇篮的画室"。地板上有一个宝宝的便盆。这里的生活似乎没有"暂停"键，每天都忙碌且充实，家里的一切都欣欣向荣。（当然，黄房子是一个没有摇篮的画室。）

所以，在那段时间里，文森特体验了和女人与孩子住在一起的生活，这是他最为渴望的生活模式：

　　我不知道你是否有过那种感觉，就是当独处时，有大声叹息和抱怨的冲动，并想向上帝发问：啊，上帝！我的妻子在哪里？啊，上帝！我的孩子在哪里呢？孤独真就是生活的本质吗？

　　在写下这些文字的15个月后，文森特离开了这个家，前去荷兰北方荒凉的德伦特画画，在那里，他不得不再次忍受"一位画家必须习惯的那种孤独感，因为这片苦寒之地的每个人都觉得这些采风的画家是精神病、谋杀犯或是流浪汉"。离开西恩和孩子或许是文森特做过的最艰难的决定，他觉得做出这个选择后，他的心"都痛到枯萎了"。

　　从一开始，在社会上有头有脸的家人们都反对文森特与西恩同居。他刚到海牙的时候，文森特的远房姻亲画家安东·莫夫（Anton Mauve）经常在绘画方面帮衬他。而当莫夫知晓了文森特与西恩的关系后，便断绝了与文森特的往来，也不再和他的前东家泰斯泰格（Tersteeg）联系了，并且还当着西恩和孩子的面狠狠地训了文森特一顿。

　　文森特打算与西恩结婚的消息，让提奥和他们的父亲西奥多勒斯感到惶恐。提奥认为，与一个出身低贱的女人谈情说爱是一回事——他本人也有过一段这样的关系——但结婚是另一回事。文森特却认为这种思想是不道德的。

　　文森特认为，在"民风淳朴且秩序井然"的社会里，妓女确实是堕落的代名词。但实际上，当时的社会到处都是被物欲蒙蔽双眼的伪君子；故而在文森特看来，这些被社会遗弃的人，比如妓女，更像是他"可怜的姐妹"。与她们交往时文森

梵高《哀伤》石版画（*Sorrow*）

特没有丝毫顾虑，他喜欢她们，因为她们身上有那个时代可贵的"人性"。但他最后还是迫于压力没有与西恩结婚。

两人面对的压力来自于方方面面。如果文森特因此事与提奥撕破脸，那他每个月的生活费就没着落了；退一步说，哪怕提奥不计前嫌继续资助文森特，那些钱也不够一个四口之家花，就算文森特再也不买画材也远远不够。西恩的家人也建议她离开这个穷光蛋，去找个大款。另一条路按文森特的话说，就是她选择"重蹈覆辙"。

在这些重压之下，西恩的情绪崩溃了："有时，她的脾气之大简直让我受不了她，她变得暴力、狠毒，我快绝望了。"

西恩则没有留下任何书面文字记录她此时的心境，不过她很可能每天也在忍受文森特的长篇说教。1883年年中，这个小家终于破裂了。在文森特看来，这次他必须在家庭生活和追求艺术之间做出选择。很显然，鱼和熊掌不可兼得。

1883年9月11日，他在火车站和西恩以及孩子们道了别，然后乘车北上。文森特做这个决定的时候仿佛体会到了基督在客西马尼园中的苦楚。"没有什么比被责任和爱撕扯的灵魂更加痛苦。"文森特将自己的未来和艺术生涯比作"基督手中的杯，只有我将它饮下，才能将福泽传给他人，所以，我就奉神意行事了"。文森特选择继续追求他的画家之梦。

12月6日，周四，是圣尼古拉斯节。在阿尔勒，这个节日标志着圣诞季开始了，市场里专门留出了一块区域让商人们卖彩色小人偶。这种彩色人偶是当地的特色民俗产品，小巧且艳丽，当地人喜欢在圣诞季用它装饰象征耶稣降生的马槽模型，这种小人偶在普罗旺斯和许多南部的天主教地区相当有人气。

制作一个人偶需要先用黏土烧制模型，再用纸浆涂抹表面，最后用硬纸板或一些类似的材料作点缀。各式各样的人偶代表了当地各行各业的居民——洗衣妇、牧羊人、面包师和杂货商……把这些人偶放在马槽模型里，代表着全世界都聚集在刚出生的圣婴周围。它们大多数属于微型陶制雕塑，就像高更之前用前卫的艺术手法制作的那些玩意一样。最常见的人偶形象是坐在摇篮旁边的女人，象征着照顾耶稣的圣母玛利亚。圣诞节当天人们会聚在一起，用法语或普罗旺斯语对着装饰好的马槽模型唱摇篮曲。

这种小人偶在教堂和信众的家里非常常见，这不禁让人想问，世俗的共和党支持者鲁林家也会有这样的摆设吗？在阿尔勒，圣诞季会一直持续到二月初，在那年的圣诞季，文森特有幸听到了约瑟夫给宝宝玛塞勒唱的一首摇篮曲。

那一刻，文森特仿佛在鲁林身上看见了革命者和慈母相叠加的形象：

他给孩子唱歌的音色和他日常的音色不同，人们可以从他的歌声中听到妈妈摇着摇篮的声音，有时还能听到乳母怜爱婴儿的声音，甚至还会听见清脆响亮的法国革命号角的声音。

鲁林唱的是圣诞歌曲吗？实际上，作曲家西奥多·奥伯内尔（Theodore Aubanel）曾在1865年创作了一曲适合男士演唱的《摇篮曲》（Berceuse，普罗旺斯语为Bressarello），这首歌描绘了圣约瑟夫安抚圣婴入睡的场景。

阿尔勒还会在圣诞季上演不少戏剧——一半是闹剧，一半是宗教剧。比如，把耶稣降生的故事演出来。一月，文森特去当地名为"疯狂的阿尔勒姑娘"的剧院看了一场戏剧，给他印象最深的也是一首摇篮曲。在剧中，一位老妇被神引领到圣婴的床前：

她开始用颤抖的嗓音唱起了歌，然后声音突然开始急速转变，从老妇沙哑的声音变成了天使的天籁，之后又变成了孩子的童声，紧接着再次变成了另一种有力、温暖且洪亮的声音，实际上这是一出双簧，这些声音都来自于幕后演员。

　　文森特听到这首歌的时候还没意识到，生命中的一场重大危机已经悄然而至，这场危机会在他画一幅题为《摇篮曲》（La Berceuse）的画时，给他沉重一击。

　　8日周六的晚上，阿尔勒剧院如期举办了人们每年冬季最期待的舞会，那年的舞会是当地的互助消防队资助的。舞会于晚上十点开始，人们一直跳到凌晨一点才决定暂时休息一下；然后，舞会继续进行，气氛越来越热闹，最终在跳四人舞时达到了高潮。

　　《青铜人》报道，这种美式四人舞需要两组舞者合作——一组是年轻的男士，另一组是迷人的年轻姑娘。姑娘们身着华丽的浅蓝色、白色和淡紫色相间的服装表演的美式四方舞，让观众们大呼过瘾。这两组舞者之后还换上了军装，跳了一出浓浓军旅风的四方舞，向当时的风云人物布朗热将军致敬，在场的卫戍部队军官们看得格外津津有味。

　　在指挥家的指挥下，管弦乐队的表演也令人称奇。这场狂欢一直持续到了第二天凌晨5点。《青铜人》评论道，如果能经常举办这样的活动的话，那么镇里的年轻人就不会抱怨阿尔勒单调乏味的冬天了。让娜·卡尔芒当时年仅13岁，她在一个世纪后仍对那场舞会记忆犹新。她那天穿着镇上最好的裁缝尚布尔贡夫人（Madame Chambourgon）缝制的白色蕾丝礼服。她记得那天跳了华尔兹、波尔卡舞、玛祖卡舞和四方舞，她们跳的时候，父母就坐在舞池旁边。"舞会很好玩，相当有趣，"她回忆说，"我现在还记得那一张张笑颜！"

　　有一个人对这场舞会的印象并不是十分美好，这个人就是文森特。在后续几周里，他凭借记忆画了一幅阿尔勒舞会的画，画中剧院上方走廊里的人们向下观望，其中几个人戴着法军标志性的平顶军帽。球形的汽灯把剧院照得透亮，就像人造太阳似的。

舞池里的人群面容诡异，像是在做一场噩梦。文森特将构图视角选定在一排身着阿尔勒传统服装的女人背后，她们头顶的发饰上都系着一条深蓝色的丝带。这种将人物头像放在极靠前景位置的构图源于日本艺术，高更和伯纳德都尝试过这种构图。

但观众代入文森特画中的视角后，会感觉自己陷入了陌生人的漩涡，鼻子几乎要埋进前面阿尔勒女人浓密的黑发中了。

梵高《舞厅》（*The Dance Hall*）

这排女人的后方是更加拥挤的人潮，在场的几乎都是女性，或低着头或望向远方。唯一与观众有眼神交流的角色是画面右方的鲁林夫人，她的眼神中透露出一丝不安的焦虑。

鲁林夫人身后是一个头戴轻步兵圆形平顶军帽的男人，她的左侧是一个面带微笑的女士。除她之外，文森特描画的所有人物都没有欢乐的迹象，有些面容甚至是极度扭曲的。这幅画蕴含着复杂的寓意——体现了作者想拼命逃离痛苦，但只能慢慢被人潮吞噬的绝望。实际上，这幅画就像是幽闭恐惧症患者的内心写照，这也预示着文森特即将到来的危机。

在12月的第一周，高更也画了一幅拉马丁广场的花园，此前文森特也画过那座花园，其中的几幅就挂在高更卧室的墙上。高更画中的景色差不多就是从他卧室的窗户望出去的花园一角。他打开百叶窗，就能望见广场三座花园中位于中间的那座，花园里还有一个椭圆形的水池。一进花园，就能看到一条依水而建的蜿蜒小路。这就是高更新作中的图景。

这幅画与文森特在夏末秋初时画的花园风格完全不同，那时夹竹桃正值花期，花园里还有打着遮阳伞的女人、成双成对的情侣，和自在地读着报纸的闲人。高更此时画的是冬季的花园。树木被套上了竹子制成的圆锥形保护套，以抵御霜冻，就在舞会之后的12月9日周日，霜冻又一次侵袭了阿尔勒。高更为了更好地构思，还在他的速写本中画了许多花园里的细节景象——被包裹起来的树、花园的长椅、站在花园中的阿尔勒女人、小小的喷泉、映照着蓝天白云的水池以及仍带着几片枯叶的树梢。

高更《阿尔勒的老妇人》（*Arlésiennes*）

　　这幅画的终稿中共有四个阿尔勒女人，其中中景里的两位无论长相还是装扮都十分相像，靠近花园大门的两位用围巾裹住面部以对抗刺骨的寒风。靠前的那位是基诺夫人，她的目光直勾勾地看向黄房子，但这幅画中最出彩的部分是她前方的灌木丛。

　　如果说高更在《女人和猪》的那幅画中，通过呈现干草堆的起伏来暗示女性曼妙的身姿的话，那么这幅画中的灌木丛则被高更注入了强烈的男性气质。在它绿色枝叶的中心，似乎有一张男子面孔：两只眼睛、一个鼻子和一抹胡子。这是巧合还是高更有意为之的呢？这个男子又会是谁呢？

高更和文森特从未谈及过这幅画，他们这段时间也几乎没有给别人写信。文森特有时一天能给提奥寄好几封信，但这段时间却陷入了异常的沉默。通常当文森特不愿交流时，他一定是遇到了什么自己不愿提及的事。

文森特和高更又一次一起给一名模特画了肖像，这是两人第三次，也是最后一次采用这种创作形式了。此次的模特是一位黑发的中年白人男子。与前两次不同，这一次的模特注视着正前方的文森特，而高更则坐到了旁边的位置。

模特微眯着眼睛，头稍稍仰向后方，像是在上下打量两位画家，眼神中还带有对其画技的些许怀疑。他头部后方的墙壁上，有一片放射状的光晕，这说明模特是在晚间来的——画室需要靠汽灯照明。这也符合文森特画肖像的宗旨——"我想为画中的男女人物塑造出永恒的艺术效果，就像过去圣像头顶经常闪耀的光环，那就是永恒的象征。实际上我们想通过捕捉色彩和光影去重塑这种永恒之感。"

他是谁呢？我们曾认为他是约瑟夫·基诺，但事实并非如此，因为基诺的头发是灰白的，而且还留着八字胡。高更在他那篇奇异短小的故事中似乎为我们留下了一条线索：这幅肖像的原型应该是妓院老板路易先生。高更写的故事中有许多情节都有模模糊糊的现实原型——例如来到阿尔勒的马戏团。所以，或许"路易"真的来黄房子中当过模特。高更画中的讽刺性色调似乎也在暗示这就是他。

在高更的画中，这个男人处于被俯视的位置，他脸色苍白，尽显病态和龌龊，但却披着罩袍，打着领结，不经意间展

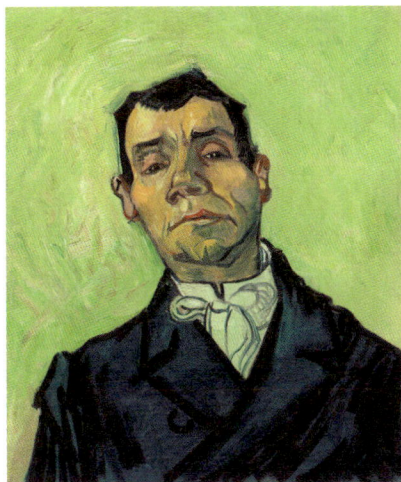

梵高《男子肖像》　　　　　　高更《男子肖像》

现出其富贵的身份。高更在画中也保留了与其形象极度反差的圣洁感——在他身后的墙上画了一轮酷似太阳的金色光环。

　　这幅画是高更凭借眼前景象而不依靠想象所画的最好作品之一，但他本人似乎对此没有兴趣。他不屑于画完它，也没有在上面签名。文森特在第二年春天去清理画室的时候，在高更放在黄房子角落的击剑面罩里找到了这幅画。

　　文森特的肖像画则是另一系列画作的开端之作。在顺利完成了期盼已久的婴儿玛塞勒的肖像绘制计划之后，文森特又立刻投入到那个夏天制定的另一项计划中。当他第一次画玛塞勒的父亲约瑟夫·鲁林时，他就想以普通工薪阶层为主题画一系列肖像。普通的工薪阶层模特并不难找，因为约瑟夫·基诺的车站咖啡馆里有许多工薪阶层的常客（在高更的故事中，路易先生就经常光顾当地的咖啡馆，和那里的人们混的非常熟络）。

文森特向提奥和盘托出了他的计划：

我所擅长的就是在模特坐下喝一杯酒的时间内画完一张肖
像。好兄弟，每次我想炫技的时候，我就会展示这个特长，给
客人点一杯酒，然后在酒杯见底之前完成他的肖像画，我画的
可不是水彩画，而是油画，而且当场就能完成，颇有杜米埃的
遗风。

如果我用这样的方式画一百张左右，那么其中必有一些
精品。这种从凡品中挑选精品的方式极具法式风格，这也是我
一直想做的事。只不过画一百张画我就得陪一百杯酒，但我真
正感兴趣的不是喝酒，而是描绘社会底层民众。作为艺术家，
我能从中得到什么呢？作为一个普通人，我应该推进这个计划
吗？如果我足够有魄力的话，可能会博得一个"值得尊敬的疯
子"的美名，总比现在籍籍无名要好得多。

在圣诞节前的这几周里，文森特一直在推进这项计划。我
们不清楚为什么他拖了这么久才实施这个计划，也不清楚他是
如何克服性格障碍找到足够多的模特的。可能是高更在掌握黄
房子财政大权后，文森特的经济状况开始好转了，而且高更也
可能为这个计划投入了部分资金，毕竟文森特之前最大的短板
就是财力。请这些模特似乎就不能用画作来当酬劳了，所以画
家必定是以金钱来偿付他们付出的时间和精力的，当然文森特
也有可能是用酒来做报酬的。

文森特画中的模特看起来和人们想象中基诺咖啡店常客的

样子别无二致，穷困潦倒是他们共同的特征。其中一个人的帽檐朝后，叼着烟斗；另一幅画中的年轻小伙子看起来很像剃过胡子后的阿曼德·鲁林，衣服倒是不如阿曼德肖像中的华丽，而且他鼻子和下巴部分的线条几乎和阿曼德那幅画中的对应部分一模一样。文森特创作肖像时的理念是"同一个脸部特征可以运用到不同模特的脸上"。这幅画和鲁林家长子阿曼德的另外两副画像在细节方面非常相像，所以这或许是他的第三幅肖像。

文森特那段时间一直在思考关于肖像画的问题。他在前一年定下的雄伟目标是画一张"上好的肖像画"。在9月初写给提奥的信中，他对好肖像画的定义是"有思想的肖像画，蕴含着模特的灵魂"。

在绘画的整个历史中，大多数肖像画都是画家收钱所作的，通常是顾客自己或顾客的配偶、父母来付钱。当然如果是给君王画像的话，买单的也有可能是臣民。无论如何，肖像画的作用是定格一个特定人物的外观。而文森特想留存的是"模特的思想、模特的灵魂"，这与传统的肖像画大相径庭。当然，最伟大的艺术家——伦勃朗、戈雅（Goya）、提香（Titian）——也都非常注重灵魂层面的相似性，但像文森特这样完全沉浸在精神层面的画家倒是少有。

很久以后，在文森特去世前不久，他再次以不同的方式论述了这个观点：

我应该提醒你，以我的能力还远不能做到这一点，但这是我不变的目标。我理想的肖像画，是在一百年后的观众眼里还富有灵魂的。我的意思是，我不以形似为目标，而是要努力再现人物充满激情的样子。

文森特的这一想法或许是受到了卡莱尔的启发：所有活着的人都不过是幽灵而已，"被塑成了一个身体，但这种外表会再次灰飞烟灭，变成不可见之物。这并非隐喻，而是简单的科学事实。"

文森特梦想能成为一位肖像画家，希望能效仿伟大的文学家居伊·德·莫泊桑勾勒书中角色灵魂的方式那样，来画肖像画；或者能像莫奈画风景那样绘制肖像画，无论这片风景有多平凡，只要画家本人喜爱就好。同样的，文森特想画的模特都是他感兴趣的人，他不会考虑对方是谁，或者他们的社会关系是怎样的。他对肖像画不懈追求的态度总能让人想起他此前想当牧师甚至是医生的雄心壮志，因为他画肖像画的过程就像是医生在剖析患者的病理，也像牧师在打开信众的心门。

高更听了很多文森特关于肖像画的长篇大论，就像听他讲其他任何事一样。文森特回忆说，他们讨论过该话题，"直到我们神经紧绷，仿佛下一秒就可以激发人类所有的激情"。奇怪的是，高更此次居然不厌其烦地和文森特一起讨论了这个话题。

对高更来说，肖像画并不是他艺术追求中的重要部分。这个题材不适合像高更这样的画家，因为他追求的不是神似，而是恰到好处的"精确"，不能多一分也不能少一分！他经常给光彩照人的自己画自画像，但他的目标不是追求真实，而是突出人物的戏剧性——例如，他在画像中把自己想象成冉·阿让这个角色。

然而在12月上旬，高更却突然画出了几幅符合文森特审美的肖像：比如一位头发花白的老翁，他留着胡须，持着手杖，看样子像是基诺咖啡店的客人，但也有可能是那位名为佩兴斯·埃斯卡利耶（Patience Escalier）的老农民，文森特在夏天曾画过他的肖像。与文森特那幅画相比，高更画中人物的胡子更长，也没有戴帽子。不过考虑到文森特画他的时候是8月，而现在已经12月，所以这位老农的须发变长也是情理之中的事情。

画家肖像

12月4日—12月15日

大约在这个时候，黄房子里的两位画家各自画了一幅自画像，寄给了北方的查尔斯·拉瓦尔。作为交换，拉瓦尔也会回寄一幅自己的自画像。文森特对这副画像望眼欲穿，最终这幅画像连同几幅伯纳德的海景画，约在11月中旬时一起寄到了阿尔勒。文森特认为拉瓦尔的这幅自画像"极其出色"、"非常大胆、出类拔萃"。他欣赏画中人眼镜背后摄人心魄的眼神，"一种如此直率的凝视"。

文森特此刻就在创作这幅用于交换的自画像，并在画上签下"献给朋友拉瓦尔"的题注。他对待这幅画的态度非常严肃，两人虽然素未谋面，但文森特早将其视为挚友，给朋友的画肯定不能马虎。到目前为止，文森特在阿尔勒只画了两幅自画像，这幅就是其中之一（不包括文森特在去塔拉斯孔途中创作的那幅习作，该画描绘了他背着各种绘画工具走在大路上的样子）。在他9月寄给高更的自画像中，他将自己塑造成了僧人的模样。

　　文森特时隔三月再次重拾自画像这一题材，这次他选择了更加直观的创作手法。三个月如白驹过隙，他的头发和胡子变得又长又乱，显得有些桀骜不驯。但文森特此次的穿着却相当时尚，领子和西装夹克尽显风流，他还特意将一缕头发留在右耳前，倘若不是头发和胡须过于凌乱，文森特的第二幅自画像可谓优雅。

　　如他后来所说，这幅画中的自己"电力十足"。这就是圣诞季前几周文森特的状态：紧张、不安、消瘦但极富活力，眼睛里也闪烁着光彩，目光如炬，看起来精神满满。

　　高更的新自画像一改自己先前的通缉犯形象，画中的他年轻、健壮、体型微胖、衣着整洁而且情绪稳定，说明他对现在

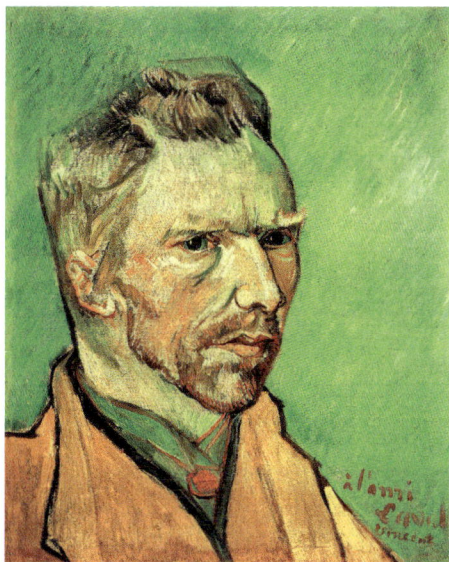

梵高《自画像》

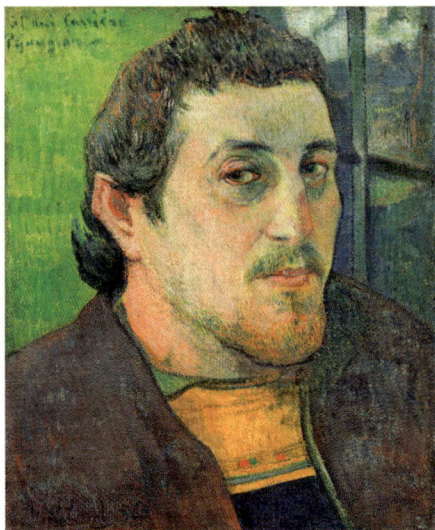

高更《自画像》（译者注：可能献给卡里尔，高更经常记错名字）

的境遇比较满足。（文森特认为高更容光焕发的原因是黄房子里的生活非常滋润。）

　　为了抵御阿尔勒冬季的严寒，高更在西装夹克里面又套了一件布列塔尼套头衫。他身后窗外的景色似乎不是拉马丁广场，远处有蓝色的群山。高更是想借此遥寄对马提尼克岛的怀念吗？拉瓦尔和高更在那里度过了一段时光，也许他打算在合适的时候故地重游。

　　高更在他的速写本上写下了两页含义模糊的笔记。他写下这些笔记的时间不是在阿尔勒的寒冷的12月，就是在回到巴黎的次年1月。无论如何，这些匆匆记下的内容一定与同文森特在一起的日子有关，这一系列模糊的表述应该是高更内心最深处的秘密，旁人几乎无法解读。

高更认为，想要成为一名画家光会画画是远远不够的。艺术家本身就是一个复杂的集合体，他经常需要扮演一系列既相关又相反的角色：圣徒与恶魔，救世主与罪犯，疯子与殉道者。这些角色一部分来源于文森特的启发，也有一些代表了文森特在高更想象世界中的传奇形象。

高更在速写本的右上角写了如下一列文字：

印加人

蛇

狗身上的苍蝇

黑色狮子

潜逃的谋杀犯

扫罗（Saül）、保罗、Ictus

挽救你的荣誉（钱、画布）

奥尔拉（Orla）（莫泊桑）

在这一列词语下方，他又写了一串或许写于不同的时期的，与前文字体不同的、字号更大的、字迹更淡的笔记——"健康的精神（Sain d'esprit），圣灵（Saint Esprit）"。他在下方，又用更轻的笔迹写下他的签名"PGo"，然后又写了三个字母"SGo"。在另一页上，他用深色的墨水再次写下"Ictus"，并用一个气球状的椭圆符号将其包围起来，椭圆上方还有一些难以辨认的潦草字迹。

这些内容意味着什么呢？其中有一些高深莫测的内容，

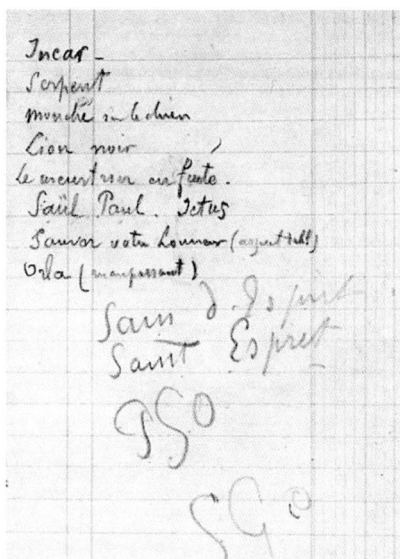

高更在阿尔勒速写本上的简短笔记

例如"狗身上的苍蝇"，似乎没人能理解它究竟为何意。黑色
狮子的指代也不明确，不清楚他究竟指的是黑色的活狮子还是
其他的什么东西（圣特罗菲姆教堂的正立面上有几只被烟灰
熏黑的狮子雕像）。其他的线索还是比较容易理解的。"印加
人"应该说的是高更自己，他总把自己视为"来自秘鲁的野蛮
人"。据说，印加国王是太阳的后裔，死后也会回归太阳，高
更也打算将来能回到热带。

　　另一组简短的笔记似乎是高更在玩自己名字的文字游戏。
他写下"扫罗、保罗"。圣保罗是他的保护者，保罗在成为圣
人之前名为扫罗，曾对基督徒实施过残忍的迫害。下方的签名
似乎也暗示了高更的双重身份：从有罪之人逐渐变为光辉圣
人。他写的"G"像"S"一样，他故意把"P"上半部的半圆

写得很夸张，所以他写的"PGo"就像把"SGo"的前两个字母颠倒了顺序一样。"SGo"是"Saint Gauguin"（圣徒高更）或者"Saül Gauguin"（扫罗·高更）的缩写，而"PGo"是俚语阴茎的意思，所以高更通过改变字母顺序，就将自己从一个粗鄙的人转变为一名圣徒。

"蛇"的含义也较为清晰。一年之后，高更在画中把自己塑造成了那条在伊甸园里引诱人类违背上帝旨意的最为臭名昭著的蛇。在那幅自画像中，他头戴一轮光晕，手夹一条巨蛇，就像夹着一根香烟一般轻松，这幅画也象征着高更圣徒和撒旦融为一体的复杂形象。

背景中还挂着几颗苹果，前景的树叶颇具中世纪画风。哪怕他头部的光环也改变不了他如毒蛇般邪恶的内心——他的脑袋长在一条长长的爬虫脖子上（很像圣特罗菲姆教堂中人类堕落系列作品里的那条蛇）。高更这幅肖像的题目历经数年依旧悬而未决，他草拟过很多个版本：《控诉艺术家的肖像》（*Portrait-indictment of the Artist*）、《无情之人的速写》（*Unkind Character Sketch*）、《从始至终》（*The Alpha and the Omega*）。这幅画就像是高更为自己的人生下的判词，他在生命的最后几年写道：

没有绝对的好人，也没有绝对的坏人；每个人的人生轨迹有同有异。

我欲跃入爱河，却又畏而却步。我欲斩断情丝，却又流连切切。人生一路与善恶同行，二者早已密不可分，所以无论善恶两念哪方占据上风，我都能做到不悲不喜，不卑不亢。

在"扫罗、保罗"的旁边，有个奇怪的词语"Ictus"，这个词语在另一页的椭圆框里又出现了一次。"Ictus"的词源是希腊语"Ichthys"，意为"鱼"。早期的基督徒用这个词和鱼的图案指代基督，因为这象征着基督是拯救人类的渔夫，同时基督的信徒中也有不少渔民。

高更和文森特似乎都曾使用过这个词来指代自己：他们视自己为为了传播新艺术而受难的福音传道者（文森特认为信仰社会主义的唐吉与古代的基督信徒和殉难者一样，必须"无奈地忍受苦难"）。后来，文森特在给好友的信末，画了一个小小的鱼形图案，还写下了词语"Ictus"，就像两位特工交换情报一样，文森特还在那封信中提到了新作《摇篮曲》。

文森特的另一个愿望是"为圣徒和圣女画几幅肖像，而且风格要与这个时代的宗教画截然不同"，但他还未能如愿。他认为这些肖像的原型应该"从当今的中产阶级中去寻找，否则画出来的作品就和早期的宗教画没什么差别了"。也就是说，他想以普通人为原型，在画像中体现出宗教艺术的精神力量。很快，文森特就把理想付诸行动了。

高更也有相似的目标：将现代人塑造成圣徒、殉难者、天使和恶魔。他觉得自己的目标不难实现，实际上，他这年9月所作的《布道后的幻象》就可以算作这一题材，因为画中的布列塔尼女人们正是雅各布与天使摔跤的旁观者。之后，他还创作了许多充满圣经元素的作品——夏娃、伊甸园、堕落、基督诞生、客西马尼园中的苦恼、耶稣受难都是高更作画的素材。最终，文森特发现他不适合涉足这一领域，因为他的新教背景教导他要注重眼前的事实；而在天主教神学院中接受过教育的高更，却觉得这项工程要容易得多。

高更写在"PGo"和"SGo"上方的"健康的精神"和"圣灵"在法语中的拼写十分相像——分别为"Sain d'esprit"和"Saint Esprit"。据高更所言，文森特把这两个词写在了黄房子的墙上。文森特不光把它们写在了墙上，还经常挂在嘴边，也许是因为它们是瓦格纳所坚持的信条："我相信圣灵的伟大，也相信艺术精神的光辉，它们二者是不可分的一个整体。"文森特在夏天被这句话深深地打动了，于是把它视为黄房子的精神信仰。

文森特死后，高更写了一则题为《红虾》（*Pink Shrimps*）的故事。故事发生在圣诞前雨雪霏霏的巴黎。在蒙马特大街上匆匆的路人中间，有个"穿着怪异的男人不停地打着哆嗦"。穷酸的他穿着山羊皮大衣，戴着兔皮帽子。他"又粗又密"的红胡子尽显粗鲁，但他"白皙又圆润的双手"和"清澈无邪的蓝眼睛"却暗示了他有一颗高贵的内心。这个人就是文森特·梵高。

文森特走进一间像唐吉的店铺一样专门经营低端画作的画店，成功卖掉了一幅画着红虾的静物画，但吝啬的店主只给了他少得可怜的钱，让他去偿还欠房东的房租。在他回家的路上，一个刚从监狱里放出来的饥寒交迫的妓女向他求助。"他从衣服里伸出那双美丽的、白净的手。"就像圣弗朗西斯一样，将身上仅有的钱给了她，然后同样"饥肠辘辘"的他害羞地逃走了。

　　这件事并无现实原型，因为文森特在巴黎并不需要付租金，他住在提奥的公寓里，而且在提奥的照料下，文森特度过了他一生中少有的不用忍饥挨饿的时光。所以，这个故事纯属虚构。

　　高更写的另一个故事与文森特在博里纳日的经历有关，他曾在那里传道，当时文森特的家人甚至还想把他送进精神病院。在这个故事中，一名矿工在爆炸事故中受了伤，但没人向他伸出援手，无助的他只能躺在一旁等死，但文森特却用他的悉心照料成功救活了这名濒死的矿工，这份善举很明显是在效仿基督让拉撒路（Lazarus）起死回生的神迹。

　　如果文森特有幸能读到这些故事，他可能会感到惶恐。文森特从来没有将自己视作圣徒或基督，他甚至听到别人对自己画作的赞美之词时都会起鸡皮疙瘩。他非常谦虚，总认为自己"算不上一流画家"。他继承了荷兰人过分追求实事求是的特点，所以他绝不会将自己视为圣徒。"绘画和文学，"高更指出，"是它们作者的肖像。"所以，高更写这些充满诗意的写实故事，也有可能是在借助宗教经典，用暧昧不清的方式来描绘自己的肖像。

　　12月初，高更画了一幅正在画画的文森特，他这次选择用绘画而非文字来直观地描绘文森特的特征。文森特在给提奥的信中用奇怪的措辞，含蓄地提及了高更正在给自己画肖像的事情。他告诉提奥，他认为高更的这幅画并不是"毫无意义的"。（那么问题来了，文森特认为高更的哪些作品是"毫无意义的"？）这幅肖像画的最终效果相当炸裂。

这幅肖像和文森特的自画像几乎没有任何相似之处，自己眼中的自己和他人眼中的自己因为视角原因可能存在出入，这是正常的，但是这幅画和其他画家笔下的文森特也完全不同。文森特的澳大利亚朋友约翰·罗素（John Russell）和图卢兹-洛特雷克都为文森特画过肖像。在图卢兹-洛特雷克所作的画中，文森特坐在一间咖啡馆里，面前还摆着一杯苦艾酒。

文森特在18岁后就几乎再也没有照过相，因为他极度厌恶摄影。10月初的时候，他收到了一张母亲的照片，他看了一眼照片就立刻动手，参照这张照片画了一幅母亲的肖像，因为他不能忍受照片单调的黑白色调。文森特只有一张成年时期的照片留存了下来，但可惜照片中只有他的背影，照片中的他趴在阿涅尔（Asnières）塞纳河畔的一张桌子上，不知在和埃米尔·伯纳德说着些什么。

在其他肖像画中，文森特的前额非常饱满，且微微隆起，他的发色介于淡淡的姜黄色和金色之间，胡子是深红色的。但在高更的画中，文森特的头发却是褐色的，前额低沉，他那原本最具代表性的眼睛也是半睁半闭的，陷入深深的眼窝中，而且显眼的鹰钩鼻似乎也变成了拳击手特有的扁鼻子。显然，高更是从上方观察文森特的，就像是文森特坐在画室工作时高更就站在他身旁一样。

这幅画的最大亮点是文森特手部的握笔姿势，高更曾描述文森特的手是"美丽的""白净的"（有时文森特觉得画画的时候自己就像一位握着琴弓的小提琴手，笔下行云流水的笔触，就像耳边流畅悦耳的音符）。

高更《画向日葵的画家》（*Painter of Sunflowers: Portrait of Vincent van Gogh*）

　　画中背景是高更的另一幅作品，高更在画中把它的尺寸放大了。他习惯在以画室为背景的画中画上自己的画，这或许是在暗示画室是作品与梦想诞生的地方。在这幅画中，后方墙壁上的作品是一幅风景画，但并不是高更当下正在画的作品，或者说即使他画过也没有保存下来，而是与高更先前的作品《蓝色的树》的底部非常相似。

　　画中的文森特正在画一束插在锡釉陶器花瓶中的向日葵，这暗示了这幅画并非高更眼前的真实场景，因为即使在温暖的阿尔勒，向日葵也不会在12月盛放。不过，文森特的确在冬季复刻了几幅他在8月绘制的花卉作品，也许是因为高更当面赞美过文森特的花卉图，文森特为了取悦朋友才这样做的。文森特记得高更盯着向日葵看了良久，满眼都是喜爱。

画中文森特使用的画架从侧面看非常轻便，是一个可移动的户外专用画架。高更之所以画这种画架，可能是因为如果画一个笨重的室内画架，会影响整幅画的构图，导致重心向画架处偏移。不过，这幅画的某些细节还是反映了这幅画作于12月的阿尔勒：画中的文森特穿着一件厚厚的夹克，那年的冬天确实太冷了。

带有灯芯草坐垫的椅子上摆着一个蓝色花瓶，里面插满了鲜花，是文森特也曾画过的那把椅子。这把椅子和画家的腰部齐平，显得他像陷入地面一样。为了画好这幅画，高更在速写本上画了不少草图，重点记录了文森特的几处细节，比如文森特拿调色板的时候，喜欢把拇指穿过调色板上面的小洞。高更可能是在文森特在画画时，在远处偷偷画下这些细节的。他还精心设计了肖像构图，在草图里画了一个咧嘴大笑的文森特，就像被高更的构思逗乐了一样，笑得花枝乱颤，仿佛下一秒就要走火入魔。

然而，最终的肖像和这幅草图完全不同。文森特耷拉着双眼，昏昏欲睡。高更这是在暗示文森特的精神状态正在恶化吗？两个人后来都认为这个理由是站得住脚的。九个月后，在圣雷米精神病院疗养的文森特在一封信中提到了这幅画。"你见过他画的我绘制向日葵的那张画吗？那幅画真实刻画了当时疲惫不堪的我，但后来我的脸色好多了，因为在那之后，我好好休息了一阵。"

　　多年以后，高更在他那真假参半的回忆录里写道，文森特一看到这幅画就大叫道："那是我，是疯了的我。"但是比任何人都更了解和爱护文森特的提奥却完全不认同文森特只有在癫狂的时候才是这样。1889年1月，那时文森特还没有完全从劫后余波中缓过劲来，提奥高度赞扬了高更的这幅肖像画："这是一件伟大的艺术作品！这幅画描绘了文森特最真实的内心状况。"

　　高更画完这幅画后，把它当作礼物送给了他最尊重的画商——提奥：

　　我最近在30号的画布上完成了一幅你哥哥的肖像画，这幅画叫《画向日葵的画家》（*Painter of Sunflowers*）。从外貌上看，或许画中人物与文森特不甚相像，但是我认为这幅画在某些方面抓住了文森特的内在特征，如果不嫌弃的话，请你一定收下它，如果你喜欢的话那就更好了。

　　可能这就是高更画这幅画的原因：为他职业生涯中最重要的人留下一幅完美的答谢礼物。如若真是如此，高更应该不太可能故意将提奥的哥哥描绘成疯子的形象。如果文森特的确在这幅画中看见了疯狂的自己，那可能是因为这幅画激发了他心中对疯狂的恐惧。

　　所以，真相到底是什么？对于高更来说，肖像就应该描绘出对象的内在自我，而非肤浅的表面。他将自己描绘成《悲惨世界》中富有英雄气概的罪犯冉·阿让，就是为了突出自己当时憔悴漂泊的心理状态。所以，高更画中的文森特体现了他对这位伙伴的看法和文森特的真实性格，而并没有展示文森特实际的外表。这幅画的原本意图并不是精确描绘人物的外貌；这幅象征性的肖像不注重形似，而是描绘了内在的神似。

这幅画的名字也别具一格。在高更看来，《向日葵》是文森特最好的作品，《向日葵》系列已经将印象派甩在身后了，因为文森特呈现了花卉最真实的内涵。有一天，高更仔细端详着《向日葵》系列作品，忽然惊呼道："这……这才是真正的花啊。"文森特将这颂词珍藏于心。

所以，高更笔下的文森特如同一个幻象。画中或许有现实中的某些元素，但低矮的额头、褐色的头发、半睁半闭的眼睛绝对不是文森特的特征，反而更像高更。事实上，高更并不以肖像闻名，他通常只画自画像，因为他给他人画像时总会不自觉地画出漫画般的夸张效果。他后来给舒芬尼克尔和他的家人画肖像时，差点因为他把朋友画成了猥琐谄媚的样子而引发冲突。

和其他画家一样，高更在《画向日葵的画家》中也把自己的一些特征添加到了画像主人公的身上。不管他是有意为之还是误打误撞，都为这幅肖像增添了一丝隐喻——两人外观样貌的交融暗喻了双方思想观念的交换，两人之间甚至开始不分你我了。这些都是黄房子中正在发生的事。

同时，文森特也在一张黄麻布上为高更画了一幅像，只不过这幅画的尺寸较小。画中的高更在一片黄色背景下画着南瓜和苹果的静物画。但结果却不尽如人意，这幅画几乎没有获得任何关注，甚至一个世纪后，人们才意识到它居然是文森特的作品。画中的高更戴着红色的布列塔尼贝雷帽，文森特为了在画中突出色彩之间的反差感，特意把高更的鼻子涂成了紫色，因为紫色是黄色背景的互补色，但这让整幅作品看起来非常别扭。这幅画之所以没有成功，是因为文森特像高更一样，选择了"用头脑想象"的创作手法。他只有在对着模特现场作画的时候，才能画出令人满意的肖像画。

　　高更收到了提奥寄来的300法郎，这是他卖掉上一幅作品的报酬。他在遍地黄金的金融界工作时，也不曾见过这么多钱。法郎像雨点一般向他打来，在收到这笔钱后他决定给远在

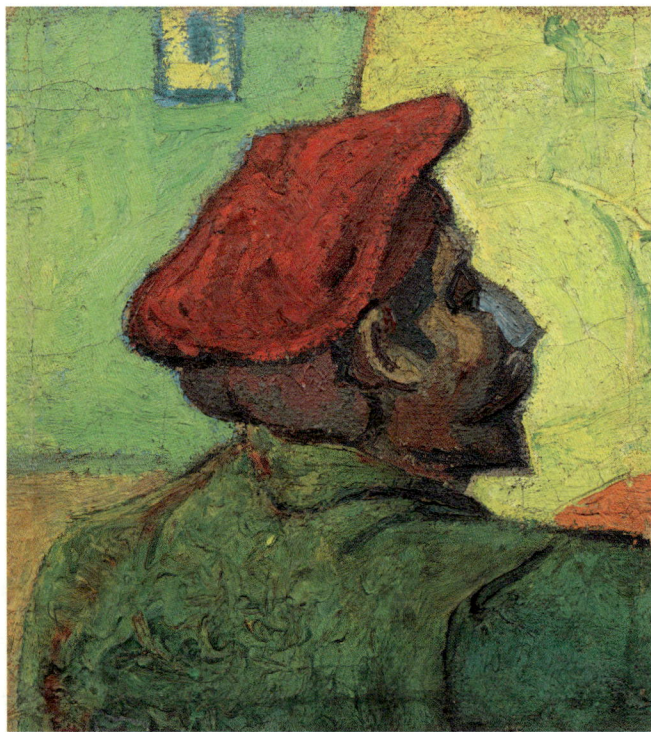

梵高《高更肖像》（*Portrait of Gauguin*）

哥本哈根的妻子梅特寄去此次收入的2/3。他很久没给家里寄过钱了，这次他还随钱寄去了一封简短的自白书，信中措辞十分拘谨：

亲爱的梅特：

　　信里有200法郎。

　　我想请你回信确认钱已收到，这样我就知道钱没被寄丢了。如果你不介意的话，请给我回信讲讲孩子们的近况，我已经好久没有听到孩子们的消息了！

　　我正在重新寻找自我，这期间肯定会有不少挫折。一切都会好起来的，只是需要一点耐心。无论如何，我在巴黎和布鲁塞尔已经颇有名气了。

　　我让舒芬尼克尔给你寄了一封信，他会更好地向你解释人们对我画作的看法。我正在拼命努力工作，希望有朝一日能收获满满。

　　你的丈夫

保罗·高更

拉马丁广场2号（阿尔勒）

　　这封信末尾的签名不是"PGo"。文森特知道高更和梅特之间关系紧张，他对此深表同情，他将之比作高更成功前的一段"受难之路"。

　　文森特事后评价高更：

是一位父亲，他的妻子和几个孩子在丹麦，同时，他还想去地球另一端的马提尼克岛。这太可怕了，这些不可调和的关系和理想肯定会让他的生活陷入混乱。

但他也在利用高更的婚姻问题来给高更施压，希望他留在阿尔勒。他"一厢情愿"地向高更保证，梅特会支持高更留在黄房子的决定，"在阿尔勒画画没有经济负担，还能挣不少钱"；文森特确信梅特会支持二人维持目前"稳定的"现状。由此看来，文森特确实不会说话。

高更在速写本上记下的一系列含义不清的词语中，最具凶兆的是"奥尔拉（莫泊桑）"，这无疑代表着居伊·德·莫泊桑的短篇小说《奥尔拉》（*Horla*）。这部去年发表的短篇小说的主人公是一个被催眠的疯子，内容十分诡谲。高更是在担忧他的室友精神错乱了吗？在即将到来的灾难性事件之后，高更宣称文森特一定是疯了，和文森特同住就如同和危险同住。但是，这似乎并非是高更在预测灾难即将降临。《奥尔拉》给人一种悬疑式的惊恐，读者即使通读全文后也不知道主人公是不是真的疯了。高更和文森特都读过这个故事，文森特后来还引用书中内容来描述自己精神错乱的状态。

文森特在下个月末，也就是他病情稍稍好转后，给高更写了一封信：

我不知道我得的究竟是什么病，有可能是精神病、神经错乱，或者是彻底疯了。但在犯病的时候，我的思想仿佛漂浮在海洋上，我的梦想像那艘名为"飞翔的荷兰人"的幽灵船一样远渡重洋，我和奥尔拉没什么区别。

高更也在事后回忆起了文森特在12月养成的一个陋习：

在最后的那些日子里，文森特经常先是变得极其粗野和暴躁，然后又立刻安静下来。有几个晚上，他会突然来到我床前，我快要吓死了。知道我为什么总会突然惊醒了吧？无论如何，我都受不了了，我只有非常严肃地对他说："你怎么回事啊，文森特？"他才会回到床上倒头睡觉。

别忘了，高更的卧室与文森特的卧室仅有一门之隔。

这段记忆（如果是真实可信的，并不是高更在文学上的杜撰）的确和莫泊桑小说中的噩梦世界很像。《奥尔拉》的主人公深信自己一直被一个看不见的幽灵跟踪着。

那个叫奥尔拉的幽灵会在夜晚时分进入他的卧室，喝他玻璃瓶中的水。慢慢地，它控制了受害者的意念，用超自然的力量成了他的幽灵分身。为了彻底摆脱幽灵，主人公放火烧掉了他的房子，杀死了他的仆人。其实全书一直在暗示这个神秘的幽灵分身是主人公精神错乱的产物，也就是说，他其实是疯了。

当然，就像这个故事的主人公和幽灵一样，文森特和高更也是对立统一的一个整体，他们有很多相似之处——共处一室，追求相同的梦想和观念。但他们也都各自不同，且相互竞争。无声进入高更卧室里的"幽灵"文森特像极了故事中的入侵者。如果高更没有醒来，或者没有让文森特回到床上，会发生什么呢？莫泊桑故事中的主人公也害怕奥尔拉会爬上他的床，用双手使劲掐住他的脖子。

文森特是疯了吗？他的行为的确不稳定，脑子里也装满了奇怪的念头。但是直到1888年12月，也没有人敢断定文森特确实疯了。但很快，他就要做一件包括他自己在内的所有人看来都匪夷所思的疯狂行径。

画室里的危机初见端倪。据高更后来所讲，就在文森特评价了《画向日葵的画家》——"那是我，是疯了的我"之后，他们去了咖啡馆，文森特点了一杯"淡苦艾酒"：

突然间，他把装满酒的杯子朝我脑袋猛砸过来。我躲过了这一击，立刻把他抱在怀里拉出了咖啡馆，我们穿过了整个维克多·雨果广场。几分钟后，文森特就躺到了他的床上然后睡着了，他一觉睡到第二天天亮时才醒过来。他醒来后，非常平静地对我说："亲爱的高更，我依稀记得昨晚我似乎冒犯了你。"

我回答道："我真心诚意地原谅你了，但昨晚的场景很有可能再度重演，试想如果我真被酒杯击中，我可能会暴怒失控然后掐住你的喉咙。所以，请容许我给你弟弟写封信，告诉他我打算回去了。"

显然，高更的故事不可全信，因为他甚至把拉马丁广场的名字搞错了，他把拉马丁说成了另一位浪漫主义诗人，别忘了，他已经在那个广场住了两个月了，而且他妈妈最喜爱的诗歌就是出自拉马丁之手。然而，故事中也有一些细节还算真实，比如"淡苦艾酒"确实像文森特会点的酒，因为他的酒量本来就不怎么好，他只需喝一小口就会立刻进入醉酒狂暴状态。

文森特在激动或者不安的时候，的确会有轻微的暴力倾向。几个月后，他在圣雷米精神病院，从背后踢了警卫一脚，因为他怀疑那个警卫是阿尔勒的警察，想要把他捉拿归案。

那天在咖啡馆发生口角后，文森特回家倒头便呼呼大睡，第二天醒来时甚至断片了。文森特说，那年秋天他共经历过三次这样的"晕厥"。但不管怎么说，高更事后的确给提奥写了一封信，唐突地说：

亲爱的梵高先生：

如果你能把卖画所得的部分利润寄给我，我将感激不尽。考虑到最近发生的怪事，我觉得我必须得回巴黎了。我绝对忍受不了和文森特再共处一室了，我们脾气不合，争吵不断，我和他都需要一个能心平气和创作的环境。他的智慧程度远超凡人，我很尊敬他，但我还是决定要离开这里，尽管非常不舍，但我必须重申，我认为离开是当下的必要之举。感谢你一直以来对我的照顾，希望你在此事上也能尊重我的决定……

您忠诚的朋友

保罗·高更

文森特可能在高更这封信的同一个信封中，也塞进了一封内容凌乱的信，然后在那一周的周二和周五之间一同寄出：

我亲爱的提奥：

　　谢谢你的来信，也感谢你随信寄来的100法郎现金和50法郎汇票。

　　我感觉高更有点不太喜欢阿尔勒这个地方，也过腻了在狭小的黄房子一同作画的生活，可能我就是让他厌烦的最大原因。总的来说，我和他都需要克服许多障碍才能继续同住在这里。

　　这些障碍并非来自外部，而是在于我们自身。总而言之，我认为他要么会义无反顾地离开，要么会明确表示想留下来。

　　我请他再三思量后再做决定。

　　高更活力四射、创意无限，但他坚持要找到一处宁静的栖身之所。

　　如果他不想待在这里的话，会在其他地方找到他想要的宁静吗？

　　我会一直等下去，直到他心平气和地做出决定。

　　两位画家最近没寄出太多信件，但收到了不少重要的来信。12月12日周三，高更的朋友舒芬尼克尔从巴黎给他寄来了一封令人振奋的信件。他完成了高更交给他的任务，前往提奥的画廊调研高更从阿尔勒寄去的新作反响如何。

　　一进画廊，舒芬尼克尔就"眼前一亮"：高更这些在阿尔勒画的画甚至比他在布列塔尼画的画更显功夫，"更加抽象、更有张力"。高更"高产的"艺术成就让舒芬尼克尔羡慕不已，他甚至自嘲道："我真是一个可怜又不幸的人儿啊，几个月时间连一尺画布都没用完。"舒芬尼克尔的语气有多谦卑，他对高更就有多羡慕。

他预言说，高更将会成为一位伟大的艺术"圣徒"，他会为艺术奉献自己的一切，包括生命。事实证明他的这一预言准得可怕。"我越看越觉得这些画中暗藏玄机，也就愈加确信，你将超越画坛中的一众大咖，当然，德加除外。"高更是一个巨人，正在"登上神坛"：

你可能永远无法真正登上神坛，因为那是上帝的神域，但你一定会比肩最接近神坛的那一批画家。

是的，我亲爱的高更，等待你的不光是成功，还有比肩伦勃朗和德拉克洛瓦的荣耀。你可能会像他们一样坎坷，但我希望现在你可以尽快摆脱物质上的折磨。

这封信中仅有一条坏消息：用硫酸钡涂抹的黄麻画布上出现了裂纹，上面的绘画脱落了"一点点"。除了这则坏消息，这封信的整体基调都是振奋人心的。如果文森特读到了这封信，他只会更加沮丧，因为他会觉得自己还有很长的路要走。

但是对于高更来说，在阿尔勒当下形势的衬托下，这封信已经算是天大的好消息了，他已经无法忍受文森特越来越奇怪的行为了。他渴望能立刻前往巴黎，现场聆听观众的赞美。

此前一天，也就是12月11日周二，米勒少尉从阿尔及利亚给文森特写了一封信，他们在夏天建立起的友谊仍未褪色。文森特在后来的回忆录中，只记载了米勒对布特街的女人们的怀念，但其实米勒在信中明确表示，自己在文森特的引导下，已经养成了极高的艺术审美素养，而且这封信里的许多观点都隐含着文森特的影子——"这里最美的东西是大自然：这里的太阳、阳光，和阿拉伯样式的轻盈男装都美丽极了"。他接下来的一段点评彰显了他不俗的艺术修养——"如果将这些风景入画，似乎应该采用中心阴暗、四周明亮的构图。我大胆地将这种光影模式命名为逆伦勃朗构图"。

文森特读到这里的时候，仿佛眼前出现了一幅伦勃朗所作的地中海阳光风景图。文森特想起来他和高更就曾讨论过伦勃朗和南方阳光的关联，他也总在琢磨伦勃朗的绘画风格。他觉得，伦勃朗是唯一可以唤醒观众"无限温情，留下一眼万年之感"的画家。所以文森特一直在筹划用普罗旺斯的色彩画一幅伦勃朗式作品。

少尉继续描述了另一片风景，它与文森特笔下克劳平原上的丰收景观极其相似，陪伴文森特在今年六月画下这幅图景的正是米勒。米勒说他从军营的窗户向外望，可以看到：

地平线处山脉呈由东向西的横亘之势，在目力所及之处化作一抹蓝色。另一面是纯粹的平原景观，只是平原的颜色难以名状：最近处是黄色的，越远的地方色彩越淡，直到褪为一片紫灰色为止。

远处还有一条"烟灰色的线，这条线又细又长，只需一笔就能画完。这些颜色为风景增添了许多层次"。这位投身戎马的年轻军官，居然会以画家的视角解读风景——更确切地说，是在以画家文森特的眼睛解读风景。

办事靠谱的米勒少尉已经向长官汇报了伯纳德即将来此服役的消息。如果伯纳德真的可以在第三轻步兵营服役的话，那么他将会过上神仙一般的日子。米勒还热切地打听黄房子里的创作进展如何，他11月1日离开的时候一切安好。"你怎么样了？我亲爱的朋友。高更现在怎么样？他习惯阿尔勒的生活吗？"他还向提奥送去了问候，与高更"用力地握了握手"。

12月15日至16日的那个周末，阿尔勒大雨倾盆，但黄房子里的风波却有平息的趋势。下周，两人决定做一件之前没有做过的事情：他们要去另一个小镇远足，并参观那里的艺术博物馆。这将是文森特自初夏以来第一次离开阿尔勒。

艺术之旅

12月16日—12月19日

　　两位画家决定前往蒙彼利埃一日游，去参观那里的法布尔博物馆。这个小城在阿尔勒以西68公里外的朗格多克（Languedoc），所以必须坐火车才能在一天内打个来回。高更和文森特都没提过这趟旅行的具体日期，不过一定是在12月16日周日或17日周一，因为这个博物馆只在这两天和周四上午开放。周日又阴雨不断，所以两位画家更可能是周一在阿尔勒站登上的火车，早上08:58的那趟车最为合适。

　　去蒙彼利埃旅行是高更的主意，他在1884年去过一趟法布尔博物馆，那时他是为了帮助一伙西班牙共和党革命者，恰好来的这儿。这批革命者试图在法国和西班牙边境发动一场越境起义，但计划破产了。高更在协助他们出城的时候无意间发现了这个博物馆。它被誉为法国南部最精致的艺术博物馆，藏有大量19世纪初的法国绘画，以及一批古代大师的作品。

　　高更在那里发现了一幅德拉克洛瓦的作品，他和文森特都是德拉克洛瓦的狂热粉丝。这幅画描绘了一个黑人女性，衣服从她的肩头滑落，露出一只乳房。对于19世纪的欧洲人来说，此画的不寻常之处在于，画中的女人是一位黑肤色的美人，而且呈现了一种与古典美神维纳斯截然相反的美感，充分融合了感官之欲和肃穆之感。这幅画给高更留下深刻印象的一个原因是，画中的女人和他的母亲和女儿名字相同，都叫艾琳（Aline）。

　　这幅画让高更越看越喜欢，他甚至当场临摹了一幅，他很少对一幅画喜欢到这个程度。眼前艾琳的美与传统西方定义的

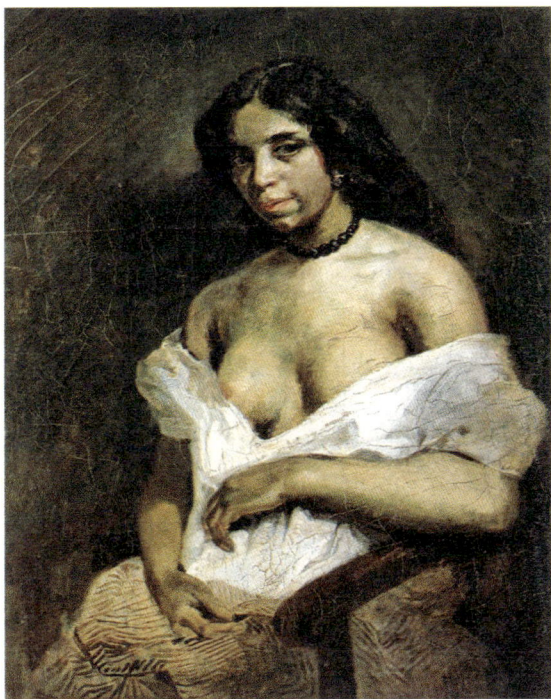

德拉克洛瓦《艾琳，黑白混血的女人》（*Aline, The Mulatto Woman*）

美截然不同，令高更眼前一亮，他似乎又重燃了去热带画画的念头。他有可能是受到这幅画的启发，才在日后画了不计其数的波利尼西亚女人像，因为高更笔下的波利尼西亚女人和艾琳一样，都袒胸露乳，极尽诱惑。

在高更看来，蒙彼利埃的这座博物馆只有一个瑕疵：它居然收藏了古板的学院派画家亚历山大·卡巴内尔（Alexandre Cabanel）的自画像。高更看到这幅华而不实的作品就气不打一处来，"卡巴内尔！"高更轻蔑地说，"一个愚蠢又昏庸的画家！"

两位画家可能下午1点左右才到达法布尔博物馆，他们本应乘坐16:09的火车回阿尔勒，不过好在法布尔博物馆离火车站不远，他们的行程也还算悠闲。文森特一贯以来都对寒冷十分敏感，他觉得这里非常"阴森"，所以绝不可能主动提议来这里——这次旅行一定是高更的主意——但文森特一看到这里的藏品就完全不冷了，因为他内心燃起了熊熊的艺术之火。他向提奥描述了两位画家在这里激烈讨论的场景："我们争论得十分激烈，以至于在间歇时段，我们的脑袋就像耗尽电量的电池一样疲惫。"

"以至于在间歇时段……"，这样的表述是在暗示他和高更的争论显然是不止一次，并且不止讨论了法布尔博物馆里的画。文森特很喜欢用"电"来隐喻体力，显然，他与高更的讨论耗尽了两人最后一丝的体力。

蒙彼利埃博物馆的墙上，挂着几位画家的作品，他们对这些作品已经有了分歧。几周前，文森特表达和高更相左的艺术观点时，高更会回复说："下士，您说的没错！"当时高更只想尽快结束争执，恢复和气。但现在，高更选择不再退让。

高更曾抱怨过文森特居然崇拜19世纪中期的风景画家，比如文森特用"伟大"来形容泰奥多尔·卢梭。现在，他们眼前就挂着一幅卢梭的经典画作——《池塘》（*Pond*），该画的中心是一棵人形大树，文森特也很喜欢画这种颇具英雄气息的植物，可见他受卢梭的影响之深。

此外，文森特对安格尔和拉斐尔的"厌恶"也让高更不满。蒙彼利埃恰好也有一幅符合高更品味的安格尔的画作，显然文森特对它完全提不起兴趣。高更记不住名字的毛病又犯了，他想不起来这幅画的名字了，但这次情有可原，因为这幅画的名字非常拗口，叫作《安条克与斯特拉托尼斯》（*Antiochus and Stratonice*），但这并不影响他欣赏这幅画中清晰的轮廓线和复杂的构图，高更盛赞它们是"一种逻辑缜密且优美的绘画语言"。其实文森特也不是完全"厌恶"安格尔，他还挺喜欢安格尔的肖像画的，因为画中有一种"现代性"，而他的新古典主义画作似乎只是在"卖弄学问"。

蒙彼利埃也有很多他们都欣赏的画作，比如那幅出自佛罗伦萨大师乔托（Giotto）之手的小尺寸画作《圣母之死》（*Death of the Virgin*）。文森特虽然对这幅"小不点"画作的题材——"圣母与死亡"并不感兴趣，但却对其评价极高——"这幅画把痛苦与痴狂的表情描绘得如此真切，即使我们生活在19世纪中叶，也能感同身受地体会到画中人物在那个时代的心情"。乔托身上也有文森特的影子，在文森特眼中，这位羸弱的中世纪画家"历经苦难，但心中的激情和想法却从未被磨灭"。

　　高更在南太平洋居住的时候，还随身携带着一张乔托所绘壁画的照片。"他是否秉持自然的艺术观点真的重要吗？在他的画中，我看见了神圣的温柔与热爱。"高更经常以乔托为例，描绘自己理想中极具个人风格的、非自然主义的"原始"艺术形式——就像圣特罗菲姆教堂里的雕塑一样。

　　蒙彼利埃博物馆最出色的藏品由收藏家阿尔弗雷德·布吕亚（Alfred Bruyas）捐赠。这些藏品不和其他藏品放在一起展览，而是被藏于一个单独的展厅中。根据高更的描述，这个展厅"非常大，而且有三分之一的地面做了抬高"。布吕亚是一名当地富豪，在19世纪50年代至60年代慷慨资助了包括卡巴内尔、德拉克洛瓦和库尔贝在内的许多画家，他本人的经历也很有传奇色彩。

　　布吕亚身患残疾，而且癔症严重，他唯一的爱好是为自己定制肖像。所以，在蒙彼利埃博物馆的墙上，有许多幅他的画像，留着红胡子且满脸忧郁的他就这样俯视着来往的观众。在一幅奇怪的肖像中，他头戴荆冠，就似殉道的基督。布吕亚是个毁誉参半的人——有人说他是一位开明的赞助人，也有人说他是一头陷入浮华与自怜中的困兽。

　　文森特和高更都对德拉克洛瓦的作品赞不绝口，尤其是高更临摹过的"那幅'黑白混血女人'作品"。他们都被德拉克洛瓦画的布吕亚肖像深深打动了，画中人紧紧握住手中的手绢，高更从这个细节观察出了人物的敏感和焦虑。

　　正如他在随后一周给舒芬尼克尔的信中所说："在绘画

德拉克洛瓦《阿尔弗雷德·布吕亚的肖像》（*Portrait of Alfred Bruyas*）

中，一只攥着手绢的手就足够表达出灵魂的特质了。"高更继续说道，为什么画家不能"通过创造不同的"色彩搭配来彰显模特的内在精神呢？这也是文森特一直追求的境界——用色彩表达感情和思想。

从事后来看，德拉克洛瓦的绘画给文森特留下的记忆最深。蒙彼利埃博物馆中的《阿尔勒及尔的女人》（*Women in Algiers*）与在巴黎展出的那个版本相差极大。时间流逝，这些德拉克洛瓦的画作也渐渐"褪了色"，而这种时光的斑驳感对文森特触动很深。他决定逐步放弃"鲜明的色彩效果"，转而研究属于自己的柔和色调。

　　文森特也向提奥赞扬了库尔贝。他认为库尔贝也是一位不可多得的精壮画家，他和鲁本斯、高更一样，有着无尽的活力，能兼顾做爱、育儿，和绘画。

　　文森特还专门提到了一幅画——《浴女》（*Bathers*），说它肉感十足。画中浴女赤裸的背影和丰满的臀部对文森特吸引力很大。他在艺术学校学习临摹的时候，有一次被老师要求描摹《米洛的维纳斯》，老师批评文森特笔下维纳斯的臀部太大了，就像佛拉芒的女人一样，文森特勃然大怒，冲着教授喊道："很明显你不懂年轻女人长什么样，该死！一个女人必须要有髋部、臀部和可以生孩子的骨盆！"文森特的反击把老师吓了一跳。而且，不管库尔贝笔下的女人骨盆是宽还是窄，臀部是丰满还是扁平都无可厚非，因为这幅画的技法已经超然脱俗了。其实这里还有一幅库尔贝的作品，而且是幅名画，但奇怪的是文森特竟然对它只字不提——《路遇》（*The Meeting*），也叫作《你好，库尔贝先生》（*Bonjour, Monsieur Courbet*）。1854年，库尔贝与布吕亚同住在蒙彼利埃时画了这幅作品，描绘了艺术家与他的赞助人在乡下的一次偶遇，与仆人相伴的布吕亚热情地伸出手臂，向库尔贝表示问候。画中的库尔贝强壮伟岸，非常符合文森特脑海中他的形象，他身后背着画具，手里拿着手杖。

　　人物眼中似乎流露出一丝不舍的情感，所以与其说这幅画描述的是路遇时的寒暄，不如说是道别时的寄言——敏感又忧伤的红胡子男子，向另一位活力满满的黑胡子男子道别。文森特从这幅画中看到了他最为害怕的事：高更的离开，两人也屡次因高更

库尔贝《路遇》（*The Meeting*），又名《你好，库尔贝先生》（*Bonjour, Monsieur Courbet*）

的去留问题吵得不可开交。

这幅画也给高更留下了深刻的印象，因为几个月后，他画了一幅名为《你好，高更先生》（*Bonjour, Monsieur Gauguin*）的画。在画中，高更在布列塔尼乡间的门口遇见了一位身着黑衣的女人，仔细一看会发现那女人正是《悲惨人间》中一袭黑衣，象征着孤独的女人。

真是漫长又疲惫的一天。火车于19:20到达了阿尔勒火车站，正值饭点。文森特觉得这趟旅程充实且美满；而高更则有些失落，因为重访故地或拜访老友的喜悦会在离开后迅速发酵成惆怅。高更时隔四年再度重游，发现蒙彼利埃博物馆中学院派作品的数量陡然上升，他回忆说："我在文森特的陪伴下再次参观了这个博物馆，变化真大啊！很多经典之作都销声匿迹了，取而代之的是那些'荣获国家三等奖的（作品）'。卡巴内尔与学院派彻底占领了博物馆。"

但是文森特的兴奋往往不是什么好事。第二天，他写信给提奥，讲述了他在这趟旅程中的惊奇发现：有人早就践行过梵高兄弟的艺术资助事业——阿尔弗雷德·布吕亚。

文森特向提奥简单介绍了这次博物馆之旅后，就直入主题："布里亚斯（Brias）（文森特经常把布吕亚的名字拼错）是艺术家的施主，我就说这么多。"实际上他还说了很多，在他看来，他与弟弟提奥和布吕亚之间有极多相似之处，最明显的一点就是布吕亚和他们头发的颜色一样。

发现三人发色相同后，文森特又继续借题发挥，他推断红头发的艺术赞助人都很看重珍贵的兄弟情。几年后，柯南·道尔（Conan Doyle）在夏洛克·福尔摩斯（Sherlock Holmes）故事集中描述的红发会似乎也从侧面印证了文森特的猜想。但与小说不同，文森特设想的红发会是致力于保护激进的实验派艺术家，并将他们带到南方的组织，就像布吕亚资助库尔贝、文森特收留高更一样。简而言之，文森特在布吕亚17幅肖像中，看到了一个多愁善感、命途多舛的人物，他分不清那究竟是布吕亚还是他自己。

一旦文森特在某两个事物间架起了联系，他的思维就彻底打开了：他先从德拉克洛瓦给布吕亚画的肖像中看到了自己的困境，又从这幅画中读出了阿尔弗雷德·德·缪塞的一首诗。文森特恨不得立刻拍封电报把他的思路统统告诉提奥：

> 德拉克洛瓦画中的布吕亚是一位红胡子红头发的绅士，与你我十分相像，而且这幅画还让我想起了德·缪塞写的一首诗——"每当我即将被绊倒，一个不幸的人，身穿黑衫，总来坐到我走的路边，他长得像我，像我兄弟。"（译者注：本段引自李恒基译本的德·缪塞诗歌《十二月之夜》）我敢肯定，你看到这幅画也会有同样的想法。

高更《悲惨人间》里的黑衣女人形象就来源于这首诗歌——《十二月之夜》（*December Night*）。

文森特的意思是，布吕亚是一位受难的朝圣者，就像他和提奥一样。然后，他话锋一转，又谈到了另一幅画：

> 请务必去经营古代和当代石版画那个书店，帮我找找那里是否有德拉克洛瓦的《狱中的塔索》（*Tasso in the Madhouse*）的石版画，应该不贵。我觉得那幅画中的人物肯定与布里亚斯的肖像有些许关联。

实际上，与德拉克洛瓦那幅作品有关联的其实是文森特。文艺复兴时期的诗人托尔夸托·塔索（Torquato Tasso）不堪政治斗争的压力，精神失常了。之后又因参与一场暴力抗争活动，被判处无期徒刑，终生只能待在幽牢之中。塔索自此成为了被冷漠的社会抛弃和驱逐的艺术家的象征。在德拉克洛瓦的那幅画中，塔索和布吕亚很像——文森特在他最近一幅自画像中的形象，也是胡子拉碴，一头乱发。

德拉克洛瓦的画还描绘了隔着栏杆嘲笑托尔夸托·塔索的费拉拉居民。而且很快，阿尔勒当地居民也会透过黄房子一楼的窗户窥视并嘲笑里面的精神病人——孩子们甚至给文森特起名叫"fou rou"（意为"红头发的疯子"）。

文森特事后回忆在黄房子中的那段岁月时，很后悔当时没有用左轮手枪打死那些侮辱他的人。他甚至萌生了这样的想法："哪怕我真的杀了那些蠢材，我也会凭借艺术家的身份被无罪释放。"如果再来一次，他一定会奋起反抗，保卫他的画室——"如果我当时这样做，画室也不至于落到今天这种地步，都怪我当时太胆怯了，每天只知道喝酒，再加上疾病缠身，但其实说到底，还是我不够勇敢"。

文森特在给提奥写的这封介绍法布尔博物馆一日游的信中，经常变换主题，比他平常的信还要杂乱。信后半部分的文字思路混乱，读起来不禁令人担忧他的精神状况。首先，文森特引用了小说家兼艺术批评家尤金·弗罗芒坦（Eugène Fromentin）的几段金句，但是这些句子和整体语境格格不入，他仿佛在暗示自己和高更被蛊惑了——"我们处在魔法之中，因为弗罗芒坦曾说过：伦勃朗其实是一名魔术师"。

然后，文森特又以更小的字体写了一句难以捉摸的话——"德拉克洛瓦作为上帝的子民，借主之名向世间播撒焰火和硫黄，但上帝却根本不管不顾"。从这段文字中我们似乎能看到文森特在声嘶力竭地呼喊着什么，但鉴于这段话与上下文没有任何关联，我们也不知道他究竟想表达什么。唯一合理的解释是他的自制力暂时失灵了，虽然他平常写信的精神状态还算稳定，但这次彻底失控了，把他脑海中的狂野和愤怒抒发得淋漓尽致。文森特从德拉克洛瓦、布吕亚、蒙蒂切利和其他画家身上看见了自己的影子。

之后，他又笔锋一转，恢复理性了，但部分表述仍然晦涩难懂——"我们的荷兰朋友德·哈恩和艾萨克森肯定也对这封信中的内容很感兴趣，因为他们也是伦勃朗的狂热追随者，我这么说是为了鼓励你们去追求各自的梦想，要永葆初心"。

之所以说这段话晦涩，是因为法布尔博物馆里根本没有伦勃朗的作品。但在文森特看来，一条暗线将库尔贝的《路遇》、高更、伦勃朗和德拉克洛瓦串了起来，他说的其实是伦勃朗所画的一幅"怪异又瑰丽的'男子肖像'"，现藏于卢浮宫的拉卡兹馆中（实际上，学者们后来研究发现，这幅画并非出自伦勃朗的手笔）。

这幅画描绘了一个遥望远方的男子，与《路遇》中的库尔贝一样，都保持着朝圣者的姿态。文森特可能是看见了《路遇》，才想起"伦勃朗"的那幅画。他对高更说，他在伦勃朗的这幅画中看到了伦勃朗、德拉克洛瓦和高更三人有某种血缘关系，不然不可能如此相像。

"不知为何，"他又写道，"我总把这幅画错称为《旅行者》（*The Traveller*），或者《远方来客》（*The Man Come from Far*）。"文森特脑中的各种联想变得越来越复杂，他所赏的画、所见的人和所读的文字都混乱无章地结成了一张错综复杂的网。在文森特的脑海中，他、高更和德拉克洛瓦已然合体，孤独地观察着脑中乱成一锅粥的关系网。

这幅所谓的《远方来客》在文森特的脑海中已经存在12年了，准确地说，这幅画在他第一次在里士满布道时便在他脑海中挥之不去了。他在对朝圣话题思考良久之后，得出了如下结论："我们是大地上的朝圣者，互不相识——我们从远方来，也终将到远方去。"至此，让我们试着捋一下文森特完整的联想逻辑：布吕亚=文森特（和提奥）；库尔贝=高更=德拉克洛瓦=伦勃朗的肖像=朝圣者=文森特。这个逻辑已经混乱到一定境界了。

文森特想托提奥给巴黎最杰出的艺术家传达一则重要消息：

> 告诉德加，高更和我在蒙彼利埃看到了德拉克洛瓦画的布里亚斯的肖像，我们必须相信"世间冥冥之中自有天意"，德拉克洛瓦笔下的布里亚斯、你还有我都是弟兄。

提奥不太可能会向德加传达这样的消息，不过，如果他真这样做了，德加可能就不会迫切地想来阿尔勒了。

文森特本打算给艾萨克森和德·哈恩各写一封信的，告诉他们自己在蒙彼利埃的所见所想，但无奈"电力不足"，文森特最近反复使用这个比喻。文森特后来回望这段日子时，认为自己"有时极度疲惫，有时又电力十足"，这两股汹涌的力量在他的体内互相搏斗，所以他也时而灵光乍现，时而满脑糨糊。

奇怪的是，在这趟争论不断的法布尔博物馆之旅后，高更反而感觉好多了。第二天早上，文森特问他感觉如何，高更回复说，"他感觉原来的自己又回来了"。文森特听后十分喜悦，高更生龙活虎的状态又唤起了他之前的一段经历——"我去年冬天刚到这里时，苦闷到大脑完全无法工作，但我成功挺过了那阵煎熬的日子，我又活过来了"。

文森特希望一切都能好起来，但他显然信心不足。"再也别提什么把艺术家们请到一起生活的梦想了，"文森特忧郁地告诉提奥，"如今这一摊糟心事让我慢慢开始同意你的观点了——命里有时终须有，命里无时莫强求。"

文森特还没来得及寄出这封前言不搭后语的信件，高更就已经给提奥寄了一封语气缓和的信。他决定收回之前想立刻离开阿尔勒的决定，也不打算要回属于他的分红了。高更在信中写道："请把我打算去巴黎的想法当成笑话吧，上一封信你也不必当真，权当一场噩梦吧。"

他又继续谈到了一些生意上的琐事：他仔细查看了提奥寄来的账单，发现提奥似乎忘记扣除画框的价格。他还提到，如果《悲惨人间》有了裂痕，那一定是硫酸钡导致的："如果破损严重的话，请把画寄还给我，我会好好修补的。"

当下，高更应该是推迟了离开阿尔勒的计划，而没有完全打消这个念头，因为他说："我越来越想念安的列斯群岛了，等我再卖几幅作品，攒够钱就立刻启程。"

最后，他提到了文森特的那幅肖像，说《画向日葵的画家》是送给提奥的礼物，感谢他一直以来的"友善"招待，他在落款前还不忘提到："我们还去了一趟蒙彼利埃，文森特会写信告诉你对此趟旅程的印象。"

提奥将会在12月19日的周三收到这两封信，但这次，他已经对阿尔勒的事提不起兴趣了，因为他马上将要迎来人生中最重要的时刻——步入婚姻殿堂。

早在文森特到巴黎之前，提奥就对乔安娜·邦格（Johanna Bonger）暗生情愫了，她是提奥在巴黎的荷兰好友安德烈·邦格（André Bonger）的妹妹。去年七月，他才向大家表明心意，这可打了乔安娜（提奥爱称她为乔）一个措手不及。提奥希望乔能够和他共度未来追寻真理的生活，在他探索新艺术的途中陪伴其左右，但她觉得自己还是不能说"愿意"，因为她那时爱着另一个人。

11月初，乔搬来巴黎长住，但没有知会提奥。就在黄房子被疯狂事件的阴云所笼罩的那周，乔和提奥再次重逢了，这一切都是乔安娜精心设计的。紧接着，好事接二连三地发生了，提奥在21日周五欣喜若狂地给母亲写了封信，汇报这些喜讯。

乔安娜一见面就说自己爱着提奥，愿意接受提奥的求婚。"我实际上非常担心，"提奥信中的言语充满了自卑，"她日后会对这个决定感到后悔，怕她会对我失望，但我又如此高兴，我将会竭尽所能去呵护她，给她幸福。"那天，乔和提奥还一起给乔的父母写了封信，请求他们能同意这桩婚事。

与此同时，阿尔勒的两位画家又闹起了矛盾。高更写信给舒芬尼克尔，询问能否收留自己，因为他感觉自己随时都有离开阿尔勒的可能。但是，他们始终没有停下画笔。

或许正是在这段时间，高更为母亲艾琳画了一幅肖像。他

高更《艺术家的母亲》

没有选择靠记忆作画，反而很罕见地对着母亲的照片作画，就像文森特在前段时间也极其反常地画了一幅母亲的肖像。

高更对照的照片拍摄于1840年左右，当时他母亲还非常年轻，那时高更还没出生。时年15岁的艾琳·高更（旧姓沙扎尔）生活坎坷，她的父亲安德烈·沙扎尔（André Chazal）禽兽不如，曾把她绑起来，妄图不轨，还差点射杀了她的母亲。她虽然捡回了一条命，但胸部的枪伤一直折磨着她，直到在艾琳19岁时撒手人寰。艾琳的丈夫克洛维斯·高更（Clovis Gauguin），是个共和派记者，在1849年前往秘鲁的途中不幸去世，当时保罗·高更只有一岁。

　　这幅画中的艾琳非常年轻，极具异域风情。这幅画有不少戈雅的影子，根据高更的回忆，她的母亲是"一位高贵的西班牙小姐"。他们在秘鲁度过了一段相依为命的甜蜜日子，但美梦在他们于1855年重返法国时破灭了，没有父亲且只会西班牙语的保罗感受到了人生的落差。11岁的他被送到奥尔良的神学院，然后在17岁时又只身一人出海打拼。

　　可惜，他没见到母亲的最后一面，1867年他母亲去世时，他还在海上漂泊。普法战争期间，她在圣克劳德的房子和众多家传的物品都被战火烧毁了。或许这就是高更画母亲年轻时候样子的原因，这很可能是他保留的唯一一张母亲的照片。

　　然而，高更还是夸大了她的异域外表，在母亲的脸上添加了德拉克洛瓦笔下黑人艾琳的鼻子和嘴唇的特征。他还给母亲穿上了阿尔勒风格的服装。她的头饰和炯炯有神的双眼，与文森特夏天画的《慕丝蜜》（*La Mousmé*）有些相像。而且高更还把照片的红色背景改成了黄色。

　　他后来还以母亲为原型创作了一幅更加奇怪的作品。18个月后，在他规划南太平洋之行的时候，画了一幅《异国的夏娃》（*Exotic Eve*）。画中的女人赤裸着身体，活似一尊佛像，但她的面部细节，甚至包括耳前的发卷都和艾琳·高更的肖像完全一致。

危机降临
12月22日—12月25日

　　文森特有了新灵感，他想以鲁林夫人为主角画一幅新作。他和高更讨论皮埃尔·洛蒂的《冰岛渔夫》时，顺便聊到了布列塔尼的渔夫，和"他们悲惨的、与世隔绝的生活，他们每天提心吊胆地飘摇在广阔的海上"。文森特总将人生比作一叶不系之舟，尤其是他自己的人生，遭受着风吹雨打。这周，他的这艘小舟会经历惊涛骇浪的洗礼。

　　他从和高更"亲密无间的讨论"中，凝练出了一条灵感：

　　促使我画这幅作品的初衷是，唤起在海上历经艰险的水手们快乐的童年记忆，当他们在冰岛颠簸的渔船中看到这幅画时，就能会想起那久违的躺在摇篮中听摇篮曲的感觉。

　　洛蒂的书开篇便描写了船舱紧密的布局，那是船员在海上的避难所，虽然狭小，但和黄房子的画室一样温馨。即使舱外的夜晚又湿又冷，但水手们在船舱里依旧可以自在地吞云吐雾，还能就着葡萄酒和苹果酒谈天说地，当然，聊来聊去也跳不出爱、性和婚姻这三项主题。他们的头顶，是一尊红蓝相间的圣母玛利亚瓷像，虽然"风格朴素"，但船员们都对她敬拜有加，为了表示敬意，船员们将她安置在最高处的托架上。"在海上的生死关头，她一定听到过不少诚挚的祷告声"。

但文森特所画的实际上并不是船舱，而是坐在黄房子中最好的椅子——高更的椅子上的奥古斯丁·鲁林，她手中牵着绳子，绳子的另一端是摇篮，她只消拉动绳子就能晃动摇篮，让宝宝慢慢进入梦乡。而摇篮并不在画面中——实际上，不熟悉育儿的人也猜不出画外还有一个摇篮。

按照文森特的构想，躺在小床里的人应该是布列塔尼的渔夫。"我保证，"他后来向高更解释说，"如果有人把这幅画放在渔船里，哪怕是在冰岛远航的渔船里，渔夫们也会产生一种躺在摇篮里的感觉。"不管旁人观感如何，反正文森特已经沉浸到这幅画的宁静中去了。

然而，鲁林夫人身后既不是船舱的墙壁，也不是北冰洋中冰冷的海浪，而是图案立体的法国壁纸。画中花哨的壁纸正是阿尔勒人喜欢的那种，而文森特选择这么画还与另一本书有关。

那是荷兰作家弗雷德里克·凡·伊登（Frederik van Eeden）所写的《小约翰》（*De Kleine Johannes*），该系列小说的第一卷出版于1885年，也就是文森特搬去巴黎的前一年。小说讲述了一个与书同名的主人公的朝圣之旅，他像文森特一样成长于田园诗般的美丽乡村。在他快乐的孩提年代，约翰的卧室里贴着"俗丽"的巨大花卉图案壁纸。文森特画的就是小说中描述的那种壁纸，实际也是在暗示：在摇篮中安睡的不光有渔夫，还有小约翰，当然也有文森特。

　　奥古斯丁·鲁林为了这幅画又当了一回模特。其实现实中很少有墙纸像画中这样艳丽。在壁纸的映衬下，鲁林夫人仿佛置身于美丽的花园中，巨大的白色花团——据文森特说是大丽花——在细长的茎秆上摇曳，藤蔓和叶子相互盘绕，背景则是上千朵蓝绿色小花，每朵小花都有一个红色的花蕾，整体既像豆荚，又像乳房。

　　文森特在这幅画中想要表达的东西还不尽于此，对他来说这幅画也是对点缀在基督诞生的马槽模型旁边的彩绘泥人的一种回应（制作泥人是普罗旺斯的圣诞传统），圣诞季的阿尔勒张灯结彩，到处都是这种小泥人。他将这幅画和廉价的宗教画、有色石版画，甚至是手摇风琴的音乐相提并论。

　　文森特还认为这幅画中的女人并非凡人，而是在船上为众生送去祝福的女圣人，他曾在卡马格海滨的圣玛丽教堂见过这种场景。文森特还记得他三年前在安特卫普看过一幅彩色玻璃窗画——《海上星玛丽》（*Mary, Star of the Sea*），他可能还见过凡·艾克（Van Eyck）画的佛拉芒派圣母像。或许这幅画繁多的意象中，还包括左拉小说《梦》里所描述的精美刺绣。

　　他想把《向日葵》系列作品和《摇篮曲》系列作品交叉陈列，这样一来，它们就可以组成一套7幅或9幅的祭坛组画了。不久后，他向鲁林展示了这组祭坛画，《向日葵》中光彩照人的南方花朵充当起几幅母亲画像之间的"枝状大烛台"，就像是圣诞节里，基督降生场景的两边摆放的蜡烛一样。

　　文森特希望这组当代画作能与早期的基督教圣像画比肩。

他认为这幅《摇篮曲》应该被展览在渔村中的水手客栈里，比如圣玛丽的滨海客栈。他希望这幅画能安抚那些被苦难折磨的人们。"啊！"他两星期后对着高更大喊，"我亲爱的朋友，柏辽兹（Berlioz）和瓦格纳的音乐能为心碎的人提供安慰……我们也来创造能抚慰人心的艺术吧！虽然能欣赏这种艺术的人屈指可数，但你我定是其中之一！！！"

　　然而，正如文森特所说，这幅画蕴含的翻江倒海般的深层意义只存在于他本人充满浓厚个人色彩的联想中，旁人实际上是欣赏不来的，广大观众能看到的只是一幅风格独特且用色大胆的女士坐姿肖像而已。

梵高《摇篮曲》（*La Berceuse*）

不过，这幅画在年轻一代的艺术家群体中倒是产生了不小的影响，这是文森特所不知道的，亨利·马蒂斯（Henri Matisse）、皮埃尔·波纳尔（Pierre Bonnard）和爱德华·维亚尔（Édouard Vuillard）等人都受益匪浅，不过这些画家从中学到的仅仅是绘画技巧，而非文森特引以为傲的深刻内涵。其独特的形式，尤其是那热情洋溢的壁纸，成了一段时期内画坛的常见元素。《摇篮曲》向未曾有人涉足的艺术领域迈出了大胆的一步，这种艺术形式创造性地尝试了用色彩和图案塑造空间和情绪的可能性。

周三，霜冻严重，随后三天都淫雨霏霏。据《不妥协报》22日报道，在法庭上举止轻蔑且满不在乎的谋杀犯普拉多，在牢房中等待处决时，却陷入了噩梦般的恐惧之中。他的死期越来越近了。

那天晚上，高更坐下来给舒芬尼克尔写了一封很长很长的信——这是他来到阿尔勒之后写过的最长的信件。这封内容丰富的信实际在暗示，眼下没有其他像舒芬尼克尔一样的挚友能听高更聊聊家常了。黄房子里的谈话已经彻底终止了。

舒芬尼克尔已经答应，如果高更不得已沦落在巴黎街头，会慷慨收留他，但高更目前还没有下定决心撤离阿尔勒。高更感谢他的帮助，称自己虽然不会即刻动身，但离开的那一天应该快到了：

我目前的处境非常痛苦；我欠梵高和文森特很多人情，虽然我们小有冲突，但文森特的本质不坏，他只是生病了而已，而且他也很痛苦，需要我的陪伴。你记得埃德加·坡（Edgar Poe）吗？他抑郁缠身，最终变成了一个酒鬼。以后我会好好给你解释这里发生的一切的。

但现在我还是决定暂时待在这里，不过也要做好随时离开的准备了。

高更将文森特与坡作比的灵感来源于诗人夏尔·波德莱尔（Charles Baudelaire）在翻译坡的《神秘及幻想故事集》（*Tales of Mystery and Imagination*）时，以传记形式写的序言，这部故事集包含大量怪力乱神，以及类似于奥尔拉精神错乱的故事。但是高更在信中并没有明说文森特疯了。

波德莱尔将坡塑造为一位英雄，但却成了圣洁的祭品，"悲伤"驱使着这位美国作家拿起酒瓶。高更是在含蓄地指出，文森特不光是一位酒鬼，还是一位具有创造精神的罕见奇才。

波德莱尔笔下的坡是一位：

历经艰险，攀登到美学最高峰的人，他一生都在探索从未有人涉足过的人类最深层的精神世界。他的生活像是一场永不停歇的风暴，不断寻找新的写作角度，用全新的写作技巧冲击人类的想象极限，把美带给所有人。

这恰好也是文森特一生的成就。

高更说文森特酗酒，这应该是事实，因为在他与文森特共度的两个月里，文森特每天甚至于每个瞬间在干什么，都逃不过高更善于观察的双眼。高更虽然在陈述事实方面喜欢用含糊不清的语言，但总体内容还是明确可信的。所以如果他认为文森特是个酒鬼，那文森特就绝对洗不清酗酒的嫌疑。文森特在阿尔勒的邻居也经常抱怨：文森特一喝酒，就开始胡作非为了。

12月底时，文森特喝得比平时还要多，因为他这几周工作强度太大了，需要休息一下。上个月，他共计画了25幅画，其中不乏一些上佳精品。

此外，他目前正在画的《摇篮曲》构图复杂且色彩丰富——"红色贯穿全图，先完美过渡到纯橙色，又与铬黄的肤色完美互相衬托，之后和谐地流入粉色，最后与橄榄绿和孔雀石绿混合在了一起"。他对这种色彩变化极为满意："从印象主义的色彩搭配角度来看，这是我画得最好的一幅画。"但为了呈现出这种色彩组合，文森特选择用酒精"击昏"自己，以本能作画。再者，酗酒的另一个原因是他一直在担心高更马上会离开阿尔勒。

高更之所以还没有离开，主要是出于两点考量：一是抛下文森特会让他产生负罪感。二是他担心自己一走了之后，提奥会作何反应。他向舒芬尼克尔坦言："我需要梵高。"高更想离开阿尔勒，但他想在离开前培养出提奥对自己的"依赖性"，并让提奥保证自己的离开不会影响他们后续的合作。高更让舒芬尼克尔守口如瓶，并请他去自己此前工作过的陶器作坊咨询一下，自己能否回去打打零工——高更已经在考虑最后的退路了。

这封信特别长，与高更此前给舒芬尼克尔写的简短信件完全不同。不只是在于篇幅，高更在这封信中还显露出前所未见的担忧。他担心与提奥合作卖画一事已经黄了，因为金融大环境堪忧，而且他寄予厚望的《悲惨人间》也无人问津；他希望收入稳定的舒芬尼克尔能买下它（舒芬尼克尔最终确实这么做了）。他甚至已经开始建议舒芬尼克尔，把这幅画装在黑色边框且四周带有黄色饰带的画框里。

他说："如果我能在5月离开阿尔勒，然后去马提尼克岛修养18个月，我就此生无憾了。"他希望"所有喜爱并理解"他的志同道合的艺术家能和他一同前往。高更细致入微地描述了自己心中的理想世界：人们可以一起幸福地生活在热带的艳阳下。但他也预感到未来的人生可能是孤独的，这实际是高更受到文森特影响而得出的结论，因为"文森特有时说我'从远方来，也终将到远方去'"。

"你还记得曼弗雷德（Manfred）吗？"——高更又把名字记错了：他想说的是德·缪塞——"无论我定居在地球的哪一个角落，我都能看见一个身着黑衣的人，他像兄弟一样注视着我。"

高更又继续洋洋洒洒地写了九页。雨夜漫漫，他本打算一直写到天亮的，但他还是决定停笔，最后他在签名下方，画了一个自己设计的小图形，自从高更在业界出名后，他越来越喜欢开这种玩笑了。那是一个椭圆形的图案，内含日期和大写的"PGo"这两种元素，他再次玩起了这个谐音梗，"PGo"与阴茎"pego"的读音相同。

高更用花体字写下了舒芬尼克尔的地址，然后冒雨出门寄信，但他以20秒之差错过了周六上午十点开出的邮政列车，他的信只能搭乘第二天，也就是23日，周日的第一列特快列车送至舒芬尼克尔手中了。而我们一直说的那场大灾难就是在23日发生的。

文森特虽然手上在画着《摇篮曲》，但心里一直在盘算如何把高更留在黄房子里。他提醒高更，伟大的德加曾说他"要攒钱来阿尔勒一睹当地女人的芳容"。德加都能为了阿尔勒的姑娘们动身南下，难道高更能抗拒姑娘们的吸引力？

不知何时，文森特开始直截了当地问高更是否准备离开。高更在几天后给伯纳德的信中描述了此次事件：

> 我必须尽快离开阿尔勒，他太离谱了，我受不了了。他甚至直接问我："你准备走了吗？"我回答说"是的"，然后他就撕了一条报纸放到我手里，那条报纸上写着："谋杀犯逃之夭夭了。"

这是那天《不妥协报》上一小则新闻的最后一段话。可怜的年轻人阿尔贝·卡利（Albert Kalis）在夜里步行回家时被人从背后刺伤了，人们把生命垂危的他送到了比塞特医院。但"谋杀犯逃之夭夭了"。

根据高更后来的回忆，那天，两位画家像往常一样一起吃了晚餐，当然，做饭的还是高更。与其说高更是吃饭，不如说他是在"吞饭"，然后就立刻去拉马丁广场散心了。对于接下来发生的事情，唯一的目击者高更在不同时期给出了两种截然不同的版本，而文森特本人关于那晚的记忆则非常模糊。高更向伯纳德讲述了他出门后发生的故事，伯纳德又把这个故事讲给了艺术批评家阿尔贝·奥赫耶（Albert Aurier）：

> 文森特也冲出黄房子，一路追着我。那时天色一片漆黑，我转过身看着他，但没跟他说一句话，因为那段时间他总是做出一些令人难以理解的举动，我只能满脸疑惑地看他接下来要干什么。然后他告诉我："你一言不发，我也不会主动开口。"

15年后，高更在回忆那晚的经历时，给出了更加耸人听闻的描述：

> 我觉得我必须得独自出去透透气，就沿着开满月桂花的小径一路独行。在快要穿过维克多·雨果广场的时候，我听到后方传来了一阵熟悉又急促的脚步声。我连忙转身，只见文森特手持剃须刀片朝我冲来。我用如炬的双眼瞪着文森特，他肯定感受到了我眼神中巨大的威慑力，然后停了下来，又垂着头转身跑回黄房子。

高更的描述虽然绘声绘色，但其中几处失真的迹象证明这个故事明显带有想象成分。他再次把拉马丁广场错叫成了维克多·雨果广场，也记错了小径上的植物。他写的是月桂（Lauriers），虽然确实有一些月桂在冬季开花，但是他实际上想说的可能是夹竹桃（Laurier-rose），文森特在9月画过这种

"代表爱意的"花。当高更写下这些文字时，在他脑海中浮现的是文森特挂在卧室中关于这些花园的画作。

那么文森特手持杀气凌人的剃须刀片是真实情况吗？其实种种迹象表明，这也是高更杜撰的产物。当时震惊世界的开膛手杰克和普拉多的武器就是那种刀片，高更可能是把报纸上广为报道的罪行当成看到的真相了。而至于那束压制了文森特的威严目光，则令人想起了皮亚内兄弟训练野兽时的威严。

文森特在精神恍惚时，确实有轻微的暴力倾向——比如他从后面踢了护士一脚，以及文森特事后后悔没有用极端的暴力手段攻击在黄房子附近看热闹的阿尔勒居民，这两条证据似乎能证明高更的故事有一定的可信度。

退一步而言，假设手持剃须刀片的细节是高更胡诌的，那他这样指责已经去世的朋友的动机是什么呢？高更接下来的这段叙述似乎为我们提供了答案：

我难道没有预想到悲剧即将发生吗？我是否应该夺下他手中的刀，并试图让他冷静下来？这些问题一直在拷问着我的良知，但我确实也没有责备自己的理由。若我真的有罪，就让他当第一个向我执行石刑的人吧。

显然，高更可能是对没有阻止悲剧发生而心怀愧疚，所以无意识地补充了这些记忆细节。

当他写下这些文字的时候，文森特已经成为一位伟大的画家，被世人敬为画坛圣徒。如果高更没有转身离去，而是回到黄房子安抚他的朋友，或许这场灾祸就不会发生——虽然从长远来看，这场灾难终将会降临在文森特身上，一切只是时间问题。所以，高更那晚一个人走出黄房子的决定无可厚非，毕竟没人能够因为他拒绝与手持刀片的疯子共度一夜而责备他，尤其是文森特还曾试图攻击他。高更已经受够了这样的折磨，所以那晚他在旅馆过了一夜。

　　根据高更第一个版本的描述，文森特在外出尾随高更无果之后，转头给提奥寄了封信，或者是去喝了一杯，又或者他两件事都做了，然后就回到了黄房子。当天夜里晚些时候，差不多十点半至十一点之间，他拿起平时用来刮胡子的剃须刀片割下了自己的左耳——另一说是仅仅割下左耳的耳垂部分（学界对这一细节存在分歧），文森特的耳部动脉被彻底切开，瞬时鲜血如注。

　　高更第二天回到黄房子看到了如下场景：

　　　　他必定是花了很长时间才止住血，因为次日我看到，一楼两个房间的地板上到处都是带血的湿毛巾，通往二楼卧室的小楼梯上也满是血迹。

　　这表明文森特可能是在画室里对着他的新作《摇篮曲》自残的，也有可能是在卧室动的刀，然后才走到一楼。

　　文森特搬进黄房子的时候，买了许多纱布以备不时之需，这次真的派上用场了。根据高更的描述，他用纱布止住喷涌而出的血液并完成包扎后，把从身上割下来的小零件仔仔细细地清洗了一遍，又用报纸包了起来（或许用的就是那天早上出版的《不妥协报》）。

　　然后，他戴上了一顶帽子，将伤口那侧的帽檐拉低——高更记得那是一顶贝雷帽，有可能高更才是那顶帽子的主人，他前一晚离开得太匆忙，可能忘戴帽子了。文森特再次穿过拉马丁广场，走出城门后左转，然后在第二个路口处继续左转，在布特街一号的妓院门口停下了脚步。他说服看门人让他进去见一个叫瑞秋（Rachel）的妓女，然后把那个可怕的包裹交给了她。

　　关于文森特自残后的行程，也有两种稍有出入的说法。《共和党论坛报》在一周后的本地新闻板块报道了这则消息：

　　上周日23:30，一位名叫文森特·沃高（Vincent Vaugogh）的荷兰画家，走到布特街一号的妓院门口，请求见一位名为瑞秋的女孩，并且把自己的……耳朵交到她手上，然后嘱咐她："小心保管这件物品。"然后，他便消失不见了。

　　而高更给伯纳德讲述的版本则是，文森特在递交这件令人恐怖的包裹时，给出了一段圣经经文般的指示："你将会记住我，我明确地告诉你。"

　　瑞秋刚反应过来她手上的东西是什么，就立刻晕倒了。不知怎么地，文森特就像没事人一样又回到了黄房子，然后爬上血迹斑斑的楼梯，在窗口点了一支蜡烛后倒头就睡，他以前每次受到打击后都是这样，睡得很沉。

　　文森特到底是出于什么念头，才做出如此恐怖、怪异且常人难以理解的事情？他似乎在操办一种对自己而言意义非凡的仪式。被精神疾病缠身的人确实会做出许多离奇的事情，但很少，或者说几乎没人会割下自己的耳朵（但自从文森特开创先河后，后世有许多人开始效仿他的行径）。

文森特事后声称他那晚记忆模糊，几乎想不起究竟发生什么了。但或许他是选择性失忆，因为当医生询问他为什么这样做时，他回答说是出于"私人原因"。

然而，文森特并非没有留下任何线索。很少唱歌的文森特在他割耳朵的前几天居然开始哼歌了，他唱了一首"母亲之歌"，因为他"梦见了这首歌，梦见母亲一边摇着摇篮，一边唱着这首歌，让水手们快快入睡"。他向高更解释说，之所以做这个梦，是因为"我在发病前一直在探索符合该主题的色彩搭配"。

饱经疾病折磨的文森特坦言，他一方面感觉宗教在压迫自己，所以极度恐惧，但另一方面又感受到一种他所谓的"宗教狂喜"：

> 我十分震惊，有着现代观念的我如此狂热地崇拜着左拉和龚古尔，关心着艺术，但我却和迷信的教徒一样，患上了这样的疾病。我目前对宗教非常惶恐，而在北方时，我从未有过类似的经历。

所以，他那晚疯狂的想法似乎与他正在画的那幅画的主题密切相关：一位母亲摇晃着摇篮，同时，他脑中也浮现出玛利亚安慰着漂浮在危险海域上的水手们的画面。他事后回忆，当时他是在依据脑内画面，绘制一幅神圣的女人肖像，但无限思绪却唤起了心中"过于强烈"的感情。

还有一些线索可以证明，那一晚文森特脑中还盘旋着其他的想法：他被两则故事困扰着，这两个故事均与他之前拥有过的家庭和画室有关，即那间"有摇篮的画室"，然而那间画室早已是过眼云烟了。这两则故事也与他割掉耳朵的举动有千丝万缕的关系。

第一则就是基督在客西马尼园中饱受精神折磨的故事。基督预见了自己被捕、遭受折磨和被钉上十字架的命运，于是向上帝祈祷："如果可以，请将这圣杯从我身上移开，请不要因为是我请求，你就应允我，请照你的意思裁决，我愿听旨意。"文森特当时决定离开从良的妓女西恩·胡尔尼克和她的两个孩子时，也一定和在客西马尼园中的基督一样痛苦。

在新约中，基督接受了他的命运，犹大带领士兵冲进花园来逮捕基督。门徒们见此情景决定暴力抗捕，"其中一个门徒打了大祭司的仆人，并割下了他的右耳"。

另一则故事出自左拉的小说《莫雷教士的过失》。文森特在婴儿威廉出生后不久的1882年7月读了这部小说。小说故事并非来源于现实，而是描写了作者幻想中普罗旺斯一个小村庄的神父瑟奇·莫雷生命中的一个危机。这本书内容庞杂，寓言和梦境穿插其中，所以许多读者都批评这本书并不出彩。但这部文学价值不高的小说似乎很符合文森特的胃口，因为他在书中找到了很多与自己生活类似的情节。

　　书中的主人公是虔诚的神父瑟奇·莫雷，就像博里纳日时期的文森特一样。他和年轻的文森特一样，也遇到了一场信仰危机，被危机击垮的他在圣母玛利亚的塑像前"牙齿直打战"。

　　当莫雷再度恢复意识时，他身处一座名为"天堂"的疗养花园，这里鸟语花香，景色宜人。原来是帕斯卡尔·卢贡医生救了他，并把他带到这里。负责照顾他起居的是护士阿尔比娜（Albine），这是一位狂野的青春期女孩，她的祖父也住在那里。在她的照料下，神父逐渐恢复了元气，两人还经常一起在天堂花园散步。惜字如金的左拉在此处不惜用极长的篇幅详述了这段花园中的浪漫情节，就连这里的花花草草都被赋予了极强的性暗示，整个故事就像一部带有花园元素的《印度爱经》（*Kama Sutra*）。

　　事实证明，神父也难过美人关。他和阿尔比娜的罗曼史传到了当地修士阿昌亚斯（Archangias，意为天使）的耳朵里，一向铁面无私的修士把神父逐出了花园。他又重新披上神父的罩袍，过上了先前的生活，然而阿尔比娜一直恳求他回到爱之花园再续前缘。被神父严词拒绝的她含恨饮下花毒，结束了年轻的生命，这一情节相当不可思议。书中的最后一幕是她的葬礼。

　　小说的所有角色都聚集到了她的墓前，人群中还有一个从未出现过的人物：阿尔比娜的祖父让贝纳（Jeanbernat）：

　　他站在阿昌亚斯修士的身后，眼睛似乎在死死地盯着修士的后脖颈。然后，在莫雷神父祈祷完毕之后，让贝纳平静地从口袋里掏出一把折叠刀，打开它，割下了修士的一只耳朵。

当文森特决定离开西恩时，这本书以及客西马尼园中的故事都早已深深地印在了他的脑海中。然后，他写下了这样一句话："天堂是美丽的，但客西马尼园更加美丽。"这含蓄地说明了，精神上的斗争比充满情欲的生活更加让人难以抗拒。当他在蒙马儒看见普罗旺斯丰茂的植被后，他一定会想起左拉的小说，而且他还很有可能知道不远处有一个农场就叫天堂，他甚至画过一幅天堂农场的风景画。

文森特在12月23日晚上的反常举动说明，他又想起了这部情节起伏的小说。但他为何要将对阿昌亚斯修士的惩罚施加于自己身上？小说中不近人情的男修士，象征着旧约中严酷的宗教律法，因为他的所谓职责就是紧盯当地孩子们的一言一行，还经常以原罪为借口体罚他们，拧耳朵是他最喜欢的体罚方式。给修士当祭台助手的男孩文森特就深受其害，书中特意写道，他的红头发总是乱糟糟的——这一细节应该已经刻在了另一位文森特脑中，而且这位文森特对发色特别敏感，他仅仅因为布吕亚的发色与之相近，便认定他是自己的兄弟。

小说一开头就是阿昌亚斯在教堂花园里教训文森特的场景。教堂花园是孩子们观赏"鸟巢、蜥蜴和鲜花的天堂"，文森特喜欢在这出神地望着鸟巢。阿昌亚斯觉得他是在偷懒，于是毁了鸟巢，揪着男孩的耳朵把他提到半空中。文森特·梵高也曾同样痴迷于鸟巢——在尼厄嫩时，他画了许多鸟巢相关的速写和油画，堆满了整个画室。

文森特可能还联想到了另一只耳朵：开膛手杰克在9月30日割下了凯萨琳·艾道斯的耳朵。文森特的思路就是这么清奇，总能从一件事联想到其他看似毫无关联的事情，比如这周他们在法布尔博物馆的时候，文森特的思绪就完全放飞了。

当时，听到高更决绝地说出将要离开的文森特，在痛苦的加持下一定也经历了一场狂风暴雨般的思绪激荡。他的理智顿时就被愤怒和困惑击败了，他只能听从于头脑中声音最大的指令，这就解释了为什么他后来回忆当晚时说：感到很自责——他是自己乱成一团的孤独生活的始作俑者（高更离开后，他不得不再次离群索居），而且对于共享画室这一梦想的破灭，他也难辞其咎。文森特最终以小说中惩戒阿昌亚斯的方式惩罚了自己，他觉得自己就像在客西马尼园中被圣彼得割掉耳朵的那个士兵；像小说中因偷懒被责罚的红发祭坛助手文森特；也像被开膛手残忍虐杀的凯萨琳·艾道斯。

他抄起剃须刀片，削下了自己的耳朵，然后细心地把残耳包好，送给了布特街上的一个"善良的小女人"。

同瑞秋和她的同事们在一起的时候，文森特才能暂时体会到感官上的享受和情感上的放松，这种天堂般的享受居然只标价两法郎。所以在文森特眼中，她们与仁慈的天使无异。秋天的那个连环凶手让妓女们人人自危，文森特就效仿基督承担了相应责罚，并让瑞秋担当神圣的见证者，但瑞秋感受到的只有惊吓。这并不奇怪，因为谁也不懂文森特的真实用意，甚至他本人在清醒过后，也忘了为什么要做如此奇怪又可怕的事情。

可以想象，文森特把妓院搅了个天翻地覆。次日清晨，宪兵阿尔丰斯·罗伯特（Alphonse Robert）路过布特街的时候被妓院老板维尔日妮·沙博拦了下来，让他带走了那件让瑞秋惊慌失措的包裹。

宪兵简单地问了些问题，然后打开包裹确认了这的确是一只耳朵。"我会恪守职责，立刻向上司汇报。"很快，约瑟夫·多纳诺队长就带队冲去了黄房子。

黄房子里马上要上演一出大戏，而高更却仍在百米外的旅馆里辗转反侧。他昨晚直到三点才睡着，所以第二天的起床时间比平常略晚，差不多七点半才下床。他穿好衣服，走过拉马丁广场，心里或许是在盘算如何为昨晚的争吵赔罪；又或许是在考虑如何以一种更加友善的方式道别，然后收拾好行李尽快启程；当然也有可能，他在担心文森特昨天一个人在家过得是否安好。

他还没走近黄房子，就看到了一系列让人不安的景象。广场上聚集了一大群人，而人群中心是"黄房子门口的大队宪兵和戴着圆顶硬礼帽的小个子军官"。那个军官正是多纳诺，就是高更笔下漫画人物的原型。

高更完全不知道发生了什么，但他感觉一定是大事不妙了。果然，他刚到门口就被一群宪兵逮捕了，因为房子里"到处都是血迹"。可能高更和宪兵们是前后脚赶到黄房子的，他们还没来得及进门勘查现场，不知道文森特还活着。他们只是透过大门上面的窗户看到了室内如凶杀案一般的现场，就二话不说把高更拿下了。

高更迎来了人生中的至暗时刻，因为他明白宪兵摆开这么大阵仗，很可能是文森特死了，但谁知道是自杀还是他杀呢。从宪兵们的反应可以看出，多纳诺猜测他杀的可能性更大。

高更回忆道：

戴圆顶硬礼帽的男人一上来就语气严峻地质问我："你对你的同伴做了什么？先生。"

"我不知道……"

"哦，是吗？……其实你很清楚……他死了。"

我那时比任何时候都希望刚刚听到的话是假的，我花了好长时间才冷静下来，把快要跳出来的心又咽了下去。

愤怒、恼火、伤心，连同周围人怀疑的目光带来的羞耻感几乎把我撕成了碎片，我用尽最后一口气才勉强结结巴巴地回答道："不管情况究竟如何，长官，我们去楼上细谈吧。"

高更手里可能也有一把黄房子的钥匙，不管怎么说，他们总之是上了二楼。由于高更在后续故事中的主角光环太过明显，我们不得不怀疑高更是不是在添油加醋：

文森特躺在床上，用床单把自己裹了起来，身体蜷缩成一团，与死人无异。轻轻地，我非常轻地推了推他，身体的温度表明他没死！我立刻恢复了所有精力，如元神回体一样。

不过，第一个碰触文森特身体的人可能就是高更。

然后，我压低声音和宪兵队长说："请您务必小心，先生，叫醒他的时候要格外留神，谁也不知道他会有何举动。如果他问起我，就说我已经回巴黎了；他睁眼后看到我的后果可能是致命的。"

这里我必须承认，宪兵队长非常专业，而且贴心地为文森特请来了医生和出租马车。

文森特终于醒了，高更小心翼翼地躲在文森特的视线之外：

文森特一睁眼就问他的同伴去哪了，并四处摸索他的烟斗和烟草；他甚至询问了楼下装着每月开销的钱匣子还在不在——我敢说，他怀疑我拿钱跑路了！不过我已经经历了太多不幸，根本没把这点小事放在心上。文森特被即刻送往医院，可一到医院，他就又开始胡思乱想了。

高更回到巴黎后，又给伯纳德细致入微地讲述了一遍整个事件，至于真实程度，那就仁者见仁，智者见智了。他没有提文森特怀疑他携款私逃的细节，但他讲述了文森特被送到阿尔勒最大的医院后的一系列怪异之举，他说："文森特的状态急转直下，他爬上其他病人们的床，骚扰护士，还在煤桶里洗澡。也就是说，他还在继续按照圣经所述的内容惩罚自己。"

种种迹象表明，高更也认为文森特的割耳举动与圣经中客西马尼园的故事有千丝万缕的联系。高更前脚走出宪兵队，后脚就去给提奥拍了一封电报，告诉他阿尔勒大事不妙了。那只耳朵——又或者是耳垂，被放在了一个瓶子里，警察小心翼翼地把它交给了医院的医生，但由于早已错过最佳缝合时间，所以只能丢掉了。

12月24日周一，提奥坐在办公室里给姐姐伊丽莎白（Elisa-beth），也就是梵高家三朵金花中的老二莱斯，写了封信，告诉她自己马上要结婚了。但平安夜的喜悦被高更的电报强行画上了休止符。

提奥收到电报后，立刻给乔也写了一封信，乔和她的哥哥正在巴黎准备迎接圣诞。"文森特病得很重，"他潦草地在印有布索和瓦拉登画廊抬头的纸上写着。"我不知道发生了什么，但我必须得去一趟，因为那里需要我。很抱歉又要让你因我难过了，都怪我，我本来应该和你一起过节的。"随后他将这封信交给了乔的哥哥。

他刚放下笔，就觉得还有事情没有交代清楚，于是又给乔写了封信，还把几封他母亲和维尔寄来的信也附在其中，并再次重申，等文森特病一好他就回来。他赶上了当晚19:15那趟巴黎–里昂–地中海特快专列，身患重感冒的乔甚至不畏严寒，亲自到车站给提奥送行。

第二天一早，提奥就站到了文森特在阿尔勒医院的病床前。"他周围的人"——也就是高更，给提奥讲了文森特此次的"过激"之举，还说文森特的疯癫状态已经持续了好几天，割耳自残只是这轮癔症的"高潮"。

提奥问道："难道他会这样一直疯下去吗？"

医生认为目前一切皆有可能，谁都不敢确定。需要等他休息几天，再做诊断，到时候就能确定他能否恢复理智了。我和他在一起的这段时间，他似乎还算正常，但很快又进入了谵妄状态，嘴里一直在念叨那些哲学和神学问题。

文森特告诉提奥，他精神恍惚的时候，仿佛回到了童年，就站在津德尔特的田野上，他还能隐约看到他和提奥的那个小卧室，以及床上枕着同一个枕头的两个男孩：

眼前的此情此景让他（文森特）无限伤怀，他心中时不时就会涌现出这些悲伤的画面，他想要放声痛哭，可是欲哭无泪。他（提奥）真是个悲情斗士，也是个可怜的受难者。此刻，没人能分担他的痛苦，但他显然快被沉重的痛苦压垮了。如果他能够找到一个可以聆听他心里话的人，也不至于落到这般田地。几天后，他们将决定是否有必要把他送到特殊病院。

提奥也和文森特分享了他要结婚的喜讯，并询问他是否同意。文森特回复说，同意，但婚姻"不是生命的主要目标"。长期忍受孤独的文森特对传统婚姻一直充满偏见。

文森特"不停地"问高更在哪，问了"一遍又一遍"。但高更仍然拒绝在圣诞节那天去医院看望文森特，他说文森特见到自己只会更伤心；或许他只是担心文森特会死乞白赖地求他别离开阿尔勒。

提奥踏上了圣诞节当晚开往巴黎的火车，高更似乎也和他一起走了。高更应该是临时决定回巴黎的，因为他的不少作品和行李都落在了黄房子里。此后，他和文森特再也没有见过面。

劫后余波
12月26日之后

鲁林承担起了照顾病人的任务，他答应提奥会定期报告文森特的情况。26日周三，他向提奥汇报了文森特令人揪心的病情：

很抱歉，我认为他积重难返了。目前他不光是思想混乱，身体也非常虚弱。他情绪低落，虽然认出了我，但脸上没有一丝喜悦，也没有打听我家人的近况，更没有询问别人的消息。我走时和他说，我会经常来看他的，他却摆出祈祷的手势，回答说我们天堂再见。

鲁林在28日又写了封信，说文森特的病情仍不乐观。《摇篮曲》的女主角鲁林夫人于周四去探望了文森特：

他看见她走了进来，就把脸蒙了起来。她也能和他正常沟通了，而且他还主动谈起了我们的小女儿（玛塞勒），问玛塞勒是否还和以前一样可爱。

今天是周五，我来到医院却没找到他。值班医生和护士告诉我说，昨天我妻子走后，文森特又爆发了一次，直到入夜了还不消停，所以他们不得不把他关进了隔离病房，他滴水未进，也拒绝沟通。这就是你哥哥目前的状态。

很明显，奥古斯丁·鲁林触发了文森特周日那天夜里在她画前的全部思绪。文森特那时可能还用天籁般的嗓音给自己唱起了摇篮曲，以安慰孤独的、痛苦的、绝望的、丢掉了画室以及失去了同伴的自己，他哀叹自己生命中的种种遗憾。

第二天，文森特的母亲安娜·梵高（Anna van Gogh）给提奥写了封信，说她早就发现文森特的精神出问题了——"我相信，他早就埋下了病根，这才是他痛苦的根源，也是我们不幸的开端。提奥，你一向都是家里最懂事、最可爱的，而且还是文森特唯一的弟弟，这些年你一直为他担惊受怕，真是苦了你了。"提奥的婚约为她带来了喜悦，而文森特的现状又给她带来了冲击，悲喜交加的安娜很明显丧失了理智，她前言不搭后语地问了一句艾克斯地区在哪。她认为最好的结局就是文森特尽早离去："我会祷告，'主啊，带走他吧。'"

文森特最小的妹妹威廉敏娜，也就是维尔，则非常同情文森特目前的遭遇，她好奇地问文森特真的命不久矣了吗？如果真是如此，她会立刻前去看望他，她已经备好了盘缠。如果性命无虞，那他还能恢复正常吗？或者他的病可以治好吗？他仅仅是身体上有毛病吗？她可怜的哥哥真是生活在水深火热之中！高更是否提前预知了此刻的到来？没人知道最后一个问题的答案，甚至高更自己可能都不知道。

同时，普拉多一案的判决结果正式揭晓了，文森特和高更都在关注这起案件，而且两位画家的命运似乎和这个谋杀犯的命运神奇地纠缠在了一起。就在奥古斯丁·鲁林探访文森特的这个周四，27岁的普拉多的上诉请求被驳回了。

高更曾拜托一个在市政卫队当差的朋友，普拉多案结案后务必告知他死刑的执行日期。那天深夜，正在新雅典咖啡馆和印象派画家们谈天说地的高更收到了一封电报，说普拉多的死刑即将执行。当然，高更也在期待着另一条死讯——来自阿尔勒医院的悼信。

尽管高更这几天只睡过一个好觉，他依旧强忍着疲惫去送了普拉多最后一程。那时的法国依旧允许大众围观死刑，所以每逢行刑，就会有一大群人前来围观，有时甚至能吸引数千人。凌晨两点半，高更来到了监狱外的火箭广场，那一夜他冷得直跺脚，但他对观摩普拉多死刑的兴趣却依旧浓烈。

黑压压的人群把视野最好的区域——断头台周围——围了个水泄不通。那一刻终于到了，监狱的门缓缓打开，卫队整齐地走了出来，宪兵拔出军刀，许多围观者都主动向士兵们行脱帽礼。为了能看清楚整个过程，高更一直向前挪步，最后在两个宪兵之间找到了绝佳位置。

高更觉得普拉多虽然个头不大，但身强体壮，他高傲地仰着帅气的面庞，看起来状态不错，"虽然他刚刚剃了头，还穿着粗糙的白色亚麻衬衫，但外表依旧充满杀气"。后来，高更甚至宣称自己听到了普拉多问刽子手："那是什么？"刽子手答曰："装脑袋的篮子。""那又是什么？"答曰："装你身体的箱子。"没想到死刑的准备如此到位，高更完全看呆了。

普拉多的头被固定在了断头台上，刽子手即刻放下载有66磅（约30千克）木块配重的三角刀。正常来说，刀刃会在完成14英尺9英寸（约5.5米）的自由落体运动后利落地砍断囚犯的脖子，但意外发生了：

刀刃没有落在脖子上，而是削掉了他的鼻子。犯人痛苦地挣扎不已，两个身穿蓝色制服的行刑官用力地按住他的肩膀，把脖子重新固定到断头台上。经过这漫长的一分钟后，咔嚓一声，人头落地。我想挤上前去看从篮子里拿出来的人头，但试了三次都失败了。他们从几码外的水桶里取了些水，浇在血淋淋的人头上。

为什么画家对这个罪犯的死刑如此上心？以至于他后来还在两处文字里提到了这一事件？在高更看来，普拉多是无辜的，他是不公平社会的受害者。换句话说，他是一位殉道者，就像早期的基督徒一样，在高更和文森特的密语中，他们被统一称为"ictus"。对于高更来说，当代艺术家也是被社会压迫的人。还有其他的原因吗？高更是否想知道，他自己究竟是不是一个谋杀犯？文森特那天撕下的那条报纸不会一语成谶了吧？他是否会因对朋友见死不救而心怀愧疚呢？

普拉多被斩首的可怕情景与文森特割下耳朵的血腥画面在高更心中混合在了一起。大约一个月后，他制作了一个花瓶，以此来回应整个事件。

高更《自塑像形的罐子》（*Self-Portrait Jug*）

　　与其说是罐子，不如说这是高更的自塑像。罐子的形状是高更被砍下的脑袋，而且两只耳朵也不见了踪影，双眼紧闭，看样子是死透了。这次，他把自己、文森特、施洗约翰和被处以极刑的普拉多的形象在脑中重新排列组合，最终化为了这件作品。这件塑像和《悲惨世界》中冉·阿让的形象相呼应，他在向世人宣告自己是被放逐的画家、罪犯和受难的圣徒。

　　出乎所有人的预料，文森特恢复地很快。值班医生菲利克斯·雷认为文森特日后的精神会"极度不可控"，毕竟"本性难移"（事实证明医生说的完全正确）。然而几天后，文森特就恢复得和没事人一样，反倒开始关心起一直担心他的提奥，以及受到惊吓的高更。

　　人们还没有告诉文森特他的室友已经离开阿尔勒的消息。

"我吓到他了吗？不管怎么说，他怎么还没现身？"文森特断定高更已经跟着提奥离开了，但他对这位朋友依旧日思夜想。"告诉高更别忘了给我写信，我会一直想他的。"

1月4日周五，文森特已经基本康复了，鲁林陪着他从医院走回了黄房子，他们在那里待了四个小时，文森特时隔多日再次看到了他的作品，顿时喜笑颜开。在文森特住院期间，鲁林和打杂女佣已经擦洗掉了画室地板和楼梯上的血迹，把房间整理好了。

文森特在黄房子里还挤出了一点时间，给提奥和高更各写了一封信。他告诉弟弟，说他希望能够尽快开始工作，这次他打算画一幅春天的果园。在给高更的信中，他流露出了复杂的思念和埋怨之情：

　　我亲爱的朋友高更，今天是我第一次走出医院的日子，正好趁此机会给你写几行字，来述说我对你深刻且真诚的友谊。我在病床上时无时无刻不在想你，高烧和病痛也不能阻止我对你的思念。

然后，他突然抛出了一个他自认为很重要的问题："告诉我——我弟弟提奥当时有必要来这一趟吗——我的朋友？"

很明显，文森特自己的答案是不。他还向"好人舍芬奈克尔"（Schoeffenecker，文森特也会搞混名字）问好，并且乞求高更不要"贬低我们可怜的小黄房子"。在页边的空白处，文森特卑微地写道："请尽快回复。"

5日周六，雷医生和几个医生朋友想从文森特的绘画入手了解病情。文森特说，他们"颇具天资，至少很快就了解了什么是互补色"。因此，文森特对菲利克斯·雷产生了强烈的好感，希望能给他画一幅肖像画。

四十年后，一位记者找到了这位年事已高的医生，他对这位老病人的记忆与文森特的上述描述稍有不同：

> 他总是抱怨说他是镇上唯一的画家，所以没有人可以同他谈论艺术。没有知己的他，总是拉着我聊互补色。但我实在不明白为什么红色不应该是红的，而绿色又为什么不能是绿的！

几天后，也就是1月7日周一，医院正式同意文森特出院搬回黄房子。他还请鲁林一起在维尼萨餐馆共进晚餐，以表庆祝。总之，在住院期间，文森特似乎恢复得不错；他又重拾画笔，画了一些静物画和两幅自画像。自画像中的文森特的耳朵上裹着严严实实的绷带，瘦削的他在1月刺骨的冷风中颤抖着。

他也给鲁林和年轻的雷医生各画了一幅的肖像。但后者的肖像有个奇怪的特征：医生的耳朵几乎是血红色的。

然而，重新回到黄房子的文森特还需要处理手头的一堆烦心事。在1月份的第三周，他的情绪又跌入了谷底。好久没有为钱粮发愁的他又开始对目前的财务状况忧心忡忡了。他细致地统计了他出院后的各项花费——清洗亚麻床单上血迹的开销，为照顾他起居的护工开的工资等等。结果是，他已身无分文，甚至未来几天都要饿肚子了。还有一条更坏的消息：鲁林要被

梵高《用绷带包扎耳朵的自画像》（*Self-Portrait with Bandaged Ear*）

提拔到马赛去赴任新职了。

　　文森特对高更的不辞而别仍旧耿耿于怀，高更擅自发电报把提奥叫来阿尔勒的行为也让文森特心中不悦。他在一封信中隐晦地痛陈了前室友的一些性格缺陷：

　　我在不同的场合都见过他做一些你我难以理解的事情，大概是因为我们还有良知吧，能感受到事物之间的差别。我之前就听到一些他的故事，也近距离观察过他的举止，我认为他的想象是罪魁祸首，也可能他只是被骄傲冲昏了头脑，总之……他完全没有责任心。

　　文森特消气后，才意识到所有的艺术家都有情绪不稳定的时候。"老高更和我基本上能互相理解，就算我们都有点神经质，那又如何？"文森特认为，他们的绘画将会是最好的证明，事实证明他的判断完全正确。文森特还给高更写信，建议他去看看医生，因为他显然也有一点精神失常。

　　1月末，文森特终于完成了《摇篮曲》，上次发病打乱了他画鲁林夫人手部的进度。然后他还把这幅画又复制了一幅。大约就在此时，文森特去看了普罗旺斯的圣诞表演，他说隐隐仿佛听到了鲁林给宝宝唱歌的声音。他觉得自己就像用纸板做成的阿尔勒圣诞季的"彩色小人偶"，耳朵部分的纸张质量还不算好——他可能是在解释自己耳朵为什么受伤吧。单薄的文森特注定不能周游世界了，他的脑中再次响起了摇篮曲。

　　《摇篮曲》似乎又一次冲击了他刚刚恢复的理智；它所承载的感情"过太强烈"。他已经完成了两幅《摇篮曲》，而且他在2月3日周日给提奥写的一封措辞悲伤的信中提到，他正在画第三幅《摇篮曲》。他对康复基本不抱希望了，显然，文森特又感到了旧日的躁动，脑海中的怒浪也一阵接着一阵，但他却装出一副若无其事的样子：

　　有时，我的脑子一瞬间会同时被热情、疯狂和幻想所裹挟，我仿佛置身于古希腊三角圣坛上，一生的轨迹都写在眼前的神谕预言中。我虽然能平心静气地用文字陈述心志，也能模仿阿尔勒女人的讲话方式，但一切都无济于事，我完全高兴不起来。

四天后，他又被送进了医院，这也标记着他在阿尔勒的自由时光彻底结束了。

另一位医生德洛伊（Deloy）在2月7日的病情报告中写道，病人正在经受一种由过度兴奋引发的痛苦，他狂躁、易怒、语无伦次，也分不清周围的人。另外，病人有着严重的幻听症状，仿佛有人在他耳边一直斥责他。对外界失去正常感知的文森特固执地认为周围的人想要毒死他。

十天后他的神智终于清醒了，再次出院，但这次他的邻居们却吓得够呛，大家联名给市长塔迪厄（Tardieu）先生写了一份请愿书，向他表达抗议。"我们阿尔勒市民，在此签字请愿"，以下是请愿书的开头部分：

敬告市长，一个叫文（Vood）的荷兰风景画家住在此地。他多次在各种场合举止怪异，毫无理智可言，这一问题已经困扰我们好久了。

实际上，文森特的邻居们确实被文森特骚扰怕了：

他酗酒成性，每次喝醉后都癫狂不已，完全不能控制自己的言行。他不稳定的精神状态是所有居民的噩梦，妇女和孩子们更是深受其害。

民众在请愿书中建议，把文森特遣送回家，让他的家人好好照顾他，或者直接把他关进精神病院。多达30名居民参与了此次签名请愿活动，率先签下名字的是文森特隔壁杂货铺的老板弗朗索瓦·克雷沃林，中间一列甚至还有约瑟夫·基诺的签名。市长收到这封请愿书后立刻下令把文森特关起来，并且在一周后命令当地警方详细调查此事。

3月3日，宪兵队长约瑟夫·多纳诺上交了他的调查报告。多纳诺走访了五名邻居：住在蒙马儒大街53号的伯纳德·苏莱（Bernard Soulé）是黄房子房东的经理人，他证实文森特的确有精神问题，说话时会语无伦次，还会对当地女性动手动脚，甚至潜入她们家中；在黄房子另一侧经营杂货店的玛格丽特·克雷沃林，也证实了上述证词，她说文森特经常来她这里给高更买做饭的原材料；住在拉马丁广场24号现年42岁的女裁缝珍妮·科尼尔（Jeanne Conial）说，文森特有一次在黄房子外的步道上突然抱起她，把她举到半空中。最后一位受访者只是简单地证实了其他人的证词，并没有提供其他线索，这位受访者就是约瑟夫·基诺。文森特并不知道基诺背叛了他，甚至到死都和基诺夫妇保持着良好的关系。他一直发愁不知如何处理他的家具，基诺夫妇还主动提出帮他看管一阵。

文森特就这样被一封请愿书和一份调查报告送进了医院的单人病房，这里没有烟草、书籍和颜料。几周后，他看起来似乎又恢复理智了，但他并没有被批准回归正常生活。

3月23日周六，他的老朋友点彩画家保罗·西涅克的突然造访完全打了他一个措手不及，他在去往地中海边卡西斯的途中正好路过阿尔勒，便决定顺道看望一下文森特。事实证明，文森特认为法国南部将会成为艺术家们新的聚集地的想法是对的。自从文森特到达阿尔勒之后，有大批当代和后世的巴黎画家像候鸟一样飞到普罗旺斯和朗格多克定居，甚至后来的野兽派、立体派，以及马蒂斯和毕加索（Picasso）都追寻着文森特的脚步来到了南方。

他准备带西涅克去黄房子看看，但那里已经被警察查封了。在与当局沟通无果后，西涅克径直闯入了黄房子，他看着满地的绘画珍宝，竟然一时语塞了。他对提奥说，很多作品"都画得很好"，而且"非常神奇"。他多年后回忆那天的景象，只记得雪白的墙壁上挂着许多"灿烂夺目"的作品，文森特的画"像鲜花一样艳丽"。第二天，西涅克在二人散步途中，突然提议文森特和他一起去卡西斯画画。

此时，文森特面前又有了一个在南方成立新画室的机会，他此次的新同伴，也是一位天赋异禀的画家，他和文森特一样对色彩颇有研究。但文森特没有接受这个提议，他的激情消退了。他觉得自己不适合和别人一起生活，而且也失去了自理的能力，也就是说，他开始慢慢接受自己是一个慢性精神病人的事实——"我会时不时地产生可怕的焦虑感，但却找不到明显的焦虑源头，有时又会觉得脑子空空如也、疲惫不堪。"

文森特拒绝的主要理由是害怕他的精神疾患再次发作。他觉得自己在接下来几个月的最好归宿是疗养院。负责照顾文森特起居的阿尔勒新教牧师萨勒（Salles）代表他联系了几英里以外位于圣雷米的一家机构。

文森特去疗养院前特意又参观了一遍拉马丁广场，他在那里遇到了"真正的邻居们"——可能是基诺一家，而非杂货店的克雷沃林家——他们保证既没有签署请愿书，也没有与前来调查的警察合作。但文森特逐渐意识到，那些请愿者的想法也有一定合理性。他此次执意要求入住疗养院，就是担心如果自己继续在外面生活的话，或许会做出更多怪异之举，给大家带来更多不便。

他告诉妹妹维尔，圣诞节后"我总共发作了四次，每次犯病的时候，我完全不知道自己在说什么、想要什么或是做了什么"。有时，他会"进入一种难以名状的精神状态，非常痛苦，甚至某些瞬间眼前会出现各种不幸的情景和宿命，让我心痛欲裂"。

文森特发觉，其实这些问题在之前很长一段时间里一直存在，而非是近几个月才出现。"我的整个人生都处于困境之中，"他告诉提奥。"而且我的精神状况不是'现在'不稳定，而是'一直如此'，所以现在不管怎么帮我，我都无法获得解脱，恢复平静的生活。"

5月1日周三是他租下黄房子一周年的纪念日，一年前的那天他还满怀兴奋，一年后的今天他又回到了黄房子，收拾打点他的画作。在他疗养的这段时间，罗纳河发了洪水（11月是当地洪水频发的时节）巨大的水流与黄房子仅一箭之遥。黄房子里由于许久没人住，已经没有任何烟火气了。文森特发现，黄房子的"墙壁上还渗着水和硝酸盐的颗粒"。

一些画作已经因为环境太潮而面目全非了，文森特只好垫了几张旧报纸防潮，把它们打包装进箱子里，他一同带走的还有高更的击剑面罩和手套，以及他离开时留下的一些画作。

一阵悲伤向文森特袭来，因为：

此次回画室故地重游，本就让我见景伤怀，那些画作似乎也记载了这段时间一桩桩一件件的伤心事。一切都结束了，我曾想寻找一些简单但永恒的价值，那种冲动虽然强烈，但似乎是一场注定输掉的战争，或许是我性格太过软弱，只会一味地懊悔往昔。我想这就是为什么我在发病时会痛哭的原因——我想要保护自己，但却无能为力。

两天以后，他在牧师萨勒的陪同下去了圣雷米。

文森特在圣雷米期间总计又发作了四次。第一次是在7月16日，在此之前他平静了好一阵，甚至以为自己完全康复了。但这次发病的持续时间也创下了纪录，直到一个半月之后，他才清醒过来。文森特说，这次犯病"几乎完全是由宗教因素引起的"。

然后，在他割耳事件一周年前夕的1889年12月24日，他又再次犯病了，好在这次仅持续了一周左右，但1月21日，新一轮精神危机又开始了。之后他又度过了一段短暂的平静期，直到2月23日又一次被心魔打垮，旁人一度以为文森特这次彻底疯了，因为直到两个月后他才恢复过来。佩龙（Peyron）医生根据他的病情推断说，文森特会在平静和病态之间来回反复，陷入无限的循环。

他被送到圣雷米后就立刻接受了病情检查，佩龙医生认为困扰文森特的是某类癫痫。这个诊断结果还是比较靠谱的，因为文森特虽然不具有典型的癫痫症状，但他发病期间的各种表

现与癫痫十分类似，这一诊断解释了他的疾病为何总是突发性
的。有一次他在画圣雷米的一家采石场的大门，然后突然毫无
征兆地犯病了，但他一直强忍病痛坚持把画画完才彻底爆发。
文森特的病与癫痫的相似之处在于抑郁、幻觉和错觉。

　　然而，佩龙医生没有机会对文森特的情绪和行为进行追踪
研究。可以说除了提奥，没人具备开展此项研究的条件，因为
他的抽屉里堆满了文森特的来信，而且数量仍在上升。这些信
件是研究文森特病因的绝佳素材，而且此项研究不受时间和空
间的影响，哪怕文森特死后也可以开展，只要这些书信还留存
着就可以。很少有人像文森特一样能用文字为自己留下一幅全
面立体的自画像。

　　文森特在发病时间外，保持了一段相当长的绘画高产期。
他将体力都投入到高强度的绘画工作里了，基本放弃了这一年
在阿尔勒大量使用的互补色和其他明亮的颜色。他认为过去那
些"黄色的高色调"是他不健康的生活方式的产物，只有每天
烟斗不离手，咖啡不离口，三餐不规律的人，才会选用那样的
颜色。

　　他在圣雷米的生活健康且简约，他和其他患者一样每天吃
着粗茶淡饭，这里的主食是各种豆子（文森特开玩笑说豆子吃
多了会放屁）。他每天会在冷水浴后，坐在病房里或是医院的
花园中画画，每次有陌生人经过他都会异常紧张。当他一个人
在田野作画时，会被强烈的孤独感淹没，"这种感觉可怕到我
不敢出门"。

　　文森特没有坚持凭借记忆或想象作画的技法，而是开发了

一种临摹其他艺术家画作的新画法，他喜欢把这种创作方式比作"翻译"。他临摹的素材有德拉克洛瓦、伦勃朗和米勒的版画，也有杜米埃和古斯塔夫·多尔（Gustav Doré）等画家作品的复刻版。他甚至还参照高更的作品，画了一系列基诺夫人肖像——高更走得匆忙，就把基诺夫人的肖像遗落在黄房子里了，文森特回去收拾房子的时候又把它带到了医院。借鉴已有作品的构图解决了一直困扰文森特的难题：即如何在眼前没有实景的情况下完成构图。

其实文森特在圣雷米时也靠想象创作了一些优秀画作，其中最卓越的当属那幅星空图。他曾写道，满天繁星可以抚平他焦虑不安的心情。但画中的星空却与平静没有半点关系，更像是一个急速转动的漩涡。前景是一棵参天的柏树，画面中心的教堂尖顶几乎快被自然的强大力量压垮了，而且这并非一座普罗旺斯式教堂，而是典型的荷兰教堂。

但是文森特始终不敢触及客西马尼园这个主题。伯纳德和高更在1889年以这个题材各画了一幅作品，这让文森特怒不可遏。高更把自己的面部特征挪移到了基督脸上，但他的头发却和文森特一样是红色的。黄房子中的所谓合作仍在这种杂糅的形象中延续着。

文森特批评高更的画没有一处来自于"实际的观察"。文森特还猛烈炮轰了伯纳德的作品——"我声嘶力竭地咆哮着，用尽我肺脏的最后一丝力气呼喊着你的名字"，他恳求伯纳德能找回原来那个自己。

文森特最终还是放弃了靠想象绘画的方式，他释然了：

你知道的，高更还在阿尔勒的时候，我尝试过一两次抽象画，例如《摇篮曲》，再比如说《读小说的人》，就是黄色书架背景突出黑色前景的那一幅，但事实证明我那是误入歧途。那时，我错误地认为抽象别具魅力，但那终究是一种错觉，亲爱的朋友，如果继续走这条路一定会碰得灰头土脸的。

我并不是说不可以根据自己一生的绘画实验，在尝试了自然画风后，选择抽象这条路，而是说就我个人来看，我不想在抽象方面平添烦恼了。

文森特甚至后悔自己画出了《星月夜》（*Starry Night*）："我再一次让自己误入歧途，迷失在了追寻浩瀚星辰的绘画尝试之中——这又是一场失败，我受够了。"

高更在巴黎漂泊了一个月后，回到了阿旺桥；同时，他如约前往布鲁塞尔参与了"二十人社"的展览。五月，他再次回到巴黎准备自己在世界博览会上的展览，他还邀请了许多朋友来参展（此时埃菲尔铁塔已经完工，成了城市天际线上的新标志）。之后，他又回到了布列塔尼，在勒普尔迪（Le Pouldu）——一个比阿旺桥更加原始的艺术家据点与提奥的朋友德·哈恩安顿了下来。

高更没有放弃去热带的打算，他向殖民办公室申请前往米勒少尉曾服过役的汤加地区。申请被驳回后，他又决定去马达加斯加，这次他似乎打算同德·哈恩、文森特、伯纳德和舒芬尼克尔一起去。

1890年初，文森特似乎看到了事业上升的曙光。1月18日，

"二十人社"的展览在布鲁塞尔开幕，此次文森特有多达六幅作品入选。1月发行的《法兰西信使》（*Le Mercure de France*）登载了批评家阿尔贝·奥赫耶撰写的称赞文森特的长文。另一则更好的消息是，他的一幅画以400法郎的高价成交了。

在朋友伯纳德的影响下，奥赫耶的文章基本上反映了高更和伯纳德眼中的文森特。他以雄辩的文风将文森特塑造成一位现实主义画家、梦想家和象征主义者。

奥赫耶写道："（文森特）心中坚信，未来弥赛亚终会降临，他会为人间撒下真理，让已颓废的愚蠢的工业社会获得新生。"他喜欢研究"日盘"，同时也对"植物中的明星——华丽的向日葵"充满兴趣。这位批评家还着重表扬了文森特"灿烂且炫目的色彩和线条组合，像交响曲一样美妙"，而且敏锐地观察出文森特在探索一种令其神往的"热带艺术风格"。文章的主人公就是文森特·梵高，他是一位疯狂且灵感无限的艺术家。

文森特觉得这篇文章是对自己的谬赞，诚惶诚恐。他写信给奥赫耶，说他将奉上一幅绘画感谢他对自己的肯定。他同时也指出，蒙蒂切利、高更和其他优秀的画家才配得上他书中的溢美之词，他们在色彩和热带艺术方面的造诣更深——"我向您保证，我目前的地位，或者说我未来的地位，应该只会是一个二流的画家。"奥赫耶对梅索尼埃的不屑态度也让文森特心里有点不舒服。

他在给提奥的信里说：

奥赫耶的文章对我是种鞭策，但前提是我要敢于继续前行，要学会放下眼前的现实，参考蒙蒂切利的色彩理念，谱写出一曲色彩的乐章。实现进步的成本过高，虽然这些愿景并非遥不可及，但我反复思量之后，还是决定做一个色彩的修补匠，而非当一位色彩的音乐家。

此外，文森特认为相信眼前所见之物"或许是当下战胜病魔的良方。"

在1890年的前四个月里，文森特都处在一种精神错乱或回避社会的状态里，心智正常的时间满打满算不过几周。文森特认为其间最严重的那次发作是他成功途中必须付出的代价。直到4月底，他的病情才有所好转，在他离开南方之前，又凭记忆画了一幅画：两个人——他和高更在夜间漫步在普罗旺斯的一条大道上。

5月16日是他离开圣雷米的日子，他搬到了巴黎北部瓦兹河畔宁静的奥维尔镇，在保罗·加谢（Paul Gachet）医生的照料下过上了规律的生活，加谢医生也对先锋派艺术很感兴趣。

1890年5月17日，文森特在散步途中路过提奥的公寓，顺便去住了几日。他恢复良好，第一次见文森特的弟妹——乔都不相信眼前这个强壮的男人是提奥嘴里病快快的文森特。在圣雷米疗养了一年后，文森特看起来比提奥还要生龙活虎，反而提奥的身体却大不如前了。文森特还见到了二月出生的小侄子，提奥以哥哥的名字给小孩取名叫"文森特·威廉（Vincent Willem）"。他还去见了一些老朋友，并欣赏了一下自己存在提奥公寓里的画作。但他总觉得巴黎是他的伤心地，所以三天以后，他又回到了奥维尔。

回到奥维尔的文森特笑逐颜开，并迎来了人生的最后一次高产期。在两个多月的时间里，他画了76张画，也就是说他有时需要在一天内完成两幅作品。加谢医生拍着胸脯保证他已经彻底痊愈了，于是在6月8日，提奥一家乘火车从巴黎来这里看望文森特和加谢医生，并一起共进午餐。文森特还给小侄子编了一个鸟巢作为见面礼。

基诺夫妇把文森特留在阿尔勒的家具寄到了奥维尔，文森特计划租一间农舍，再建立一座画室。他给基诺夫妇写了感谢信，并表达了在阿尔勒不辞而别的愧疚：

> 我常常想起你们俩，但思不能见是人生的常态。你越是留恋一个地方，命运就越有可能残忍地让你离开那里，但好在记忆长存。对我来说，回忆往昔就像在看一面模糊的镜子，远方朋友们的脸庞就在眼前，但却看不真切。

他和高更也恢复了书信往来。

7月初，文森特的生命再次笼罩上了一团阴云。乔和孩子接连病倒，提奥同布索和瓦拉登画廊的合作也面临中止的风险，这就意味着文森特可能要再次和稳定的生活说再见了，除了绘画别无长物的文森特只能束手无策地看着日子越过越糟。7月27号周日的晚上，可能是抑郁使然，可能是害怕再次一病不起，也可能是他旧疾复发，心烦意乱的他走到了田野上朝自己的胸膛开了一枪。

不出所料，只会摆弄画笔的文森特根本摆弄不了枪这种杀器，这一枪根本没有击中他的心脏。他只是疼昏过去了，等他恢复意识后，又自己蹒跚着回到了他的住处。若不是房东恰巧路过，都没人知道文森特受伤了，文森特伸手让房东给他递来烟斗——这是他目前唯一的慰藉，然后便坐在床上安静地抽起了烟。

原本以为哥哥已经完全康复的提奥，又被火速叫了过来，就像之前他被叫到了阿尔勒一样。加谢医生对文森特的伤情持乐观态度，但文森特却说，这次如果没死成，那么他会再次寻死。提奥给乔写信说，文森特向她和宝宝问好，然后说道："你想象不到他的生活有多么悲怆。"文森特告诉提奥，这种悲怆的生活就像一个无底洞，"能这样死去也算是一种解脱。"话毕，文森特于1890年7月29日周二凌晨01:30终于走出了人生的无底洞。

埃米尔·伯纳德向奥赫耶描述了第二天举行的葬礼。棺材四围全是文森特的作品：

棺材上铺了一条朴素的白色亚麻布，墓前是一片花海，有他最喜欢的向日葵、大丽花和各种黄色的花朵，因为黄色是他最喜爱的颜色，你会永远牢记，它象征着文森特在心中和作品中一直追寻的光明。

高更的反应相当平静：

　　死亡诚然是悲伤的，但我并没有太伤心，因为我知道这一天迟早要来，我也知道这个可怜的朋友在世的每一天都受尽了折磨。所以，死亡对他来说是一件莫大的幸事，因为这标志着他所遭受的一切苦难都彻底终结了。他会历经轮回转世，收获他在这一世播种的善因所结出的善果（佛教教义所述如此）。

　　他一定想起了文森特在自画像里把自己画成了僧人模样。

　　提奥并没有比文森特多享多少阳寿。他在九月也终日被幻想和噩梦折磨。他和雇主大吵一架后，一声不吭地离开了画廊。然后，他给高更发了一封电报，写着"去热带的钱有了，马上到账。"但这却是一张空头支票——提奥也疯了。

　　他被送到巴黎的一所医院，然后又转到了布朗什（Blanche）医生在帕西开设的诊所。诊断的结果是麻痹性痴呆，这是三期梅毒最可怕的症状。11月底，提奥又辗转到了乌得勒支附近的一家诊所。1891年1月25日，年仅33岁的提奥在那里与世长辞了，他没有留下任何遗言，因为他临终前已经全身瘫痪，不能讲话了。

　　自然，高更也没有收到提奥给他"汇去"的热带之行路费，但他去意已决。他此行的目的地既非秘鲁，也非非洲，而是塔希提，因为伯纳德重读了皮埃尔·洛蒂的一本书，被书中如仙境一般的塔希提岛彻底吸引了。1891年2月，高更又卖掉了几幅画成功地攒够了路费。他此次能成行，多亏了他的粉丝——《蓝色母猪》作者查尔斯·莫里斯的帮助，莫里斯帮他弄到了一笔政府津贴，高更得以以法国政府特派员的身份前往了南太平洋，走入了另一个创作时期。

　　高更回哥本哈根见了梅特和孩子们最后一面之后，于四月正式扬帆起航，只身一人去了南太平洋。德·哈恩回到了荷兰，伯纳德和拉瓦尔也没有与他同行。正如他先前所言，他此生唯一的兄弟只有那个身着黑衣的神秘人。

　　高更之后于1893年返回法国小住，但物是人非，祖国在他眼中早已不再可爱。心灰意冷的他于1895年再赴塔希提，虽然他行前一直在找同行人，但始终无人响应。他此次返法，还和伯纳德大吵了一架，因为后者控诉高更剽窃了自己在阿旺桥时期的创意，才画出了《布道后的幻象》这幅神品。

　　1901年，高更从塔希提搬到了更为偏远的马克萨斯群岛中的希瓦瓦岛，并在当地一个叫阿图奥纳的地方度过了人生的最后几年。其实高更当时早已身患重病，病毒把他的双腿侵蚀得几乎体无完肤。后来，人们从他房子后面的井中捞出了吗啡药瓶和不少苦艾酒瓶碎渣，这足以证明他患的是梅毒。

　　在人生的最后几年里，高更总会想起文森特。1901年，他也画了一幅向日葵，画中许多细节与他在阿尔勒卧室墙上挂的那几幅向日葵非常相似，比如它们的花蕊都很像眼睛。他在生命的最后一段时间写下了一部题为《各项琐事》（*Diverses choses*，或*Various Topics*）的手稿，记录了自己对色彩和宗教的看法。手稿的最后是一则充满隐喻的故事，包含了马戏团、妓院和其他与阿尔勒有关的记忆。

　　他在手稿首页写道："这些笔记话题杂乱，且前后几乎没有关联，像梦一样，是一场由记忆碎片拼凑而成的人生。"他继续写道，许多人在"未来之屋中同心协力，只为寻找脑海中一闪而过的美好事物"。他这里指代的必定是黄房子和他往昔在阿尔勒的伙伴，因为他在几经思索后，在原先题目处贴了一幅文森特画的速写。画中的青春期女孩被文森特称为慕丝蜜，与《菊子夫人》中的小妓女同名。高更还在画旁写了一句"由我极其思念的文森特·梵高所画"。

他在撰写回忆录《此前此后》时，一定也多次想起了文森特和自己度过的那段时光，他写道："人生不过是天地之一瞬，但却为我们提供了创造传奇的宝贵时间。而传奇，就寓于看似稀松平常的日常琐事中。"差一个月就满55岁的高更于1903年5月8日去世。彼时的他——一位拒绝现代文明，远赴地球另一端追寻伊甸园式生活的画家和已经过世的文森特都已成为巴黎艺术界公认的传奇。

慢慢走向成熟的埃米尔·伯纳德变得越发虔诚，甚至一度隐居，最终于1941年在巴黎去世。他一生的上佳作品几乎都创作于艺术生涯的早期，当时年轻的他从文森特和高更身上汲取了宝贵的艺术养分。1888年秋天的阿尔勒故事中，最后一个去世的主要人物是米勒少尉。他最后官至荣誉军团中校司令官（虽然没有如文森特所料当上将军），死于"二战"期间。

文森特死后的一个多世纪里，黄房子墙壁上的那些作品已经变成了世界范围内无人不知的名画。文森特的故事也成了人们口口相传的寓言：一个疯子画家在南方的艳阳下，出神地画着眼前那一大捧低垂的向日葵。文森特留在世上的形象是一个疯狂的圣徒和殉道者，与那个秋天高更在阿尔勒见到的文森特别无二致。

他到底经历了什么？艺术界对这个问题始终没有定论，没人能解释这位公认的画坛巨擘为什么会做出割下自己耳朵的疯狂之举。这个血淋淋的艺术故事本身就十分抓人眼球，以至于许多对艺术一无所知的人都知道曾有一位画家做了这件疯狂的事。

文森特死后，对于他的病因出现了种种猜测。有人说他摄入了大量的洋地黄；有人说他的疯病由铅中毒（来自于颜料）导致；有人说他只不过是苦艾酒引起的幻觉；也有人说他患了一种叫作梅尼埃病的内耳疾病；还有人说他是严重的中暑和青光眼。其他猜测还有精神分裂症、梅毒、急性间歇性卟啉症——一种导致代谢失衡的疾病，人们一度认为它是导致乔治三世疯癫的罪魁祸首，以及边缘型人格障碍（这是一个尚有争议的医学术语，该病患者通常易怒、冲动，且酗酒成瘾，具体表现为与旁人相处困难）。

在文森特的所有病症中，最费解的是他总是间歇性发作。他在某段时间里会精神失常，但之后又能画出传世之作，还能提笔写出语言优美且让人心醉的信件。因此，上述所有猜测虽然都能解释他的部分症状，但似乎都不能彻底解释他周期性发病和突然痊愈的事实。

以梅毒为例，梅毒螺旋体确实会破坏脑部和神经系统，进而引发狂躁，但这种狂躁是渐进性的。文森特很可能是梅毒的携带者，就像其他在1888年经常出入廉价妓院的人一样。但三期梅毒不会像雾气一样时有时无。因此，即使文森特得了梅毒，病毒也尚在潜伏期，不会引发上述病症。同理，苦艾酒也不是文森特的致幻原因，因为他在圣雷米疗养期间滴酒不沾，但幻觉仍然纠缠着他，而且后来的研究也证明，苦艾酒并不具有致幻效果，诸如此类，不一而足。

但文森特的疾病是实实在在存在的，有什么能证明呢？他家族中的其他成员似乎也深受其害。文森特的弟弟科尼利厄斯移民到南非后，在1900年一场"发热"后自杀身亡。同年，维尔——文森特最喜爱的妹妹，一直照顾着年迈的母亲——也开始举止异常，并时不时地发表一些"奇谈怪论"。

她被送进了海牙的一家医院，然后在1902年，转诊至埃尔默洛地区韦尔德维克市的一家医院。她在那里过了漫长的余生，她的症状是经常怒不可遏，并伴随着自杀的冲动，后期恶化为紧张性抑郁障碍。她死于1941年5月17日——顺便一提，她是文森特的兄弟姐妹中最晚去世的。提奥也一样，除了梅毒让他痛不欲生外，"忧郁症"也始终纠缠着他，这种病症后来被称为"抑郁症"。

抑郁症是西方社会最为常见的疾病之一，且有显著的家族遗传性。另一种与之类似的病症在文森特死后很久才被医学界正式定义为躁狂抑郁症，又名双相情感障碍，主要表现为情绪紊乱，不受控制。所谓的精神健康实际是生化平衡的结果，也保障了人类拥有适度快乐和悲伤的能力。大多数人都会经历情绪起伏，但某些人出于未知原因会产生极其剧烈的情绪突变，他们会瞬间从黑暗冰冷的绝望中飙升至极度兴奋的狂暴状态。

进入躁狂抑郁症的第二个阶段，患者几乎不需要睡眠，他们能以令人艳羡的效率开展工作；他们的思考速度和胆量也会呈指数式上升，并且构思出事物间某些违背常识的关联（就像文森特在信中谈到与蒙彼利埃之旅相关的各种联想一样）。双相情感障碍患者还会控制不住想要说话的欲望，让旁人不厌其烦——就像文森特和高更那样。

当患者到达情绪曲线的顶端时，可能会进入一个不真实的虚幻世界——文森特曾经就看见过不存在的事物，还听见过不存在的声音。他们还会发展成妄想症，经常产生各种错觉（比如邻居想毒害他）。

躁狂抑郁症患者经常陷入"狂喜"状态，但这一特征对文森特并不适用。虽然他有时在画画的时候，确实会饶有兴致，但那种状态最多勉强被称为"欣喜"——例如，文森特在九月洒满阳光的拉马丁广场的花园中就是这种状态。然而，一些经受双相情感障碍折磨的人，会经历一种悲喜混合的状态，他们既不躁狂，也不抑郁，但兼具躁狂和抑郁的特点——思维急速运转，但心中充满恐惧。这听起来很像文森特的症状，尤其是他在1888年11月和12月的精神状态。

他的情绪始终像跷跷板一样忽起忽落。米勒少尉，哦不对，是退役后的米勒中校，在多年后想起文森特时说：

他绝对不属于那种儒雅随和的人，因为他生气时的样子真的很疯狂。

那他是个易怒的人吗？

是，也不是。总体而言他确实比较易怒，但他每天的状态都起伏不一。他精神紧绷，每当我对他的绘画提出意见时，他就会发怒，这种怒气来得快去得也快，所以我们总能和解。

易怒是典型的躁狂症状，混合型情绪的人尤其易怒。这种疾病的另一个迹象是，患者会依赖药物或酒精来舒缓心情低落时的苦恼，或平息情绪高涨时的兴奋。这恰恰就是文森特在患病期间对自己的描述——"如果精神世界的风暴太过爆裂，我就会狂饮烈酒麻痹自己。"这也是为什么埃德加·艾伦·坡大量饮酒的原因，我们几乎可以断定他是双相情感障碍患者。所以高更似乎比文森特更清楚他的病情，因为他曾将文森特和坡二人的病情做过对比。

实际上，文森特几乎是双相情感障碍的典型病例。他的许多行为细节都是这种疾病的典型表现：他会突然产生悲观的宗教式想法；会在发病时如性欲失控一般，对拉马丁广场上的女士展开袭击，比如他曾把一个正在过马路的中年女裁缝抱离人行道。这两种行为都是双相情感障碍的典型表现。

最令人费解的还是他发作和恢复平静的惊人速度，不过躁狂抑郁症的一个分支能完美解释这一特征——快速循环性躁郁症。如果患者在一年内的发病次数大于等于四次，那么就会被诊断为快速循环性躁郁症患者——文森特在1889年恰好有四次发病记录。该疾病患者与悲喜混合状态的患者有高度重合性。

所以，如果文森特在一个多世纪后接受雷医生或佩龙医生的诊治，他们一定会更加得心应手，因为会有大量病例供他们参考，甚至完全治好也有可能。20世纪中叶，人们发现了一些可以抑制强烈情绪波动的药物，比如锂剂。但是，文森特会按照处方乖乖吃药吗？

这并非是杞人忧天。按方吃药虽然会减轻患者的精神痛苦，但仍有不少患有双向情感障碍的作家和艺术家拒绝用药，甚至彻底放弃治疗，因为他们认为药物会遏制自己"血液沸腾为烈焰之流"时的高涨情绪，比如作曲家雨果·沃尔夫（Hugo Wolf）虽然是这种疾病的患者，但他坚决反对进行药物治疗，因为他觉得神志正常的生活索然无味。

文森特虽然看起来像个异类，但出人意料的是，这种异类大有人在。虽然双向情感障碍患者仅占现代西方人口的百分之一左右，但在以想象力和创造力为生的人，例如诗人、作家中，占比非常高。因此文森特有许多从未谋面的病友，包括作曲家舒曼（Schumann）、诗人拜伦（Byron）、作家坡，和建筑家博罗米尼（Borromini）——他们或多或少地体会了文森特部分悲痛与欢欣。他经常说自己其实得的是"艺术家的职业病"，在某种程度上他是对的。

双向情感障碍危害巨大，还会频繁发作，甚至有致死的风险，文森特就是最好的例子。大约有三分之二的自杀者是抑郁症或躁狂抑郁症患者（文森特一心寻死也是典型的症状）。不过，经常行走在生死之间的人似乎更有远见，他们可以产生各种狂飙突进的想法，并且在不同事物之间建立联系，而心智正常的人则可能无法发现这些关联。他们对情感和痛苦有着敏锐的感知力——这是他们创作路途中的催化剂。可见，艺术家都是疯子这句话并非妄言。

我们来讨论关于文森特的最后一个问题。他究竟是一位偶然患上精神疾病的画家，还是像高更描述的那样，是一位疯狂的殉道者和先知？这个问题相当复杂。艺术史学家往往选择对文森特的精神问题避而不谈，因为这并非他们的研究领域。然而，虽然双向情感障碍患者会出现精神错乱的病症，但他们只会在一定的时段里举止疯狂，其他大部分时候可以和文森特一样思维敏捷、有条不紊地开展工作。

但文森特的病情和创作能力并非毫不相关，甚至可以说他的精神疾病全方位地影响了他的思想和性格。如果他在1889年能获得稳定情绪的药物，那么他可能会在绘画技法方面更加精进，但在创作构思方面却极有可能江郎才尽，进而变成一个无趣的平庸画家。

反过来看，绘画又是一种治疗手段。绘画能使他的病情稳定下来，他曾多次重申这一点，但这仅限于让他描绘眼前之物——一把椅子、一个人、一朵花时才有疗效。对他来说，凭着记忆或想象作画是极其危险的，即使在他画眼前之物的时候，大脑中也奔涌着无限的联想。他随时有可能被汹涌的想法击垮，因为他总会联想到事物致郁的一面。这便是那年秋天他在阿尔勒时的内心活动。文森特害怕"用头脑"画画，虽然他身边有高更的指导，但冒险做出此种尝试对他来说还是非常危险的。

从某种意义上来说，高更把文森特领到了一条错误的创作之路上。文森特不擅长借助想象所带来的灵感，他是一个极力保持理智的伟大画家。他始终以热忱的心观察这个世界，这给他的创作带来了巨大的动力。他在观察世界和创作的时候，才能体会到他抑郁的心灵所能容纳的最大快乐。

文森特去世后，黄房子几经改造，最后被并入了一家叫作"阿尔勒麝猫"的酒吧。

　　1944年6月25日，一发炮弹命中了这座小房子，文森特的卧室瞬时被炸成了乱石堆，但是旧画室的一角和高更的卧室还幸存了很长一段时间。

　　"二战"后，宪兵队总部大楼旧址处新建了一座超级市场，而拉马丁广场上的花园也被停车场和环岛取代了。布特街一号的妓院也被拆除。文森特和高更曾经居住的这座小城唯一还保持原样的只有城郊的几个破旧街区。车站咖啡馆也不在了，但街上开了不少与之相似的小酒吧，里面时常能见到留着胡须的男人们三三两两地坐在台球桌周围的酒桌上喝酒谈天。入夜后，还会进来一两个拉客的妓女。昔人已逝，唯有追寻艺术的意志长存，当然，还有那一幅幅精美的传世之作。

后作为咖啡馆的黄房子

黄房子的平面图

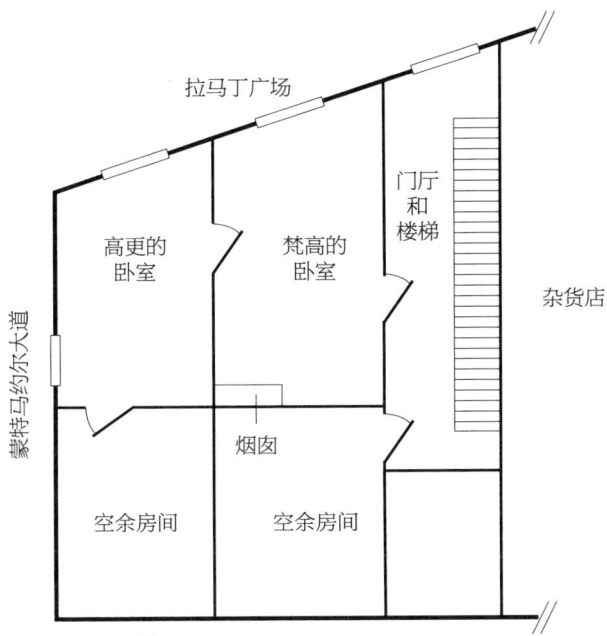

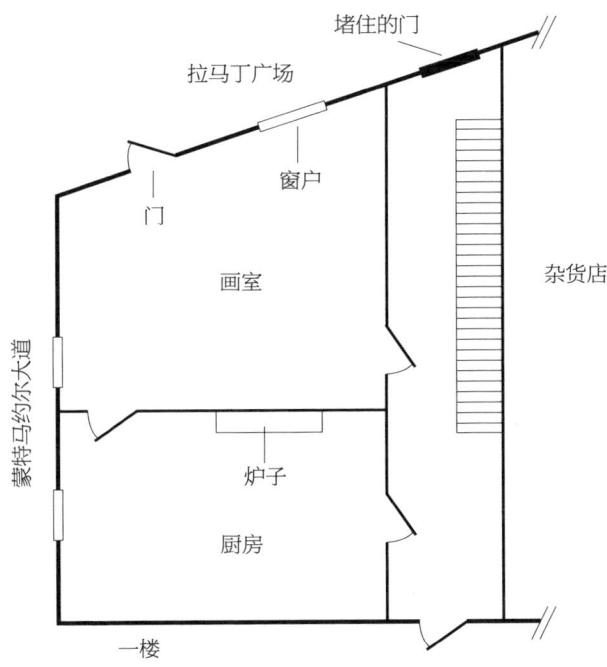

二楼（上图）

S ↑

拉马丁广场

高更的卧室

梵高的卧室

门厅和楼梯

杂货店

蒙特马约尔大道

烟囱

空余房间

空余房间

二楼

一楼（下图）

堵住的门

拉马丁广场

窗户

门

画室

杂货店

蒙特马约尔大道

炉子

厨房

一楼

图 录

除特殊说明外，以下绘画均为梵高所绘。

参考资料出处

　　如果为本书的每一处引用都添加脚注，那会显得过于累赘。本书的主题是已经被数代学者研究过的热点问题，我对前人所做的贡献感激不尽。尤其使我受益匪浅的是道格拉斯·德鲁克（Douglas Druick）、彼得·泽格斯（Peter Zegers）和他们为2002年的"南方画室"（Studio of the South）展览所写的展品目录。并且得益于检验技术的发展，上述两位学者成功地对1888年10至12月之间的作品完成了测序工作。

　　他们认为梵高编号为LT565的信件是在12月12日寄出的，而非此前所认为的12月23日，我也同意这一点，这一学界争议会在即将出版的新版梵高书信集中得到更正。我引用的梵高所有的往来信件都检索自www.webexhibits.com网站；我引用的高更的《此前此后》中的内容均来自范·威克·布鲁克斯（Van Wyck Brooks）的译本（他将这本书的题目译为了《保罗·高更的私人日记》（*The Intimate Journals of Paul Gauguin*），我还有幸负责了这本书的校订工作和部分高更书信的翻译工作；其余引用出自《一位野蛮人的写作》（*Writings of a Savage*,

盖琳（Guérin）编）、《高更：回望一生》（*Gauguin: A Retrospective*，普拉瑟和斯塔基（Prather & Stuckey）编），以及《高更自己》（*Gauguin by Himself*，汤姆森（Thomson）编）。《蓝色母猪》、高更在《各项琐事》中写的故事和米勒的书信都是由我翻译的。

　　我在第四章对高更和文森特宗教背景的描述，以及在第八章对阿尔勒圣诞节庆的描述参考了德博拉·西尔弗曼（Debora Silverman）所写的《梵高和高更：对神圣艺术的探索》（*Van Gogh and Gauguin: The Search for Sacred Art*，不过书中提到的鲁林家可能放着圣诞摆件的情节是我自己想的。）

　　我还要感谢其他书目中的珍贵资料。维克多·梅莱（Victor Merlhès）的《保罗·高更和文森特·梵高，1887—1888，新发现的书信，被忽视的信息》（*Paul Gauguin and Vincent van Gogh, 1887—1888, Lettres retrouvées, sources ignorées*）给予了我很大帮助，因为这本书中有几封在别处看不到的高更书信。我在叙述文森特早年的生活经历时，参考了让·赫尔斯克（Jan Hulsker）的《文森特和提奥·梵高：双人传记》（*Vincent and Theo Van Gogh: A Dual Biography*）。罗纳德·皮克万斯（Ronald Pickvance）为纽约大都会艺术博物馆的1984年《梵高在阿尔勒》展览所编写的目录也具有十足的参考意义。

　　我完全赞同凯·雷德菲尔德·贾米森（Kay Redfield Jamison）在《躁狂抑郁多才俊》（*Touched With Fire*）中对于文森特的医学分析，马丁·贝利（Martin Bailey）在2005年《阿波罗》（*Apollo*）杂志上刊登的一篇文章中，对割耳朵事件的考据也非常出色，由于读到这篇文章时我已经在进行本书的收尾工作，因此只部分引用了一些他的观点。

书中威廉敏娜·梵高的患病细节摘自医生埃里克·范法森（Erik van Faasen）的一篇文章，她曾在埃尔默洛供职于威廉敏娜所住的韦尔德维克精神病医院——感谢默里·皮尔逊医生（Dr. Murray Pearson）为我翻译书中的相关内容。书中有关鲁林一家的信息来自于J-N.普里乌（J-N Priou）于1955年在《法国的PTT杂志》（*Revue des PTT de France*）上发表的一篇文章，而关于卡米耶·佩尔唐的相关论述引自斯通（Stone）所著的《革命之子》（*Sons of the Revolution*）。我个人认为鲁林狂热支持的可能是卡米耶，而非卡米耶的父亲尤金（Eugène）。因为在1888年，尤金已经去世多年了，而且鲁林将他的小儿子以共和党政治领袖的名字来命名也是我个人的想法。

我认为，我是第一个关注有哪些邻居签署了反对文森特的请愿书、并向警察提供证据的作者。请愿书中基诺的名字清晰可辨；其他几个出现在警察调查报告中的名字也非常清楚，相关文献登载于2003年在阿尔勒出版的复印本中。我在2005年6月25日《每日电讯报》（*Daily Telegraph*）的艺术板块中发表了一篇长文来探讨相关问题。

书中的很多内容都是根据书信、画作和黄房子的平面图所做的推测（例如，两个喜欢抽烟斗的人所居住的小房间里必定飘散着一股烟味），书中已列举了诸多证据来证实我的猜测，若是有更多的信息加以佐证那就更好了。

1.高更、文森特和妓院

本书对阿尔勒的妓院着墨不少，但能找到的相关信息却非常少，原因有如下几点：首先，阿尔勒警局相应时期的档案丢失了，并且与妓院管理相关的档案需要在封存150年后才会公开。此外，虽然文森特多次提到为妓院和妓女作画的想法，但他并没有谈论太多细节（仔细阅读文森特的书信后，你就会怀疑他隐瞒了许多生活细节）。

然而近期，有几点关于妓院的猜想得到了验证。马丁·贝利委托档案保管员查阅了部分解禁的妓院档案，发现布特街一号妓院的经营者就是维尔日妮·沙博夫人。

高更在《各项琐事》末尾所写的短故事中也包含几段关于阿尔勒妓院的描述，内容非常奇怪，开头是一段幻想，然后不断转换叙述者的身份。叙述者一开始是一名军人——就像麦克马洪将军、布朗热将军和米勒少尉一样，然后突然变成了马戏团和动物园的老板，最后，又变成了路易先生，与阿尔勒妓院中的妓女结了婚。他还给一个画家做过模特，由于此故事的背景为19世纪70年代，所以这个画家应该是马奈。

因为墨水褪色严重，所以这则故事并不完整。"路易先生"在高更《此前此后》的一个段落中也出现了，但很少有人注意到这一点。在《此前此后》中，高更描写了在阿尔勒妓院里的路易老爹——老路易，并且带着讽刺的口吻夸奖他是"极为光彩夺目的皮条客"（très splendide maquereau，梅莱，1989，第192页）。路易还不停炫耀自己的版画，原作是由学院派画家布格罗所绘的圣母玛利亚和维纳斯的肖像。官方统计显示，1886年的阿尔勒布特街上有两间妓院，维尔日妮·沙博夫人经营着一号妓院，另一家显然就是路易·法尔斯经营的妓院，这间装修更艳俗的妓院拥有六个妓女、两个男仆和一位厨师。高更和文森特可能和路易·法尔斯有社交往来。我在"高更与阿尔勒的一间妓院"（"Gauguin and a Brothel in Arles"）这篇文章中细谈了有关内容，这篇文章发表于2006年3月刊的《阿波罗》杂志第64—71页。

基于以上几点，我大胆假设路易·法尔斯可能就是两位画家在12月所绘的肖像中的主人公，此前，人们普遍认为主人公是约瑟夫·基诺。梵高在《画向日葵的画家》中看起来和马奈长得很像，这一点非常有趣，因为德加曾为马奈画过一幅蚀刻肖像，而这幅肖像与高更所绘的《画向日葵的画家》的某些部分非常相像。这幅肖像很可能就是高更请求舒芬尼克尔为他寄来的几幅德加的版画之一。

2.高更和《蓝色母猪》

《法国信使》中刊载的这个故事的标题在许多版本的梵高书信中都被翻译错了——错译成了《蓝色痕迹》（Le trace bleue）而非《蓝色母猪》（La Truie bleue），不过，好在皮克万斯翻译对了（纽约，1984）。这个关于打扮成女人模样的猪的故事暗示了文森特对于阿戈斯蒂娜·塞加托丽的情愫——这相当令人吃惊，但这确实是538a号信中明确记载的事情。而且对于我来说，这个故事与高更神秘的画作——《在热浪中》也有千丝万缕的关系。

我的假设是——没有太多演绎成分——文森特读完这本杂志并向提奥推荐了这个故事后，就把这本杂志随手扔在了黄房子中的某个角落里。六周后，文森特像之前推荐给提奥一样又将这个故事推荐给了高更。这样一来高更也读了这则故事，并且留下了很深的印象。这就能够解释这幅画奇怪的主题了，同时还能解释为什么高更在第二年春天见到这个故事的作者后，会不遗余力地栽培他。

我认为与这幅画有关的第二部文学作品就是由文森特最喜爱的作者埃米尔·左拉所写的《莫雷教士的过失》。书中描写农场场景时反复使用的词语"热"（chaleur）与那幅画的法语标题《在热浪中》（*En Pleine Chaleur*）似乎不无关系。该小说还有许多内容与两位画家的创作相关（蒙马儒附近的一个农场正好也叫"天堂"），迈克尔·阿拉德（Michel Allard）及他人一起撰写的《让娜·卡尔芒：从梵高的时代到我们的时代：非凡的122年》（*Jeanne Calment: From Van Gogh's Time to Ours: 122 Extraordinary Years*）中记录了这个细节。

我在文中没有说明此画中女人的姿势有可能来源于德加的一幅以妓院为场景的蚀刻版画，高更肯定拥有此画。这幅画似乎出现在了高更晚期的一幅向日葵画作的背景中（见*Douglas Druick and Peter Zegers*，2001-2，p.353）。我在2007年春季的《阿波罗》杂志上发表的文章详细谈到了这一点，并且该文还会详细分析圣特罗菲姆大教堂的雕塑给高更带来的影响，本书的第四章也谈到了这一点。

3.割耳朵事件和文森特的病症

我在本书中就该问题提到的大多是假说，而并非是新发现的事实。但我们必须承认文森特的一系列疯狂举动（不只是割下了耳朵或耳垂，然后将之带到妓院的行为）是他精心策划的，而非事发偶然。这的确是一系列高度非理性的行为，但却暗含着一些行为线索。

有一种说法认为，他之所以割下耳朵，是因为饱受幻听的折磨，我完全不同意这个看法，因为它无法解释接下来发生的事，也就是将耳朵送出去的行为。还有一种理论认为他是模仿在西班牙斗牛割下公牛耳朵的行为，但同理这个说法也不可靠。而且我们不清楚文森特在阿尔勒有没有看过西班牙斗牛，所以这个说法就更不可信了。文森特在信中说他看的斗牛实际上是卡马尔格比赛，而在比赛中动物并不会被折磨。

因此，还剩下以下三种可能。圀府寺司（Tsukasa Kodera）在《文森特·梵高：信仰与天性》（*Vincent van Gogh: Christianity versus Nature*, pp. 79-92）中最早提出了梵高的生活、作品和左拉的《莫雷教士的过失》之间有密切联系。然而，圀府寺司认为《莫雷教士的过失》中与割耳类似的情节（以及多次拉扯一个名为文森特的角色的耳朵的情节）与文森特的割耳行径纯属巧合，但我认为并非如此。W. N. 阿诺德教授（W. N. Arnold, 1992）也认为左拉的小说情节可能导致了文森特的自残行为，但他为什么要把阿昌亚斯修士的惩罚施加在自己身上呢？

　　其实人们很早就注意到文森特的生活与基督在客西马尼园中的苦恼颇为相似，文森特还曾多次尝试以此题材作画，但均未果。在这个故事中，圣彼得割下了一个小喽啰的耳朵，这似乎也是文森特最终割耳的重要推动力，但背后原因到底是什么呢？答案似乎是自我惩罚。他将基督在客西马尼园中的苦恼与他离开西恩·胡尔尼克的决定联系了起来，而且左拉小说中的基本矛盾也是主人公不得不在伴侣和职业生涯之间做出选择。

　　在文森特与高更一起生活的希望彻底破灭后，文森特把怒火全都发泄到了自己身上。但为了解释他接下来的行为，我们还必须联系先前发生的开膛手一案。开膛手作案后也割下了被害人的耳朵，所以该案件也与文森特的割耳行为似乎存在某种关联，但鲜有人解释这两者之间有何因果关系。可以肯定的是文森特脑中早就形成了割耳与惩罚之间的关联。开膛手案例和普拉多案件都是那年秋天的重磅新闻。

　　这两起耸人听闻的谋杀案对文森特影响颇深，这点从他将印着"谋杀犯逃之夭夭"的报纸一角塞进高更手中的行为就可见一斑。然而文森特没有选择伤害他人，而是本能地选择当一个"镜像的"开膛手，也就是说要和开膛手的一切行为反着来：开膛手说他讨厌妓女，所以割下了她们的耳朵，来惩罚她们；而文森特认为妓女们是"仁慈的姐妹"，并将自己的一只耳朵送出，来惩罚自己。开膛手给警方写的挑衅书，以及他扬言要割下更多女人的耳朵的新闻，都曾刊登在一份报纸上，而且是整版报道（《费加罗报》，1888年10月3日，第三页），

《费加罗报》正是梵高经常阅读的报纸，但此前却没人注意到这一点。

　　我认为，文森特的自残行为并非是一个因素导致的，他突发疾病割下耳朵是上述三个原因的共同结果，而且这是典型的文森特式的做法。因为当他激动不安时，总将毫不相干的事情联系在一起。他会将他阅读到的内容，比如将彼特拉克写的一段诗文，和高更以及拉马丁广场上的公园风景联系在一起。产生这种令人难以理解的联想是双向情感障碍的一种典型症状，患者会在发病的某个阶段突然产生一系列混乱的想法。

致　谢

　　1999年，我和波士顿艺术博物馆的乔治·沙克尔福德
（George Shackelford）和唐·格里芬（Dawn Griffin）沿着文
森特·梵高的足迹，从荷兰启程，一路游历了巴黎、阿尔勒、
圣雷米和奥维尔。途中，我萌生了写这本书的冲动。我们见
到了雅克·沙博（Jacques Chabot）教授，他是玛塞勒·鲁林
（Marcelle Roulin）的侄孙。玛塞勒就是当年黄房子里最年幼的
那个婴儿模特，文森特给他画了好多幅肖像。行程将尽，我已
经彻底迷上了文森特和他的故事。

　　我的另一个写作动力来自于一次极佳的观展体验：2002
年，我在阿姆斯特丹参观了《梵高和高更：南方画室》系列展
览。本展览的展品目录也制作得相当精美，向我们展现了那短
短的几个星期里竟然蕴含着如此多趣事和信息。

　　另外，我之所以写这本书，不光是为了抒发自己对文森特
和高更的崇拜，也是在表达我对传统传记的不满。

　　在我看来，无论如今传记对主人公的描述有多细致，但很
难给读者一种书中人物就在眼前的体验。所以我想写一部可以

让读者身临其境的传记作品——让读者可以走入书中主人公的画室，甚至可以进入他的头脑。《黄房子》就是一部尝试之作。

许多朋友在我的写作过程中给提供了宝贵的帮助。首先，我要感谢我的经纪人大卫·戈德温（David Godwin），他强烈建议我写一部梵高的故事来填补市场的空白。我的出版人朱丽叶·安南（Juliet Annan）也一直在支持我，鼓励我。我还要感谢马丁·贝利在我动笔初期给予的鼓励，他还经常和我探讨梵高的故事，他的许多见地让我受益匪浅，而且他还主动承担了初读和一审的任务。

卢西安·弗洛伊德（Lucian Freud）曾邀请我为他的两幅画当模特，弗洛伊德在作画期间也经常和我聊起梵高和高更的故事；所以我在写这本书的时候，其实身边也有一位艺术家在他的画室里陪伴着我，这对我来说意义非凡。他还阅读了我翻译的查尔斯·莫里斯的《蓝色母猪》，并给出了宝贵的建议（虽然我希望弗洛伊德能受到文章启发画一幅《猪的肖像》，但希望终究是希望）。乔治·沙克尔福德在我参观波士顿艺术博物馆举办的梵高系列展览时，自愿作为向导给我深入浅出地讲解了梵高许多不为人知的故事，而且他还认真聆听了我对于高更在阿尔勒时期艺术影响的诸多看法，并给予了许多专业的意见。

我还要感谢奈杰尔·洛（Nigel Lowe）和伊丽莎白·麦克（Elizabeth Mack）在法国不辞辛劳地帮我查阅相关资料（奈杰尔就我翻译的法语文献提出了宝贵意见）。默里·皮尔逊也在藏于荷兰的文献中为我找到了许多宝贵的内容。西尔维·雷布蒂尼（Sylvie Rebuttini）还特意帮我查阅了阿尔勒1886年的相关数据文献。在我研究文森特的精神疾病时，克莱尔·劳顿（Claire Lawton）也给予了我莫大的帮助——她先是巧妙地帮我排除了许多看似有道理但实际缺乏依据的诊断报告，然后提出了她的具体看法，本书采纳的文森特发病原因就是劳顿提出的。另外，她也审阅了本书的初稿。

本书成功面世也离不开我的文字编辑莎拉·戴（Sarah Day）和图片编辑萨莉·尼科尔斯（Sally Nichols）的鼎力支持。最后，我最想感谢的是我的妻子约瑟芬（Josephine），她夜以继日地阅读了《黄房子》的全部草稿，并且为本书提出了无数条颇有见地的修改意见。

译名对照表

注：表中词汇按照其在正文中首次出现的先后顺序排列

阿尔勒　Arles

阿旺桥　Pont-Aven

罗纳河　Rhône River

约瑟夫·基诺　Joseph Ginoux

保罗·高更　Paul Gauguin

车站咖啡馆　Café de la Gare

文森特·梵高　Vincent van Gogh

提奥·梵高　Theo van Gogh

《悲惨世界》　*Les Misérables*

维克多·雨果　Victor Hugo

冉·阿让　Jean Valjean

《菊子夫人》　*Madame Chrysanthème*

皮埃尔·洛蒂　Pierre Loti

普契尼　Puccini

《蝴蝶夫人》　*Madame Butterfly*

阿奇博尔德·斯坦迪什·哈特里克　Archibald Standish Hartrick

菲利克斯·雷　Félix Rey

卡米耶·毕沙罗　Camille Pissarro

保罗·塞吕西耶　Paul Sérusier

查尔斯·莫里斯　Charles Morice

保罗·西涅克　Paul Signac

亨利·德·图卢兹-洛特雷克　Henri de Toulouse-Lautrec

埃米尔·伯纳德　Emile Bernard

乔治·修拉　Georges Seurat

普罗旺斯语　Provençal

蒙马儒大道　Avenue de Montmajour

卡瓦勒里　Cavalerie

卡雷尔酒店　Hôtel-Restaurant Carrel

查尔斯·拉瓦尔　Charles Laval

《夜间咖啡馆》　*Night Café*

古斯塔夫·福楼拜　Gustave Flaubert

龚古尔兄弟　the brothers Goncourts

《共和党论坛》　*Forum Républicain*

保罗·塞尚　Paul Cézanne

法国海军学院　French Naval Academy

朱利安·维奥　Julien Viaud

《冰岛渔夫》　*Pêcheur d'Islande*，或
Icelandic Fisherman

《我的兄弟伊夫》　*Mon Frère Yves*

爪哇岛　Java

阿利斯康　Les Alyscamps

奥古斯塔古道　Via Augusta

克拉波纳运河　Craponne Canal

亚当·德·克拉波纳　Adam de Craponne

墓园大道　Allée des Tombeaux

圣奥诺拉　Saint-Honorat

《阿尔勒的维纳斯》　*Venus of Arles*

《米洛的维纳斯》　*Venus de Milo*

《磨坊信札》　*Letters from My Windmill*

《阿尔勒姑娘》　*L'Arlésienne*

比才　Bizet

卡门　Carmen

《维纳斯神殿中的美惠三女神》
Three Graces at the Temple of Venus

波提切利　Botticelli

皮维·德·夏瓦纳　Puvis de Chavannes

"迪里和鲁贝兄弟"　Dillies et Frères
of Roubaix

《落叶》　*Falling Leaves*

《诗人的花园》　*Poet's Garden*

《梦》　*The Dream*

维尔　Wil

《费加罗报》　*Le Figaro*

《不妥协报》　*L'intransigeant*

《正义》　*La Justice*

乔治·克里孟梭　Georges Clemenceau

《事件》　*L'événement*

亨利·罗什福尔　Henri Rochefort

视错画　trompe l'oeil

运河联合公司　Compagnie Universelle
du Canal Interocéanique

普拉多　Prado

"开膛手杰克"　Jack the Ripper

白教堂　White chapel

凯萨琳·艾道斯　Catherine Eddowes

路易·法尔斯　Louis Farce

维尔日妮·沙博夫人　Virginie Chabaud

布格罗　Bouguereau

阿道夫·古比尔　Adolphe Goupil

玛丽·基诺　Marie Ginoux

阿戈斯蒂娜·塞加托丽　Agostina
Segatori

铃鼓咖啡厅　Café du Tambourin

弗朗索瓦·克雷沃林　François Crevoulin

玛格丽特·克雷沃林　Marguerite
Crevoulin

比托　Buteaux

瑟奇·莫雷　Serge Mouret

德西蕾　Désirée

《在热浪中》　En Pleine Chaleur，或者In the Heat

勒杜博物馆　Musée Réattu

圣特罗菲姆大教堂　Cathedral of Saint-Trophime

《堕入情网你会快乐》　Be in Love and You will Be Happy

西恩·胡尔尼克　Sien Hoornik

让·黎施潘　Jean Richepin

于斯曼斯　Huysmans

《漂亮朋友》　Bel-Ami

查尔斯·狄更斯　Charles Dickens

乔治·艾略特　George Eliot

查尔斯·包法利　Charles Bovary

《生活的乐趣》　La joie de vivre

尤金妮亚·福雷斯捷　Eugénie Forestier

《埃顿花园的记忆》　Memory of the Garden

卡马尔格比赛　la Course Camarguaise

玛塞勒　Marcelle

邦帕尔兄弟　Bompard fils

玛格丽特·法维耶　Marguèrite Favier

鲁宾运河　Roubine du Roi canal

《读小说的人》　Reader

安格尔　Ingres

拉斐尔　Raphael

夏尔-弗朗索瓦·多比尼　Charles-François Daubigny

费利克斯·齐姆　Félix Ziem

泰奥多尔·卢梭　Théodore Rousseau

弗兰斯·哈尔斯　Frans Hals

安德烈·邦格　Andries Bonger

布索和瓦拉登画廊　Boussod et Valadon

卢克·法尔兹　Luke Fildes

《图形》　Graphic

《高更的椅子》Gauguin's Chair

《洗衣妇》　Washerwomen

尤金·博赫　Eugène Boch

博里纳日　Borinage

《艰难时世》　Hard Times

《萌芽》　Germinal

小瓦姆　Petit-Wasmes

马卡塞　Marcasse

库里耶尔　Courrières

朱尔斯·布雷东　Jules Breton

赫尔　Gheel

约翰尼斯·尼古拉斯·拉玛尔　Johannes Nicolas Ramaer

奥克塔夫·莫斯　Octave Maus

"二十人社"　Les XX

惠斯勒　Whistler

玛丽·高更　Marie Gauguin

特里斯塔尼·莫斯科索　Tristány Moscoso

艾琳　Aline

马克萨斯岛　Marquesas

《印度爱经》　*Kama Sutra*

阿昌亚斯　Archangias

阿昌加尔　Archangel

让贝纳　Jeanbernat

阿尔丰斯·罗伯特　Alphonse Robert

主宫医院　Hôtel Dieu

津德尔特　Zundert

罗凯特广场　Place de la Roquette

新雅典咖啡馆　Nouvelle Athènes

德洛伊　Deloy

塔迪厄　Tardieu

伯纳德·苏莱　Bernard Soulé

珍妮·科尼尔　Jeanne Conial

卡西斯　Cassis

牧师萨勒　Salles

佩龙医生　Peyron

古斯塔夫·多尔　Gustav Doré

《星月夜》　*Starry Night*

勒普尔迪　Le Pouldu

马达加斯加　Madagascar

《法兰西信使》　*Le Mercure de France*

保罗·加谢　Paul Gachet

奥维尔村　Auvers

文森特·威廉　Vincent Willem

布朗什医生　Blanche

乌得勒支　Utrecht

塔希提岛　Tahiti

科尼利厄斯　Cornelius

马克萨斯群岛　Marquesas

《各项琐事》　*Diverses choses*

"荣誉军团"　Légion d'honneur

梅毒螺旋体　Treponema pallidum

躁狂抑郁症　manic depression

双相情感障碍　bipolar disorder

雨果·沃尔夫　Hugo Wolf

舒曼　Schumann

拜伦　Byron

博罗米尼　Borromini